"공부습관 확실히 잡아 주는 공습"

•••• 공부습관을 잡으면 **성적과 학습능력은** 저절로 올라간다!

자기 분야에서 눈에 띄는 성과를 이루어 낸 많은 사람들은 한 목소리로 좋은 습관이 성공의 열쇠였다고 말합니다. 공부도 마찬가지입니다. 자신의 페이스를 꾸준히 유지하며 공부하는 습관을 들인다면 학습능력과 성적은 저절로 따라 올라갑니다.

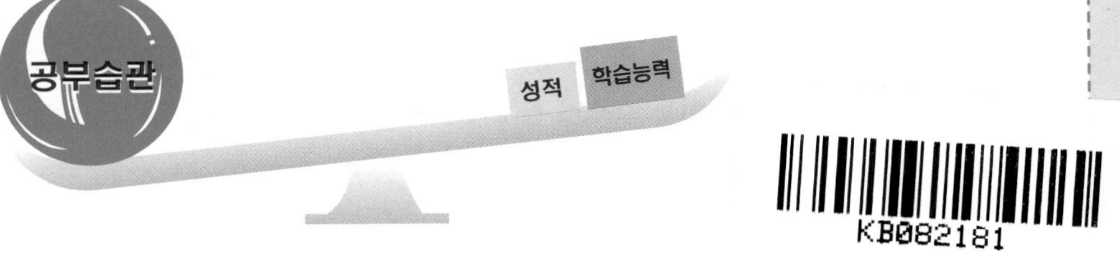

•••• **올바른 공부습관**이 없다면 학습능력은 사상누각!

본격적인 학교 공부를 시작하는 시기인 초등학교. 바로 이때 공부습관을 제대로 잡아 주는 것이 무엇보다 중요합니다. 이때 형성된 공부습관이 이후 중 · 고등학교에서의 학업 성취도를 좌우하기 때문입니다.

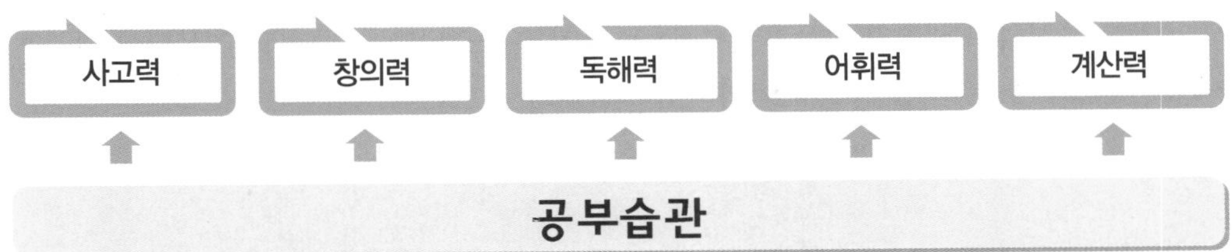

•••• **'워밍업 → 해결전략연습 → 의욕충전'**의 3단계 학습법

본격적인 운동을 하기 전에 준비운동으로 몸을 풀면, 안전하고 더욱 효과적인 운동을 할 수 있습니다. 공부를 시작하기 전에도, 먼저 두뇌를 공부할 수 있는 상태로 풀어 주어야 더욱 효율적인 공부를 할 수 있습니다. 공습에서는 준비운동을 통해 두뇌를 공부 모드로 바꿔 준 다음, 해결전략을 연습하는 문제를 풉니다. 그리고 공부 의욕을 높이는 짤막한 글로 마무리하여 학교 · 학원 공부를 더욱 충실히 수행할 수 있도록 합니다.

"공습으로 잡는 3대 공부습관"

첫째, 스스로 공부하는 습관

잔소리를 해서 공부를 시키는 부모와 잔소리 때문에 억지로 공부하는 아이, 모두 스트레스를 받습니다. 그러나 억지로 하는 공부는 오히려 아이에게 공부에 대한 반감만 일으킬 뿐입니다. 일단 아이의 공부 부담부터 줄여 주세요. 남들 한다고 따라서 이것저것 아이에게 시키지 마세요. 이 시기에는 하루하루 꾸준히 스스로 공부하는 습관을 잡아 주는 것만으로도 충분합니다.

공습은 하루 10분, 부담 없이 재미있게 공부할 수 있습니다. 아이와 하루 10분 공습공부를 약속하고 지켜 보세요. 시키지 않아도 스스로 공부하는 아이를 만날 수 있을 것입니다.

둘째, 차례차례 문제를 해결하는 습관

긴 글만 보면 괜히 주눅이 들어서 자기가 가지고 있는 실력을 100퍼센트 발휘하지 못하는 아이들이 많습니다. 이것은 무엇보다 문제의 핵심이 무엇인지 파악하는 훈련이 되어 있지 않기 때문입니다. 학년이 올라갈수록 문제를 분석하여 해결 방법을 찾는 능력이 많이 요구됩니다. 초등학교 때부터 차례차례 문제를 해결하는 방법을 훈련하여, 이를 습관으로 만들어야 합니다.

공습은 절차적 문제해결전략을 반복해서 훈련함으로써, 핵심을 잡아내는 공부습관을 만듭니다.

셋째, 꾸준히 공부하는 습관

하루 세 끼 규칙적으로, 알맞은 양을 먹는 것이 건강을 지키는 방법입니다. 공부도 마찬가지입니다. 매일매일 아이가 할 수 있는 양만큼만 꾸준히 공부한다면, 아이는 공부와 시험에 대한 부담을 덜어 내고 자신의 실력을 차곡차곡 쌓을 수 있습니다. 꾸준히 공부하기 위해서, 우선 아이 스스로가 공부는 할 만한 것이라는 자신감과 재미를 가져야 합니다.

공습은 문제해결전략만 이해하면 누구나 풀 수 있습니다. 따라서 아이는 문제를 풀면서 자신감을 갖게 되고, 이러한 자신감은 공부에 대한 재미로 이어져 꾸준히 공부할 수 있는 습관을 만듭니다.

"공습 훈련 프로그램 – 공습국어 초등독해"

···· 글을 빠르고 정확하게 읽는 습관을 잡는다.

책을 많이 읽는 아이가 반드시 국어 성적이 좋은 것은 아닙니다. 한쪽으로 치우친 소재와 갈래의 글만 읽거나, 책을 덮고 나면 읽은 내용이 무엇인지 모르는 아이에게 또 어떤 잔소리를 하시겠습니까? 책 읽은 양만큼 국어 능력을 올리려면, 책을 읽고 난 다음에 글 전체의 짜임, 글의 내용, 글의 주제 등을 읽어 내려는 노력이 있어야 합니다. 공습국어 초등독해는 다양한 소재와 형식의 글을 제시하여 아이의 편독을 줄이고, 또 글을 빠르고 정확하게 읽는 방법을 반복적으로 훈련합니다. 그래서 아이가 언제, 어디서, 어떤 글을 읽더라도 글의 핵심을 제대로 집어낼 수 있도록 만듭니다. 공습국어 초등독해는 아이에게 책을 사 주는 것 말고는 달리 방법을 모르는 부모 대신 제대로 글 읽는 법을 가르칩니다.

···· 감 못 잡고 권수만 채우던 읽기에서 핵심을 쏙쏙 뽑아내는 체계적인 읽기로

어릴 때부터 꾸준하고 올바르게 다듬어진 독해 능력은 모든 학습의 밑바탕이 됩니다. 글의 종류와 짜임, 그리고 상황에 맞게 핵심을 찾아 읽어 내는 것을 '정독'이라고 합니다. 그러나 책을 많이 읽는다고 해서 누구나 정독을 하고 있는 것은 아닙니다. 많은 양의 독서가 저절로 정독 습관을 가져다주는 것도 아닙니다. 다양한 글을 본격적으로 읽기 시작하는 초등학교 단계에서부터 글을 제대로 읽을 수 있는 틀을 다져 주어야 합니다. 공습국어 초등독해는 다양한 글을 읽고 글의 핵심을 체계적으로 파악하는 전략을 훈련시키며, 나아가 이를 습관화시키는 과학적 프로그램입니다.

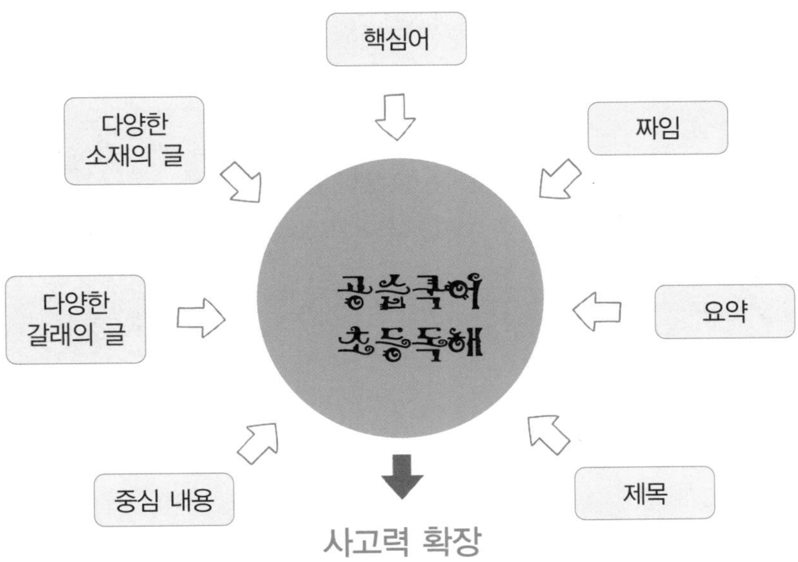

“『공습국어 초등독해』 활용 방법 보기”

하나 처음 일주일 정도는 아이와 함께 하세요.

공습국어 초등독해의 독해 전략을 아이가 이해할 수 있도록 일주일 정도는 아이와 함께 문제를 풀어 보세요. 각각의 전략 단계를 어떻게 풀면 되는지 설명해 주고, 채점을 통해 다시 한번 짚어 줍니다.

둘 매일 1회분씩 꾸준히 하도록 유도하되 강요하지 마세요.

아이에게 공부하라고 말하기 전에, 먼저 공부할 수 있는 환경과 조건을 만들어 주세요. 그리고 아이가 스스로 공부할 때까지 지켜봐 주세요. 또한 하루에 1회분 이상 진도를 나가지 않도록 지도해 주세요. 하루에 2회분 이상의 문제를 푸는 것은 꾸준한 공부 습관 형성에 방해가 될 수 있습니다.

셋 아이의 수준에 맞게 단계별로 선택하세요.

독해 능력은 시간에 여유를 두고 차근차근 키워 가는 것입니다. 선행 학습을 시킬 마음에 무리해서 높은 단계를 풀게 하면, 아이가 글을 읽는 재미를 잃어버릴 수 있습니다. 또한 도전 시간을 통과하고 점수를 잘 받도록 하기 위해, 아이의 실력에 비해 너무 낮은 단계를 풀게 하면 독해 능력이 향상되지 않습니다.
공습국어 초등독해는 단기적으로 국어 '성적'을 높이기 위한 교재가 아닙니다. 공습국어 초등독해의 목적은 국어 '능력'을 높이는 것으로, 이것은 장기간의 훈련과 노력을 필요로 합니다. 아이의 독해 실력에 맞는 단계를 선택할 때 최고의 효과를 얻을 수 있습니다.

단계	구성	글의 소재	글의 갈래
1 · 2학년	30회	사회, 역사, 시사, 인물, 언어, 문화, 과학, 예술, 종교, 정치, 경제, 건강, 상식 등	설명하는 글, 주장하는 글, 인터뷰 형식의 글, 기사글, 대화글 등
3 · 4학년	30회		
5 · 6학년	30회		

넷 걸린 시간과 정답 개수를 꼭 적도록 하세요.

공습국어 초등독해는 문제마다 걸린 시간과 정답 개수를 적도록 하고 있습니다. 아이들이 문제를 푼 다음, 걸린 시간을 적을 수 있도록 미리 시계를 준비해 주세요. 제시문의 길이와 난이도, 문제의 개수에 따라 도전 시간에 차이를 두었습니다. 욕심이 앞서서 글 읽기와 문제 풀이의 속도만 높이려 한다면 올바른 독해 습관을 익히는 데 해가 됩니다. 얼마나 빨리, 많이 푸느냐가 중요한 것이 아닙니다. 정독 능력과 사고력을 동시에 키우려면 문제 하나하나를 이해하고 파악해야 합니다. 도전 시간을 주고 걸린 시간과 정답 개수를 적게 하는 것은 집중력을 높이고 실력 향상의 재미를 느끼게 하기 위한 장치임을 꼭 기억하세요.

다섯 우리 아이, 이럴 땐 이렇게 하세요.

• 도전 시간 안에, 틀린 답 없이 문제를 풉니다.
뛰어난 독해 능력을 지녔습니다. 꾸준하게 훈련하면 글의 핵심을 파악하는 능력과 동시에 언어사고력 또한 발달할 것입니다.

• (도전 시간을 기준으로) 걸린 시간은 매우 짧은데, 정답률이 낮습니다.
문제풀이전략을 이해하지 못한 상태에서 건성으로 문제를 푼 것입니다. 문제의 틀을 이해시키고, 한 문제 한 문제 같이 풀어 보는 과정이 필요합니다.

• (도전 시간을 기준으로) 걸린 시간은 길지만, 정답률은 높습니다.
전략에 따른 문제 해결이 아직 익숙하지 않거나, 집중력이 오래 가지 못하는 것입니다. 그럼에도 문제를 꼼꼼하게 풀어낸 아이의 끈기를 칭찬해 주시고, 하루하루 지켜봐 주세요. 그리고 주변 환경을 정리하고 부모가 직접 시간을 재서 아이의 집중력이 흐트러지지 않게끔 도와줍니다.

• (도전 시간을 기준으로) 걸린 시간은 긴데, 정답률이 낮습니다.
문제풀이전략을 이해하지 못한 상태이며, 집중력 또한 떨어지는 것입니다. 옆에서 좀 더 지켜보며 문제 풀이를 설명해 주세요. 그리고 같이 소리 내어 제시문을 읽어 보거나 색깔 연필로 표시하며 문제를 푸는 등의 활동을 통해 문제 풀이에 대한 집중력과 재미를 길러 줍니다.

“『공습국어 초등독해』 구성 한눈에 보기”

공습국어 초등독해는 공부를 시작하기 위한 준비운동인 「머리 풀어주는 퍼즐」과 본격적인 문제해결전략을 연습하는 「빠르고 정확하게 읽기」(❶핵심어 찾기, ❷글의 짜임 그리기, ❸요약하기, ❹제목 달기), 그리고 공부 의욕을 높여 주는 「생각 다지는 글」로 구성되어 있습니다.

01회 머리 풀어주는 퍼즐

도전 시간 00 분 20 초 | 걸린 시간 분 초

창의사고력 기초 다지기 주의집중력 쑥~

다음에서 새, 강아지, 바나나, 꽃, 자동차, 나비 그림은 각각 몇 장씩인지 세어 보세요.

새	장
강아지	장
바나나	장
꽃	장
자동차	장
나비	장

준비운동 – 머리 풀어 주는 퍼즐
다양한 퍼즐을 통해 두뇌를 공부 모드로 전환하고 아울러 창의사고력을 키웁니다.

도전시간 5 분 10 초 | 걸린시간 분 초

오늘의 읽기 자료입니다. 잘 읽고 문제를 풀어 보세요.

예로부터 개는 우리 인간에게 친구 같은 동물입니다. 이러한 개들 중에서도 특히 우리에게 도움을 주는 고마운 개들이 있다고 합니다. 우리를 도와주는 고마운 개의 종류에는 마약탐지견, 시각장애인 도우미견, 인명구조견, 눈썰매견 등이 있습니다.

마약탐지견은 공항에서 냄새를 맡아 마약을 찾아내는 역할을 하는 개입니다. 마약탐지견은 냄새를 잘 맡아야 하기 때문에 비글과 코커스패니얼 등 후각이 발달된 개들이 좋습니다. 시각장애인 도우미견은 시각장애인의 눈이 되어 그들이 생활하는 데 도움을 주는 도우미개입니다. 대표적인 시각장애인 도우미견으로는 온순한 성격의 래브라도 리트리버가 많다고 합니다. 인명구조견은 다양한 사고가 났을 때 사람을 구조하는 역할을 하며 인명구조견의 종류로는 독일 셰퍼드와 세인트 버나드가 있습니다. 인명구조견은 건물이 무너지거나 산사태 지진 등의 사고가 났을 때 건물 등에 깔린 사람을 찾아내어 사람들이 구조할 수 있도록 알려 줍니다. 눈썰매견은 추운 지방에서 눈썰매를 끄는 개들입니다. 눈썰매견으로는 추위에 강하고 체력이 강한 시베리안 허스키나 알래스칸 말라뮤트가 적격이라고 합니다.

제시문
다양한 소재를 다양한 갈래의 글로 표현하였습니다.

❶ 핵심어 찾기

다음 낱말들 중에 위 글에 나온 낱말이 있으면 빈칸에 동그라미 하세요. 동그라미 한 낱말들이 위 글의 주제와 가장 관련이 높은 핵심어입니다.

문제 개수 8 개 / 맞은 개수 개 / 틀린 개수 개

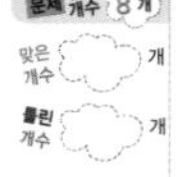

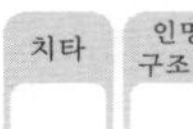

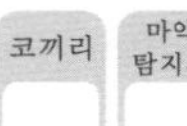

개	시각장애인 도우미견	눈썰매견	치타	인명 구조견	싸움견	코끼리	마약 탐지견

❶ 핵심어 찾기
핵심어를 찾으며 자연스럽게 글을 다시 한 번 읽고, 중요 내용을 눈에 담아 두도록 하는 문제입니다.

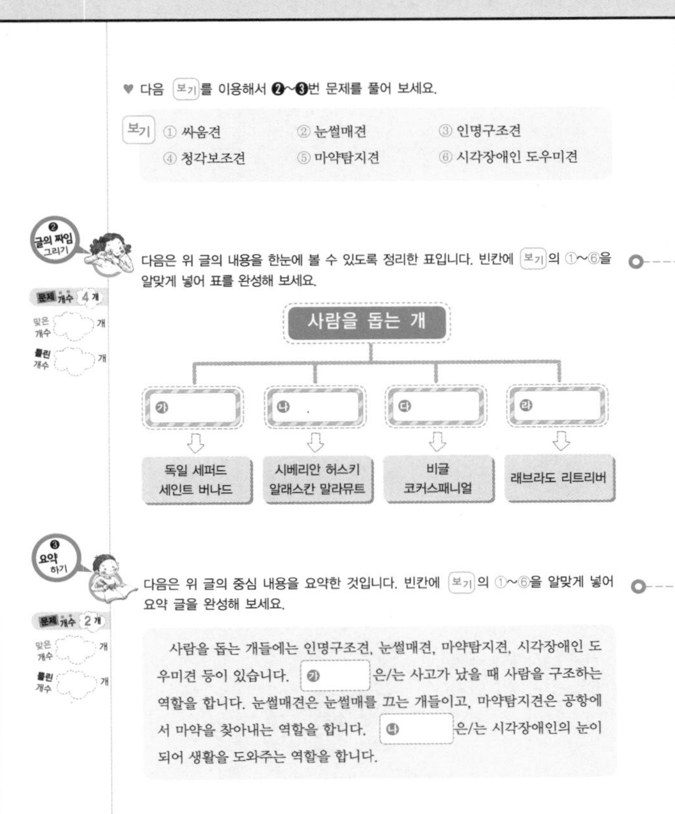

♥ 다음 보기를 이용해서 ❷~❸번 문제를 풀어 보세요.

보기 ① 싸움견 ② 눈썰매견 ③ 인명구조견 ④ 청각보조견 ⑤ 마약탐지견 ⑥ 시각장애인 도우미견

❷ 글의 짜임 그리기

문제 개수 4개 / 맞은 개수 개 / 틀린 개수 개

다음은 위 글의 내용을 한눈에 볼 수 있도록 정리한 표입니다. 빈칸에 보기의 ①~⑥을 알맞게 넣어 표를 완성해 보세요.

사람을 돕는 개

㉮	㉯	㉰	㉱
독일 세퍼드 세인트 버나드	시베리안 허스키 알래스칸 말라뮤트	비글 코커스패니얼	래브라도 리트리버

❸ 요약하기

문제 개수 2개 / 맞은 개수 개 / 틀린 개수 개

다음은 위 글의 중심 내용을 요약한 것입니다. 빈칸에 보기의 ①~⑥을 알맞게 넣어 요약 글을 완성해 보세요.

사람을 돕는 개들에는 인명구조견, 눈썰매견, 마약탐지견, 시각장애인 도우미견 등이 있습니다. ㉮ 은/는 사고가 났을 때 사람을 구조하는 역할을 합니다. 눈썰매견은 눈썰매를 끄는 개들이고, 마약탐지견은 공항에서 마약을 찾아내는 역할을 합니다. ㉯ 은/는 시각장애인의 눈이 되어 생활을 도와주는 역할을 합니다.

❷ 글의 짜임 그리기

복잡한 글도 간단한 도식(표나 그림)으로 정리하여, 글의 내용과 짜임을 한눈에 파악할 수 있도록 하는 문제입니다.

❸ 요약하기

❷의 결과를 문장으로 정리하는 문제입니다. 요약 글을 쓰는 방법을 알게 되고, 조각말들을 자연스럽게 연결하여 문장을 완성하는 훈련을 할 수 있습니다.

❹ 제목 달기

글에 가장 알맞은 제목을 찾는 문제입니다. 글과 제목 후보와의 관계에 대해 '왜 답일까?', 또는 '왜 답이 아닐까?'를 고민하며 사고력을 키울 수 있습니다. 또한 어떤 글이나 상황을 보고 그것을 한 번에 나타낼 수 있는 표현, 즉 핵심을 찾는 감을 키울 수 있습니다.

마무리 – 생각 다지는 글

공부에 도움이 되는 이야기, 좋은 생활 습관을 다지는 이야기 등 부모가 아이에게 해 주고 싶은 이야기를 다양하게 싣고 있습니다.

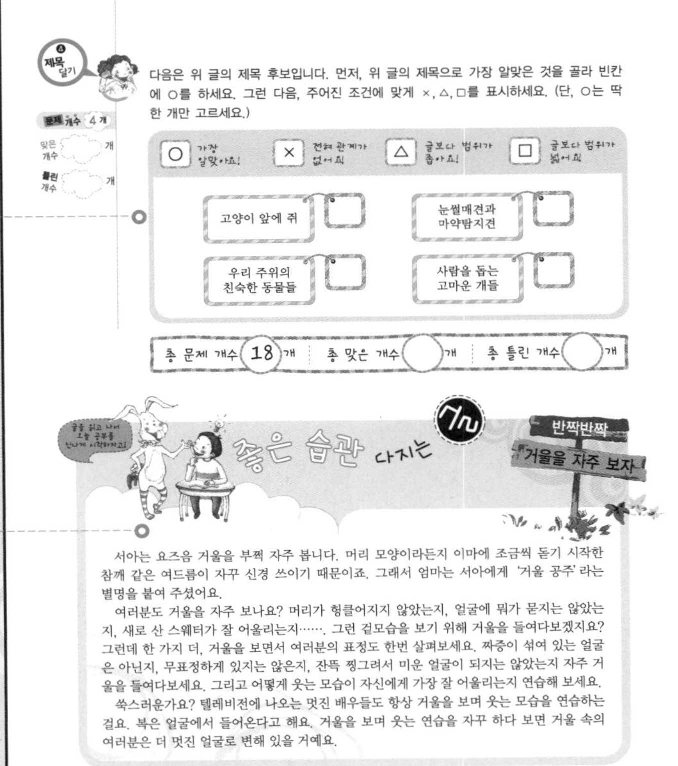

❹ 제목 달기

문제 개수 4개 / 맞은 개수 개 / 틀린 개수 개

다음은 위 글의 제목 후보입니다. 먼저, 위 글의 제목으로 가장 알맞은 것을 골라 빈칸에 ○를 하세요. 그런 다음, 주어진 조건에 맞게 ×, △, □를 표시하세요. (단, ○는 딱 한 개만 고르세요.)

○ 가장 알맞아요! × 전혀 관계가 없어요 △ 글보다 범위가 좁아요! □ 글보다 범위가 넓어요

고양이 앞에 쥐 / 눈썰매견과 마약탐지견 / 우리 주위의 친숙한 동물들 / 사람을 돕는 고마운 개들

총 문제 개수 18개 총 맞은 개수 개 총 틀린 개수 개

서아는 요즈음 거울을 부쩍 자주 봅니다. 머리 모양이라든지 이마에 조금씩 돋기 시작한 참깨 같은 여드름이 자꾸 신경 쓰이기 때문이죠. 그래서 엄마는 서아에게 '거울 공주'라는 별명을 붙여 주셨어요.

여러분도 거울을 자주 보나요? 머리가 헝클어지지 않았는지, 얼굴에 뭐가 묻지는 않았는지, 새로 산 스웨터가 잘 어울리는지……. 그런 겉모습을 보기 위해 거울을 들여다보겠지요? 그런데 한 가지 더, 거울을 보면서 여러분의 표정도 한번 살펴보세요. 짜증이 섞여 있는 얼굴은 아닌지, 무표정하게 있지는 않은지, 잔뜩 찡그려서 미운 얼굴이 되지는 않았는지 자주 거울을 들여다보세요. 그리고 어떻게 웃는 모습이 자신에게 가장 잘 어울리는지 연습해 보세요.

쑥스러운가요? 텔레비전에 나오는 멋진 배우들도 항상 거울을 보며 웃는 모습을 연습하는 걸요. 복은 얼굴에서 들어온다고 해요. 거울을 보며 웃는 연습을 자꾸 하다 보면 거울 속의 여러분은 더 멋진 얼굴로 변해 있을 거예요.

"『공습국어 초등독해』 풀이 방법 보기"

● 오늘의 읽기 자료입니다. 잘 읽고 문제를 풀어 보세요.

살을 빼기 위한 방법에는 자신에게 잘 맞는 운동하기, 음식 조절하기, 규칙적으로 잠자기 등이 있습니다. 어느 한 가지 방법만을 사용하는 것보단 여러 방법을 적절하게 사용하는 것이 건강을 유지하면서 살도 뺄 수 있는 좋은 방법입니다. 먼저 운동을 통해 살을 빼는 방법에 대해 알아볼 것입니다. 살을 빼기 위한 운동을 할 때는, 유산소 운동과 무산소 운동을 적당히 섞어서 하는 것이 중요합니다.

'유산소 운동'이란 운동할 때 산소가 필요한 운동입니다. 주로 배에 있는 지방을 에너지로 사용하며, 운동한 뒤에 덜 피곤하다는 장점이 있습니다. 그래서 유산소 운동에는 나이가 든 분들도 할 수 있는 운동이 많습니다. 걷기, 달리기, 수영, 등산, 에어로빅 같은 운동이 유산소 운동입니다.

'무산소 운동'은 운동할 때 산소가 필요 없는 운동입니다. 무산소 운동은 근육의 크기와 힘을 키워 줍니다. 무산소 운동은 정확한 자세를 배워야 하기 때문에 좀 번거롭기는 하지만, 일단 자세가 몸에 익으면 매우 안전하게 운동을 할 수 있습니다. 무산소 운동에는 100미터 달리기나 골프, 테니스, 근력 트레이닝 등이 있습니다.

1-1. 핵심어 찾기 : 다음 어휘들이 위 글에서 몇 번씩 나왔는지 개수를 세어 보세요. 많이 등장한 어휘일수록 글의 주제와 가장 관련이 깊은 핵심어입니다.

무산소 운동	지방	유산소 운동	음식 조절하기	에어로빅	힘
(5)번	(1)번	(4)번	(1)번	(1)번	(1)번

1-2. 핵심어 찾기 : 다음 어휘 중에 위 글에 나온 어휘가 있으면 빈칸에 동그라미 하세요. 동그라미 한 어휘들이 위 글의 주제와 가장 관련이 높은 핵심어입니다.

무산소 운동	헬스클럽	유산소 운동	요가	운동	암벽등반
○	×	○	×	○	×

표 안의 어휘들이 지문에 나왔는지 확인합니다. 종류가 비슷하거나 글을 제대로 읽지 않으면 헷갈릴 만한 보기들이 있기 때문에 제시문을 잘 확인해야 합니다. 제시문의 해당 어휘에 표시를 하면서 답을 달도록 합니다.

표 안의 어휘들이 지문에 몇 번 등장했는지 세어 봅니다. 제시문의 해당 어휘에 표시를 하면서 숫자를 세도록 합니다.

♥ 다음 보기를 이용해서 2~3번 문제를 풀어 보세요.

보기
① 걷기　② 테니스　③ 등산
④ 수영　⑤ 근력 트레이닝　⑥ 골프
⑦ 산소가 필요 없는 운동　⑧ 산소가 필요한 운동　⑨ 유산소 운동
⑩ 무산소 운동

2. 글의 짜임 그리기 : 다음은 위 글의 내용을 한눈에 볼 수 있도록 정리한 표입니다. ㉮~㉰에 보기의 ①~⑩을 알맞게 넣어 표를 완성해 보세요.

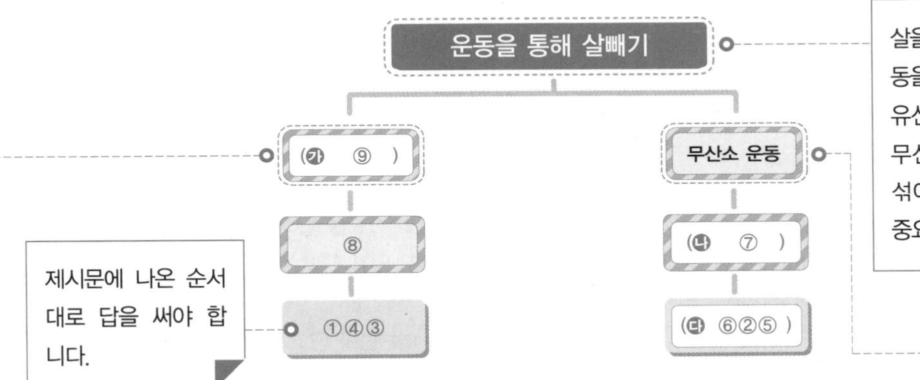

살을 빼기 위해 운동을 하는 것이라면 유산소 운동(⑨)과 무산소 운동을 잘 섞어서 하는 것이 중요합니다.

3. 요약하기 : 다음은 위 글의 중심 내용을 요약한 것입니다. ㉮~㉲에 보기의 ①~⑩을 알맞게 넣어 요약 글을 완성해 보세요.

살을 빼기 위해 운동을 할 때는, 유산소 운동과 (㉮ ⑩)을 잘 섞어서 하는 것이 중요합니다. 유산소 운동은 (㉯ ①), (㉰ ④), 달리기, 등산, 에어로빅처럼 운동할 때 (㉱ ⑧)입니다. 반대로 100미터 달리기, 골프, 테니스, 근력 트레이닝과 같은 (㉲ ⑩)은 운동할 때 산소가 필요 없는 운동입니다.

유산소 운동(⑨)은 산소가 필요한 운동(⑧)을 말하며, 걷기(①), 등산(③), 수영(④)이 그 예입니다.

2번의 짜임을 문장으로 연결한 것으로, 제시문의 주요 내용을 뽑아 간추리는 작업입니다.

무산소 운동은 산소가 필요 없는 운동(⑦)을 말하며, 골프(⑥), 테니스(②), 근력 트레이닝(⑤)이 그 예입니다.

4. 제목 달기 : 다음은 위 글의 제목 후보입니다. 먼저, 위 글의 제목으로 가장 알맞은 것을 골라 빈칸에 ○를 하세요. 그런 다음, 주어진 조건에 맞게 ×, △, □를 표시하세요. (단, ○는 딱 한 개만 고르세요.)

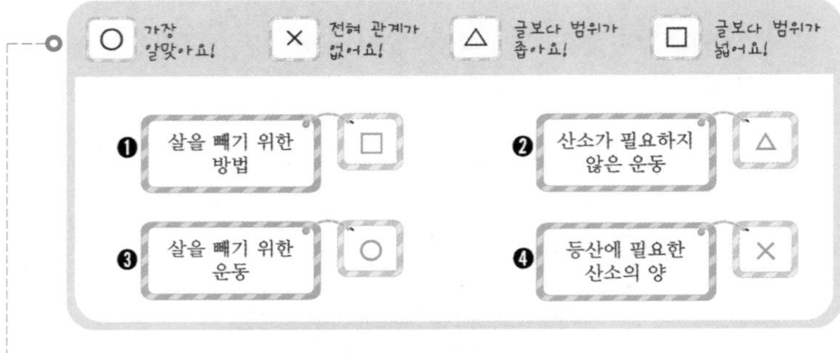

먼저 글의 내용을 가장 적절하게 대표하는 제목 후보를 골라 ○표를 합니다. 그런 다음 ×, △, □ 표시를 합니다. ○를 제외한 나머지 부호들은 들어가지 않거나 몇 번 반복해서 들어가는 경우가 있으니 지도에 유의해 주세요. 글에 나온 내용과 전혀 관계가 없는 후보일 경우에는 ×표를 합니다. 글에 나온 내용이긴 하지만 글의 일부 내용만을 담고 있어서 글 전체를 포함하지 못하는 후보일 경우에는 △표를 합니다. 글에서 제시한 소재나 내용보다 범위가 넓은 후보일 경우에는 □표를 합니다.

❶ 이 글은 살을 빼는 여러 가지 방법 중에서 운동에 대해 말하고 있습니다. 운동은 살을 빼는 여러 방법 중 하나이기 때문에 이 후보는 글에 비해 범위가 너무 넓은 제목입니다.

❷ 이 글은 '산소가 필요하지 않은 운동'인 '무산소 운동'뿐 아니라 '산소가 필요한 운동'인 '유산소 운동'에 대해서도 설명하고 있습니다. 그렇기 때문에 전체를 담기에는 너무 범위가 좁은 제목입니다.

❸ 이 글은 살을 빼는 여러 방법 중에서 특히 운동에 대해 이야기하고 있기 때문에 이 글을 가장 대표할 수 있는 제목입니다.

❹ 글에서 전혀 다루지 않은 내용이므로 이 글과는 관계없는 제목입니다.

차례

Contents

공습을 시작하며...

• • • • 매일 매일 즐거운 마음으로 공습국어 초등독해 1회부터 30회까지 꾸준히 풀어 보세요. 자, 준비됐나요? 그럼 신나게 시작해 보세요!

01회 머리 풀어주는 퍼즐

도전 시간		걸린 시간	
00 분	20 초	분	초

창의사고력 기초 다지기 주의집중력 쑥~

다음에서 새, 강아지, 바나나, 꽃, 자동차, 나비 그림은 각각 몇 장씩인지 세어 보세요.

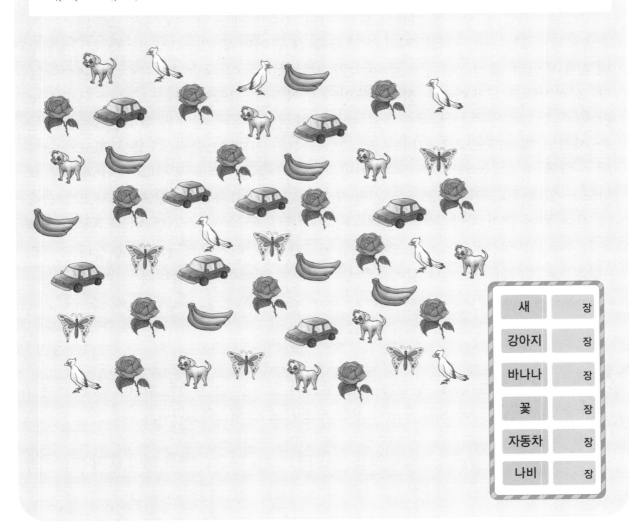

새	장
강아지	장
바나나	장
꽃	장
자동차	장
나비	장

빠르고 정확하게 읽기

도전시간 5 분 10 초

걸린시간 분 초

● 오늘의 읽기 자료입니다. 잘 읽고 문제를 풀어 보세요.

예로부터 개는 우리 인간에게 친구 같은 동물입니다. 이러한 개들 중에서도 특히 우리에게 도움을 주는 고마운 개들이 있다고 합니다. 우리를 도와주는 고마운 개의 종류에는 마약탐지견, 시각장애인 도우미견, 인명구조견, 눈썰매견 등이 있습니다.

마약탐지견은 공항에서 냄새를 맡아 마약을 찾아내는 역할을 하는 개입니다. 마약탐지견은 냄새를 잘 맡아야 하기 때문에 비글과 코커스패니얼 등 후각이 발달된 개들이 좋습니다. 시각장애인 도우미견은 시각장애인의 눈이 되어 그들이 생활하는 데 도움을 주는 도우미개입니다. 대표적인 시각장애인 도우미견으로는 온순한 성격의 래브라도 리트리버가 많다고 합니다. 인명구조견은 다양한 사고가 났을 때 사람을 구조하는 역할을 하며, 인명구조견의 종류로는 독일 세퍼드와 세인트 버나드가 있습니다. 인명구조견은 건물이 무너지거나 산사태, 지진 등의 사고가 났을 때 건물 등에 깔린 사람을 찾아내어 사람들이 구조할 수 있도록 알려 줍니다. 눈썰매견은 추운 지방에서 눈썰매를 끄는 개들입니다. 눈썰매견으로는 추위에 강하고 체력이 강한 시베리안 허스키나 알래스칸 말라뮤트가 적격이라고 합니다.

1 핵심어 찾기

다음 낱말들 중에 위 글에 나온 낱말이 있으면 빈칸에 동그라미 하세요. 동그라미 한 낱말들이 위 글의 주제와 가장 관련이 높은 핵심어입니다.

개	시각장애인 도우미견	눈썰매견	치타	인명 구조견	싸움견	코끼리	마약 탐지견

문제 개수 8 개

맞은 개수 개

틀린 개수 개

♥ 다음 보기를 이용해서 ❷~❸번 문제를 풀어 보세요.

보기
① 싸움견 ② 눈썰매견 ③ 인명구조견
④ 청각보조견 ⑤ 마약탐지견 ⑥ 시각장애인 도우미견

다음은 위 글의 내용을 한눈에 볼 수 있도록 정리한 표입니다. 빈칸에 보기의 ①~⑥을 알맞게 넣어 표를 완성해 보세요.

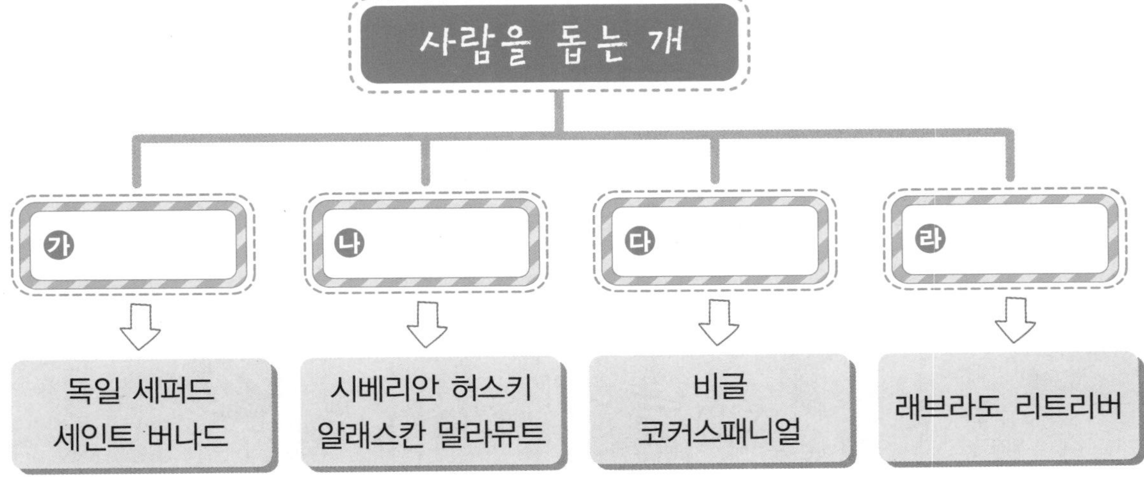

다음은 위 글의 중심 내용을 요약한 것입니다. 빈칸에 보기의 ①~⑥을 알맞게 넣어 요약 글을 완성해 보세요.

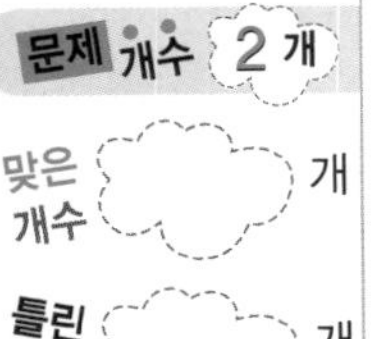

사람을 돕는 개들에는 인명구조견, 눈썰매견, 마약탐지견, 시각장애인 도우미견 등이 있습니다. ㉮ ( ) 은/는 사고가 났을 때 사람을 구조하는 역할을 합니다. 눈썰매견은 눈썰매를 끄는 개들이고, 마약탐지견은 공항에서 마약을 찾아내는 역할을 합니다. ㉯ ( ) 은/는 시각장애인의 눈이 되어 생활을 도와주는 역할을 합니다.

문제 개수 4 개

맞은 개수 개

틀린 개수 개

다음은 위 글의 제목 후보입니다. 먼저, 위 글의 제목으로 가장 알맞은 것을 골라 빈칸에 ○를 하세요. 그런 다음, 주어진 조건에 맞게 ×, △, □를 표시하세요. (단, ○는 딱 한 개만 고르세요.)

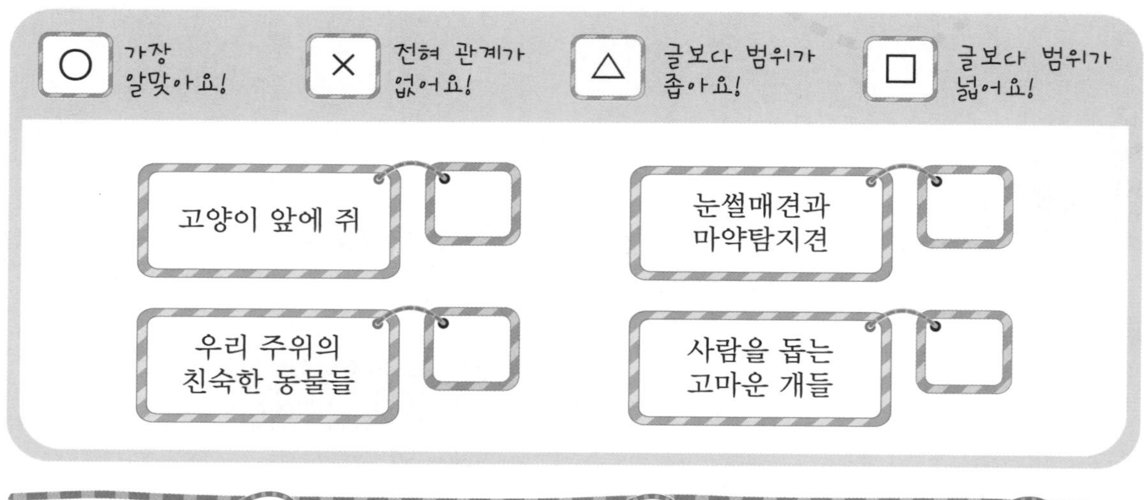

○ 가장 알맞아요!
× 전혀 관계가 없어요!
△ 글보다 범위가 좁아요!
□ 글보다 범위가 넓어요!
고양이 앞에 쥐
눈썰매견과 마약탐지견
우리 주위의 친숙한 동물들
사람을 돕는 고마운 개들

총 문제 개수 18 개 | 총 맞은 개수 개 | 총 틀린 개수 개

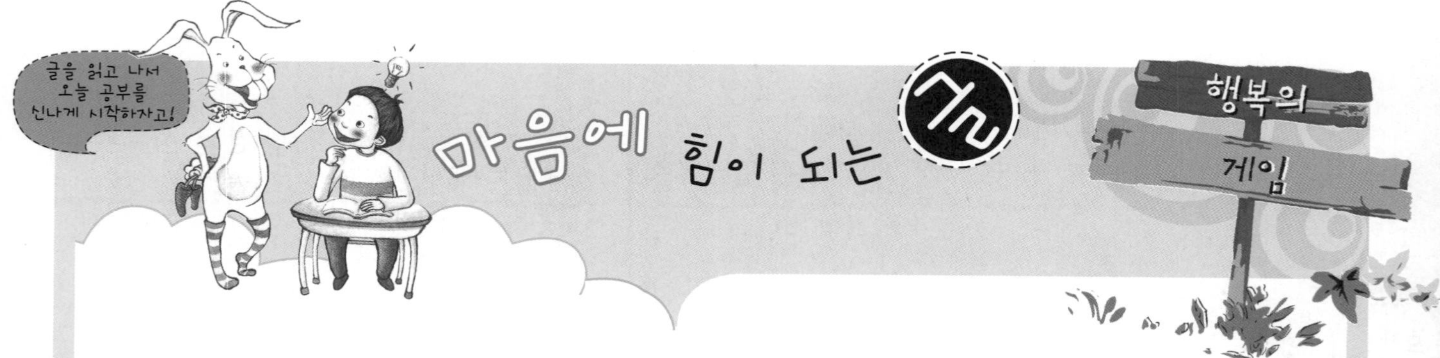

글을 읽고 나서 오늘 공부를 신나게 시작하자고!
마음에 힘이 되는 글
행복의 게임

미국의 강철왕 카네기는 우울하고 일이 뜻대로 되지 않아 실망할 때면 간단한 '행복의 게임'을 해보라고 권했다고 합니다.

'행복의 게임'이란 종이에 자신이 가진 장점을 모조리 다 써 보는 것입니다. 그런 후에 '그 장점들이 없다면 나는 지금 어떻게 되었을까?' 하고 생각하는 것입니다. 그러면 자연스럽게 지금의 어려움은 아무것도 아니라는 생각을 하게 된다는 것이지요.

누구나 장점과 단점을 가지고 있습니다. 이 둘은 동전의 양면과 같아서 항상 함께 따라다니곤 하지요. 그러나 지혜로운 사람은 나의 단점을 빨리 파악하고 그 단점을 장점으로 고쳐 나간답니다. 지금까지 잘하고 있던 것은 더 잘하고, 조금 부족한 부분은 보충해 가면서 노력한다면 내일은 오늘보다 훨씬 더 채워진 나를 느낄 수 있겠지요.

어때요? 여러분도 '행복의 게임'을 해보고 싶지 않나요?

공부를 시작할 때도
준비운동이 필요하다고!
하나둘 하나둘

02회 머리 풀어주는 퍼즐

도전 시간		걸린 시간	
00 분	20 초	분	초

창의사고력 기초 다지기 연상추리력 

어떤 곤충의 그림 퍼즐이 6조각으로 흩어졌네요. 완성된 모양을 상상하여 퍼즐이 있어야 할 자리에 번호를 써 넣으세요.

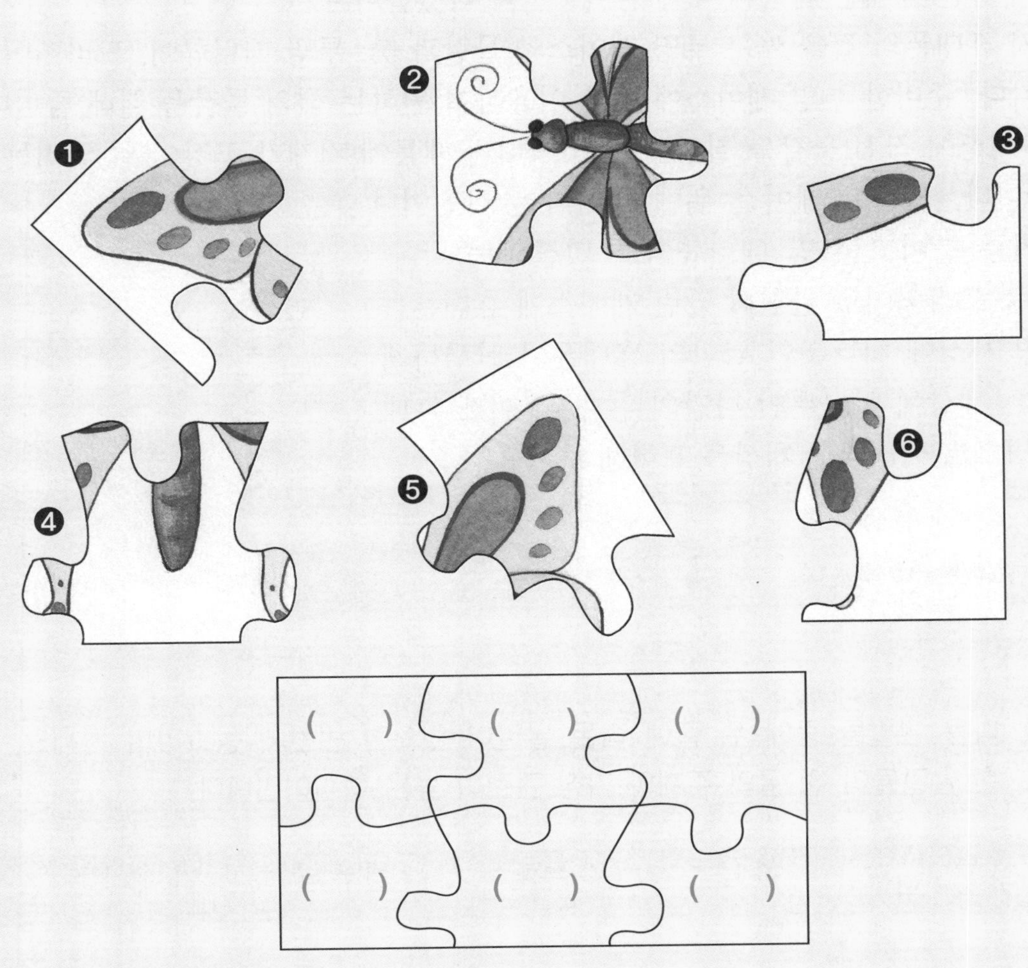
❶
❷
❸
❹
❺
❻
( ) ( ) ( )
( ) ( ) ( )

빠르고 정확하게 읽기

도전시간 5 분 00 초

걸린시간 분 초

● 오늘의 읽기 자료입니다. 잘 읽고 문제를 풀어 보세요.

안녕하세요? 뿍뿍 뉴스의 우주인 기자입니다. 디자인도 자주 바뀌고 기능도 새로워지고 있는 휴대폰! 날이 갈수록 새로워지는 휴대폰 때문에 유행에 따라 멀쩡한 휴대폰을 바꾸는 일도 많아지고 있습니다. 하지만, 매일 바꿀 수도 없는 휴대폰을 새롭게 쓰는 방법이 없을까요? 오늘 뿍뿍 뉴스에서는 휴대폰의 겉모습을 멋지게 바꾸어 새롭게 쓰는 휴대폰 튜닝에 대해 알아보도록 하겠습니다.

먼저 휴대폰의 겉을 싸는 투명 케이스와 물감과 붓, 투명 매니큐어, 드라이어를 준비합니다. 준비한 투명 케이스에 붓을 이용하여 원하는 색의 물감을 칠해 줍니다. 이때, 휴대폰에 직접 물감을 칠하는 것이 아니기 때문에 기계가 고장이 날 염려는 없다고 합니다. 색칠한 케이스 위에 좋아하는 사진이나 스티커를 붙이고 투명 매니큐어로 덧칠해 줍니다. 그 다음 드라이어로 완전히 말린 케이스에 휴대폰을 넣으면 세상에 하나뿐인 나만의 휴대폰이 탄생하게 됩니다. 세상에 하나뿐인 나만의 휴대폰! 이제 휴대폰 튜닝으로 여러분의 개성을 표현해 보세요!

❶ 핵심어 찾기

다음 낱말들 중에 위 글에 나온 낱말이 있으면 빈칸에 동그라미 하세요. 동그라미 한 낱말들이 위 글의 주제와 가장 관련이 높은 핵심어입니다.

MP3 플레이어	휴대폰	튜닝	컴퓨터	카메라	인터넷

문제 개수 6 개

맞은 개수 개

틀린 개수 개

♥ 다음 보기 를 이용해서 ❷~❸번 문제를 풀어 보세요.

보기
① 투명 매니큐어로 덧칠합니다.
② 완전히 말린 케이스에 휴대폰을 넣습니다.
③ 색칠한 케이스 위에 좋아하는 사진이나 스티커를 붙입니다.
④ 투명 케이스와 물감과 붓, 투명 매니큐어, 드라이어를 준비합니다.
⑤ 준비한 투명 케이스에 붓을 이용하여 원하는 색의 물감을 칠합니다.

❷ 글의 짜임 그리기

문제 개수 3 개
맞은 개수 개
틀린 개수 개

다음은 위 글의 내용을 한눈에 볼 수 있도록 정리한 표입니다. 빈칸에 보기 의 ①~⑤를 알맞게 넣어 표를 완성해 보세요.

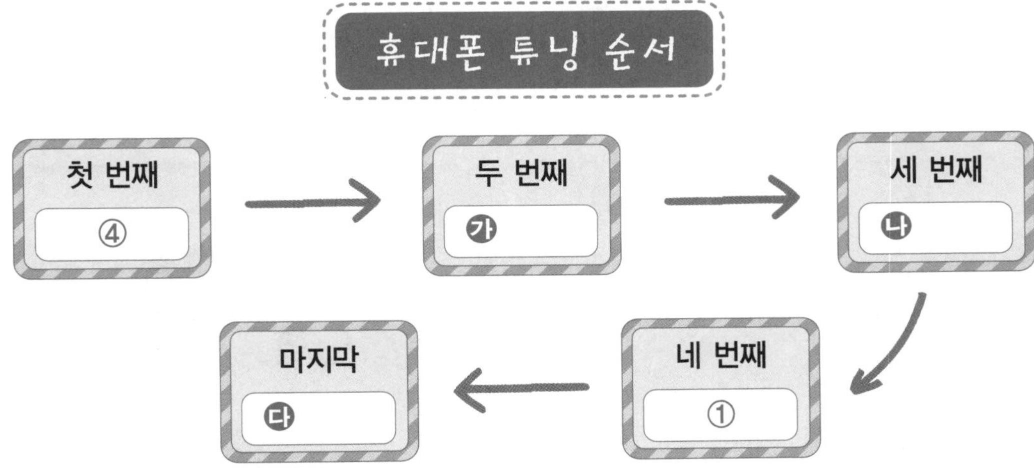

문제 개수 2 개
맞은 개수 개
틀린 개수 개

다음은 위 글의 중심 내용을 요약한 것입니다. 빈칸에 보기 의 ①~⑤를 알맞게 넣어 요약 글을 완성해 보세요.

휴대폰의 겉모습을 멋지게 바꾸어 새롭게 쓰는 것을 휴대폰 튜닝이라고 합니다. 휴대폰을 튜닝하려면 먼저, 가 ______. 투명 케이스에 붓을 이용하여 원하는 색의 물감을 칠한 다음 케이스 위에 좋아하는 사진이나 스티커를 붙입니다. 그 다음 나 ______. 그런 다음, 드라이어로 말려 케이스에 넣으면 완성됩니다.

문제 개수 4 개

맞은 개수 개

틀린 개수 개

다음은 위 글의 제목 후보입니다. 먼저, 위 글의 제목으로 가장 알맞은 것을 골라 빈칸에 ○를 하세요. 그런 다음, 주어진 조건에 맞게 ×, △, □를 표시하세요. (단, ○는 딱 한 개만 고르세요.)

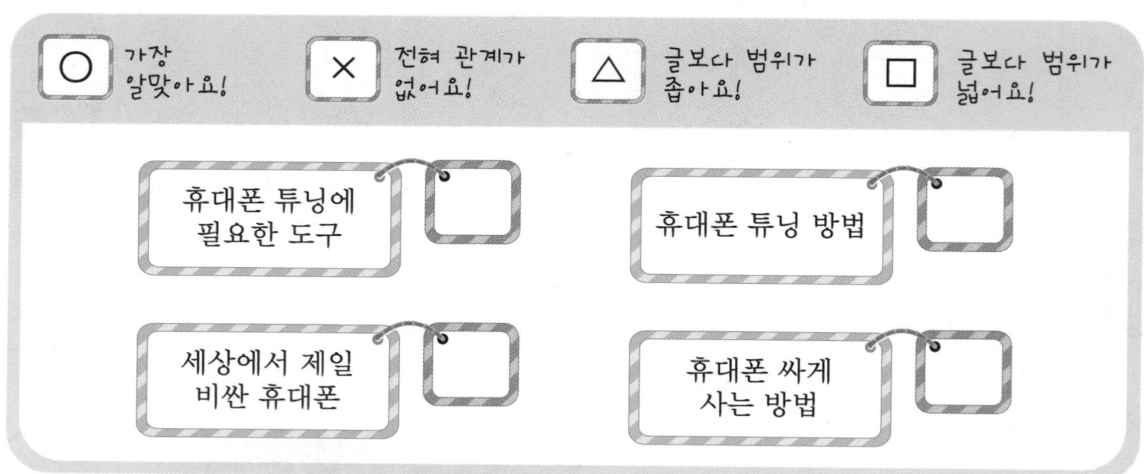

○ 가장 알맞아요!
× 전혀 관계가 없어요!
△ 글보다 범위가 좁아요!
□ 글보다 범위가 넓어요!
휴대폰 튜닝에 필요한 도구
휴대폰 튜닝 방법
세상에서 제일 비싼 휴대폰
휴대폰 싸게 사는 방법

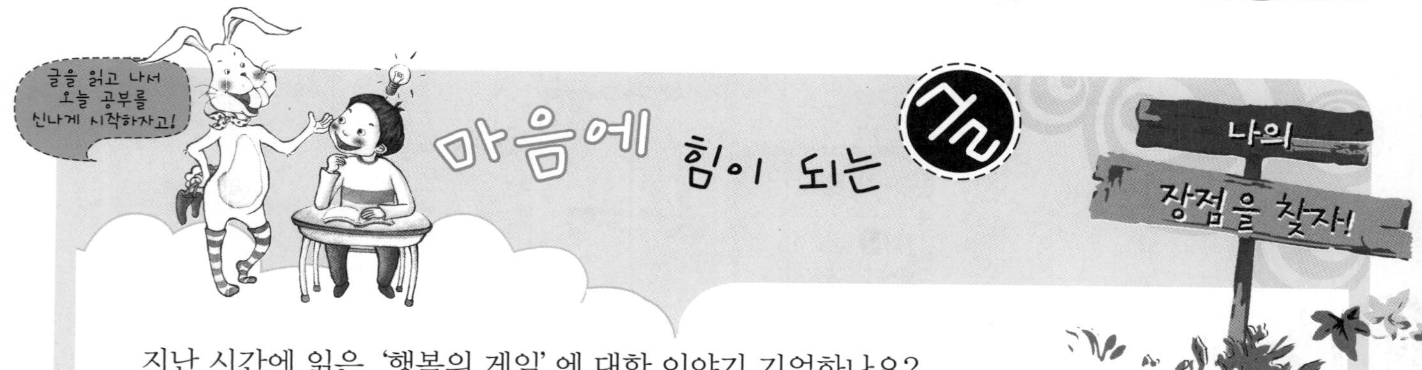

글을 읽고 나서 오늘 공부를 신나게 시작하자고!
마음에 힘이 되는 글
나의 장점을 찾자!

지난 시간에 읽은 '행복의 게임' 에 대한 이야기 기억하나요?

그 이야기를 떠올리면서 오늘은 직접 행복의 게임을 해보도록 해요. 자신의 장점을 찾아서 모두 써 보세요.

행복의 게임

나의 장점은 ______________________________

____

______________________________ 입니다.

03회
공부를 시작할 때도
준비운동이 필요하다고!
하나둘 하나둘

머리 풀어주는 퍼즐

퍼즐

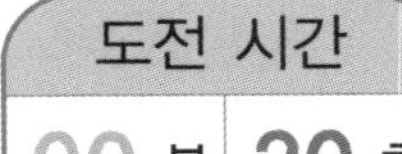
도전 시간
00 분 20 초

걸린 시간

분 초

창의사고력 기초 다지기 판단능력 
쑥~

'가~하' 까지 순서대로 찾아 소리내어 읽으면서 동그라미 하세요.

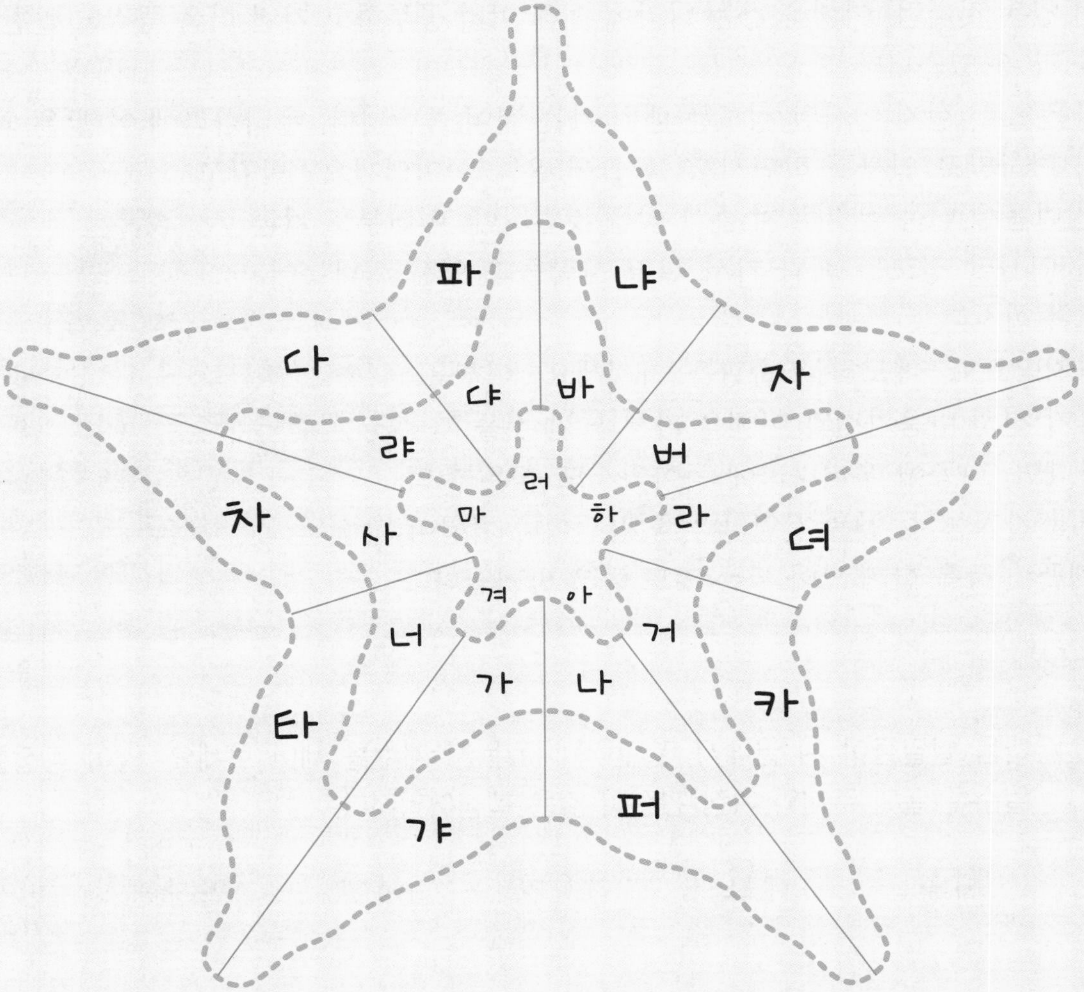

파 냐
다 자
댜 바
랴 버
러
차 마 하 라 뎌
사
겨 아
너 거
가 나
타 카
퍼
갸

빠르고 **정확**하게

도전시간 4 분 40 초

걸린시간 분 초

● 오늘의 읽기 자료입니다. 잘 읽고 문제를 풀어 보세요.

몇 해 전부터 해외로 여행을 떠나는 사람들이 점점 많아지고 있다고 합니다. 오늘 여행 뉴스에서는 외국 여행을 알차고 즐겁게 보낼 수 있는 방법에 대해 알아보도록 하겠습니다.

먼저, 여행을 떠나기 전에 준비를 철저히 해야 합니다. "아는 만큼 보인다."라는 말이 있는 것처럼, 여행을 가는 나라에 대해 미리 공부하고 가면 더욱 즐겁고 알찬 여행을 할 수 있습니다.

다음으로, 현지 인사말 정도는 배워 가는 것이 좋습니다. 우리나라에 여행 온 외국인이 한국말로 인사를 하면서 길을 물어 온다면 어떨까요? 반갑고 기쁜 마음에 더욱 잘 가르쳐 주고 싶을 것입니다. 여러분도 기본적인 인사말 정도는 배워 가서 현지 사람들과 인사를 나누어 보도록 합시다.

마지막으로, 메모하는 습관을 가지세요. 여행을 떠나기 전의 마음가짐과 여행을 가서 느낀 것을 기록한다면, 나중에 우리나라에 돌아와서도 좋은 추억거리를 간직할 수 있을 것입니다. 입장권이나 기념이 되는 팸플릿 등을 함께 모아 두는 것도 좋은 방법입니다.

❶ 핵심어 찾기

다음 낱말들이 위 글에서 몇 번씩 나왔는지 개수를 세어 보세요. 많이 등장한 낱말일수록 글의 주제와 가장 관련이 깊은 핵심어입니다.

해외	메모	인사말	여행	입장권	우리나라

문제 개수 6 개

맞은 개수 개

틀린 개수 개

♥ 다음 [보기]를 이용해서 ❷~❸번 문제를 풀어 보세요.

보기
① 현지 인사말을 배워 갑니다.
② 한국 음식을 많이 싸 갑니다.
③ 쇼핑을 많이 하고 돌아옵니다.
④ 여행지에서 느낀 것과 생각들을 메모합니다.
⑤ 여행지에 대해 미리 공부합니다.

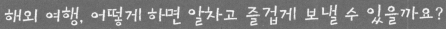

다음은 위 글의 내용을 한눈에 볼 수 있도록 정리한 표입니다. 빈칸에 [보기]의 ①~⑤를 알맞게 넣어 표를 완성해 보세요.

이런 방법으로 즐겁고 알찬 해외 여행을 할 수 있어요.

다음은 위 글의 중심 내용을 요약한 것입니다. 빈칸에 [보기]의 ①~⑤를 알맞게 넣어 요약 글을 완성해 보세요.

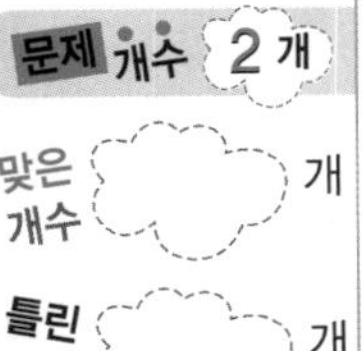

해외로 떠나는 여행자의 수가 점점 많아지고 있다고 합니다. 알차고 즐거운 해외 여행을 하기 위해서는 여행지에 대해 미리 공부하고, ㉮ ______. 그리고 ㉯ ______.

문제 개수 4 개

맞은 개수 개

틀린 개수 개

다음은 위 글의 제목 후보입니다. 먼저, 위 글의 제목으로 가장 알맞은 것을 골라 빈칸에 ○를 하세요. 그런 다음, 주어진 조건에 맞게 ×, △, □를 표시하세요. (단, ○는 딱 한 개만 고르세요.)

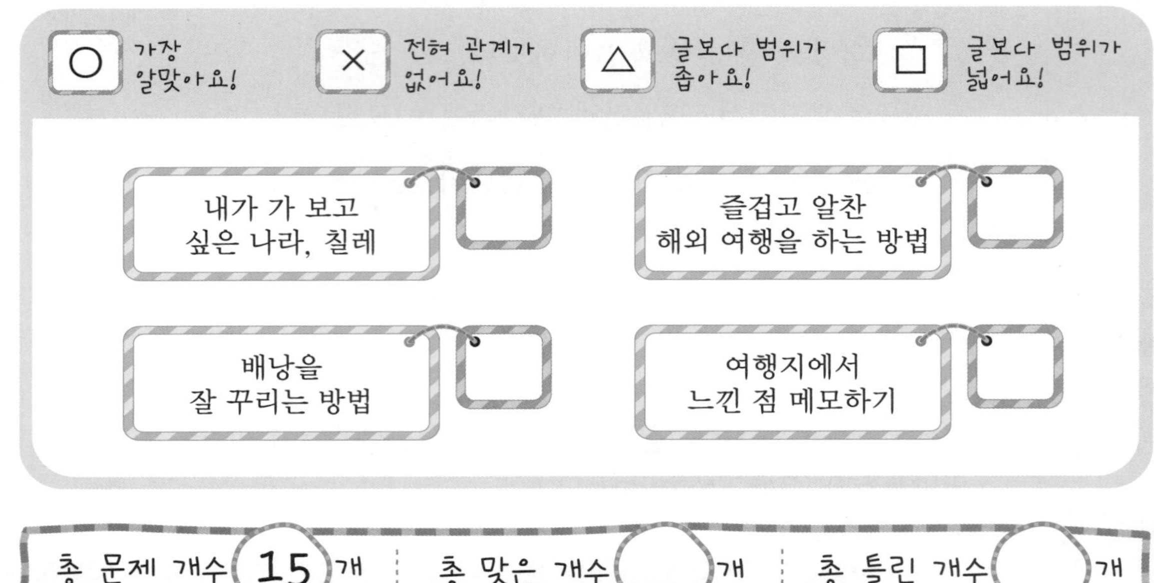

총 문제 개수 15 개 | 총 맞은 개수 개 | 총 틀린 개수 개

글을 읽고 나서 오늘 공부를 신나게 시작하자고!
생각하고 되새기는 글
세계 속의 피겨 요정, 김연아!

"나 자신도 믿어지지 않는 점수다."

김연아는 2004년 빙상경기연맹(ISU) 주니어 그랑프리 대회에서 친구이자 라이벌인 아사다 마오를 누르고 1위에 오른 이후, 은반 위의 요정으로 팬들의 사랑을 한 몸에 받고 있습니다. 잦은 허리 부상으로 인한 아픔과 고된 훈련의 어려움을 견뎌내며 피겨 불모지였던 우리나라에서는 처음으로 세계 랭킹 1위의 자리에 이름을 오르내리고 있습니다.

천재적 재능이란 완벽한 기술 더하기 그 무엇이라고 하지요. 러시아의 한 코치는 김연아를 두고 '신이 내린 재능'이라며 극찬을 했다고 합니다. 그러나 그 재능에 더하여, 수없이 넘어져도 또다시 일어서서 차가운 빙판 위에 그 여린 몸을 내던지며 보냈던 그 긴 시간의 힘이 지금의 김연아 선수를 있게 한 숨은 힘이 아닐까요?

공부를 시작할 때도
준비운동이 필요하다고!
하나둘 하나둘
04 회

머리 풀어주는 퍼즐

도전 시간		걸린 시간	
00 분	15 초	분	초

창의사고력 기초 다지기 정보처리능력 쑥~

다음에서 같은 그림을 두 장 찾아 동그라미 하세요.

빠르고 정확하게 읽기

도전시간	4 분	50 초
걸린시간	분	초

● 오늘의 읽기 자료입니다. 잘 읽고 문제를 풀어 보세요.

여러분은 공룡을 본 적이 있나요? 영화 〈쥬라기 공원〉과 〈박물관이 살아 있다〉에 나오는 커다란 공룡은 아주 먼 옛날 지구상에 실제로 살았던 동물이랍니다.

그런데 오늘날 우리는 공룡을 볼 수가 없습니다. 공룡은 약 6000만 년 전에 완전히 멸종*되었기 때문입니다. 공룡은 왜 사라지게 되었을까요? 공룡 시대에 지구에는 무슨 일이 일어났던 것일까요?

아주 먼 옛날 지구에는 공룡들이 살고 있었습니다. 공룡은 물에서 살기도 하고 하늘을 날아다니기도 하고 우리 인간처럼 육지에서 살기도 했답니다. 그런데 어느 날 공룡이 살고 있던 지구는 우주로부터 날아온 운석과 부딪치게 됩니다. 운석은 지구에 떨어지는 별똥을 말합니다. 충돌 때문에 지구에는 엄청난 먼지가 일어나게 되었고 먼지 때문에 태양이 가려졌습니다. 태양의 빛을 받지 못하게 된 지구의 기온은 갑자기 낮아지기 시작했습니다. 날씨는 엄청나게 추워졌고, 결국 공룡은 추운 날씨에 얼어 죽거나 먹을 것이 없어서 굶어 죽게 되었습니다. 이것이 바로 오늘날 우리가 박물관이나 책에서만 공룡의 모습을 보게 된 이유입니다.

멸종 : 생물의 한 종류가 아주 없어짐.

1 핵심어 찾기

다음 낱말들이 위 글에서 몇 번씩 나왔는지 개수를 세어 보세요. 많이 등장한 낱말일수록 글의 주제와 가장 관련이 깊은 핵심어입니다.

공룡	운석	박물관	쥬라기 공원	별똥	책

문제 개수 6 개

맞은 개수 개

틀린 개수 개

♥ 다음 보기를 이용해서 ❷~❸번 문제를 풀어 보세요.

보기

① 공룡 ② 지구 ③ 6000만 년 전

④ 얼어 죽었습니다.

⑤ 굶어 죽었습니다.

⑥ 지구의 온도가 갑자기 내려갔습니다.

⑦ 운석이 지구에 부딪히면서 큰 먼지가 생겨 태양을 가렸습니다.

다음은 위 글의 내용을 한눈에 볼 수 있도록 정리한 표입니다. 빈칸에 보기의 ①~⑦을 알맞게 넣어 표를 완성해 보세요.

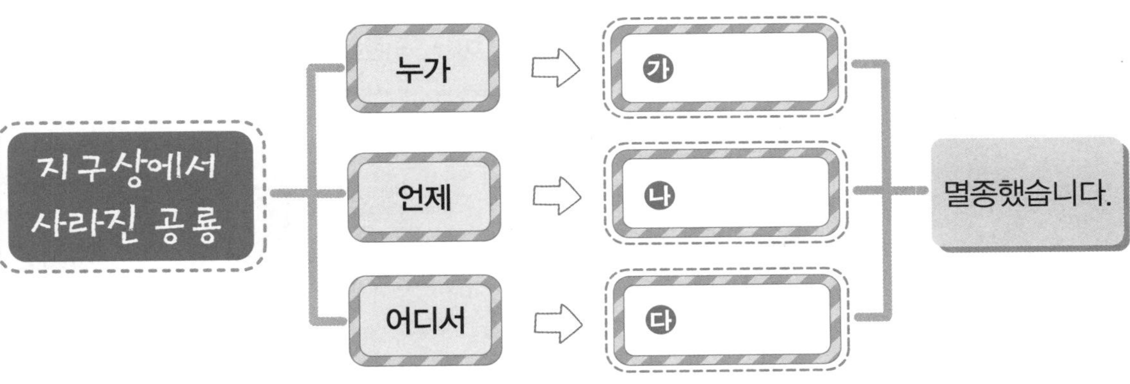

다음은 위 글의 중심 내용을 요약한 것입니다. 빈칸에 보기의 ①~⑦을 알맞게 넣어 요약 글을 완성해 보세요.

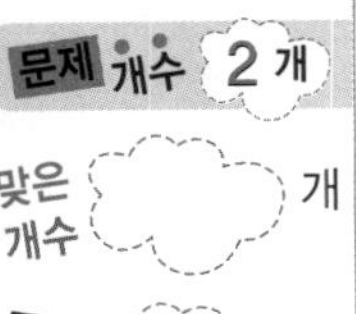

지금으로부터 (가) ______, 운석과 지구의 충돌로 생긴 큰 먼지가 태양을 가리게 되었습니다. 그러자 지구의 온도는 갑자기 내려가게 되었고, 공룡들은 얼어 죽거나 혹은 (나) ______. 그래서 우리는 공룡을 더 이상 볼 수 없게 되었습니다.

문제 개수 4 개

맞은 개수 개

틀린 개수 개

다음은 위 글의 제목 후보입니다. 먼저, 위 글의 제목으로 가장 알맞은 것을 골라 빈칸에 ○를 하세요. 그런 다음, 주어진 조건에 맞게 ×, △, □를 표시하세요. (단, ○는 딱 한 개만 고르세요.)

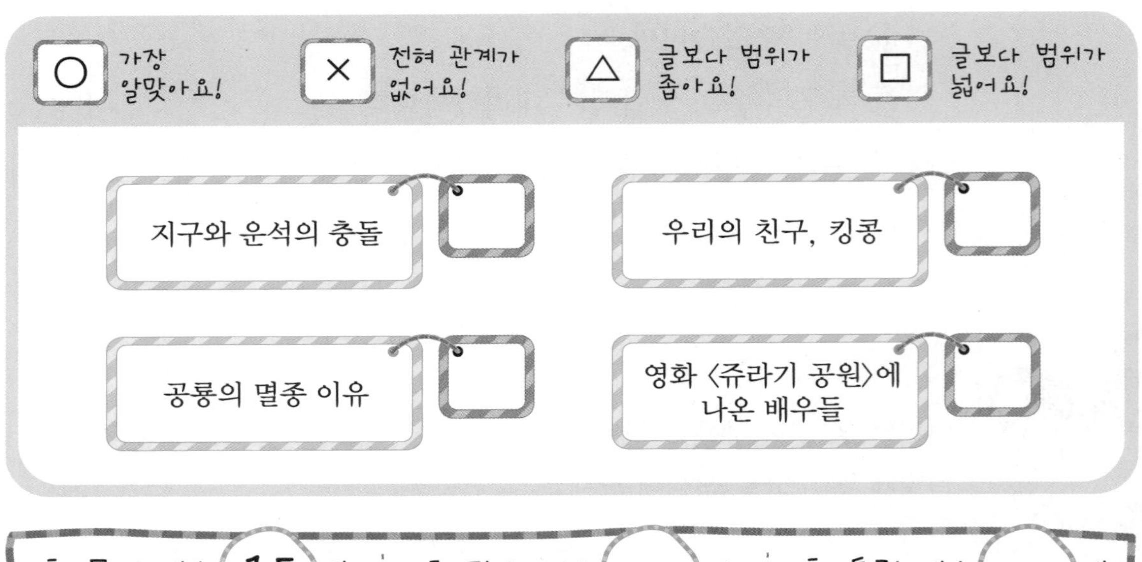

○ 가장 알맞아요!
× 전혀 관계가 없어요!
△ 글보다 범위가 좁아요!
□ 글보다 범위가 넓어요!
지구와 운석의 충돌
우리의 친구, 킹콩
공룡의 멸종 이유
영화 〈쥬라기 공원〉에 나온 배우들

총 문제 개수 15 개 | 총 맞은 개수 개 | 총 틀린 개수 개

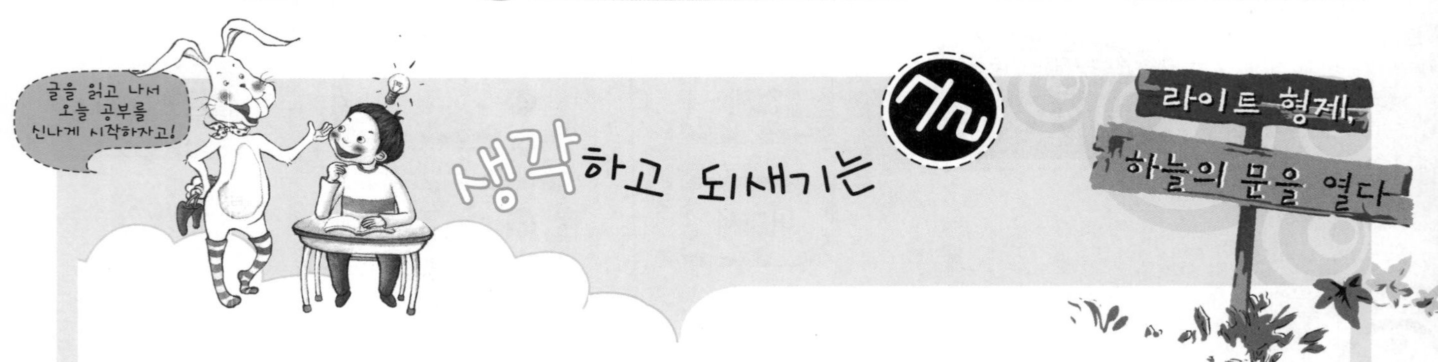

글을 읽고 나서 오늘 공부를 신나게 시작하자고!
생각하고 되새기는 글
라이트 형제, 하늘의 문을 열다

새처럼 하늘을 훨훨 날아다니는 꿈, 여러분도 한 번은 꾸어 본 적이 있지요? 비행기가 만들어지기 전에는 하늘을 나는 것은 그저 상상에 지나지 않았어요. 비행기를 발명한 라이트 형제가 살았던 시대에도 그랬습니다. 비행기로 하늘을 날겠다는 라이트 형제를 사람들은 손가락질을 하며 비웃었지요. 그러나 형제는 꿈을 포기하지 않았습니다.

어렸을 적부터 기계 만들기를 좋아하고, 엉뚱하지만 기발한 상상을 실현하기를 좋아했던 형 윌버와 동생 오빌. 두 사람은 들판에서 하늘을 나는 새들을 바라보며 새들은 수시로 날개의 모양을 바꾸어 가면서 상하좌우 여러 방향으로 날며 속도도 조종하고 있다는 것을 알아내었습니다. 그리고 그 원리를 응용해서 글라이더형 비행기를 최초로 만들어 냈지요. 꿈을 이루기 위해 끊임없이 공부하고 작은 실패에도 포기하지 않는 성실한 자세야말로 라이트 형제가 하늘의 문을 열 수 있었던 비결이 아닐까요?

05회 머리 풀어주는 퍼즐

도전 시간		걸린 시간	
00 분	30 초	분	초

창의사고력 기초 다지기 계산능력 쑥~

사다리를 타고 내려가면서, 같은 모양끼리 계산이 이루어지도록 빈칸을 채워 보세요.

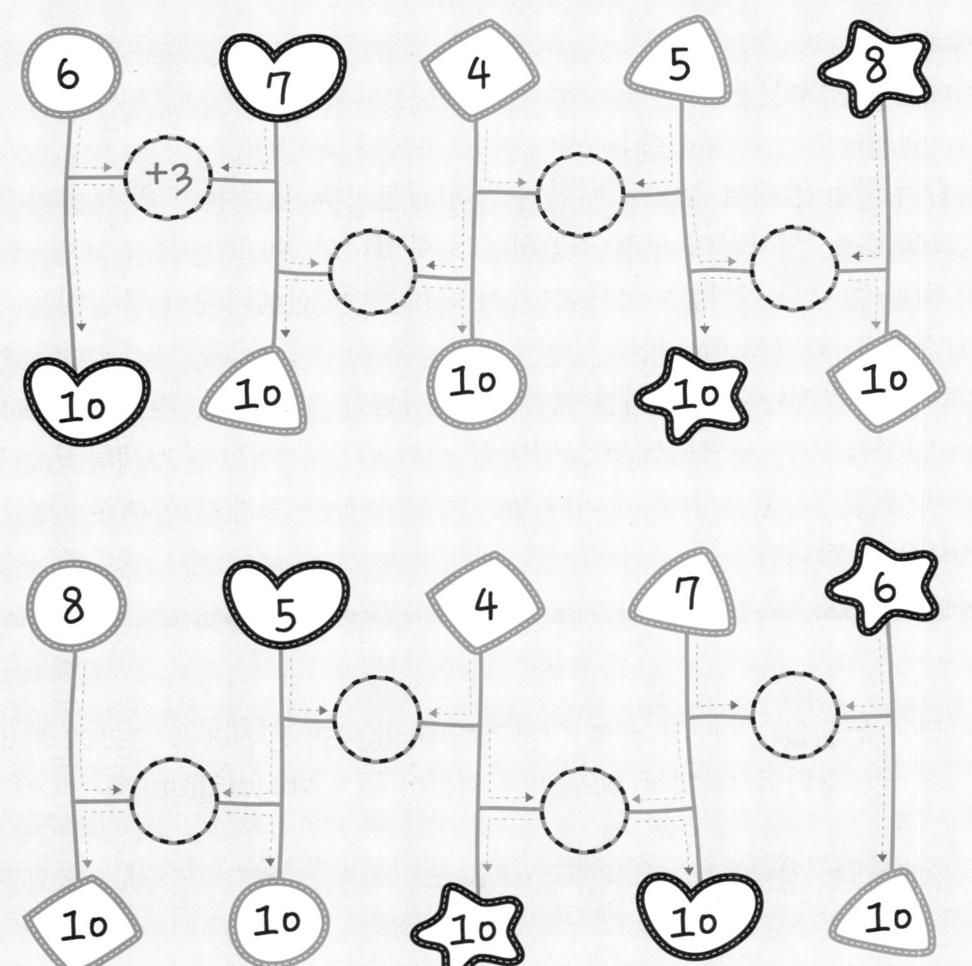

빠르고 정확하게 읽기

도전시간 4 분 20 초

걸린시간 분 초

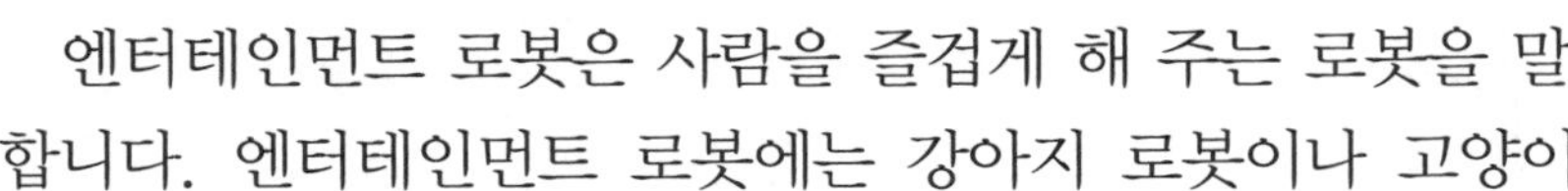

오늘의 읽기 자료입니다. 잘 읽고 문제를 풀어 보세요.

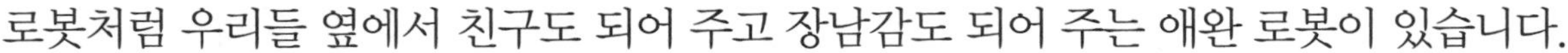

로봇은 사람과 비슷한 생김새를 가지고 걷기도 하고 말도 하는 기계입니다. 로봇의 종류에는 '휴머노이드', '엔터테인먼트 로봇' '직접조종 로봇', '사이보그' 등이 있습니다.

휴머노이드는 사람처럼 두 팔과 두 다리가 있는 로봇입니다. 휴머노이드라는 뜻은 "겉모습이 사람처럼 생겼다"라는 뜻입니다.

엔터테인먼트 로봇은 사람을 즐겁게 해 주는 로봇을 말합니다. 엔터테인먼트 로봇에는 강아지 로봇이나 고양이 로봇처럼 우리들 옆에서 친구도 되어 주고 장남감도 되어 주는 애완 로봇이 있습니다.

직접조종 로봇은 사람이 직접 조종하는 로봇입니다. 이 로봇은 주로 물건을 만들고 나르는 일을 합니다. 전쟁 로봇도 여기에 속하는데, 전쟁터에서 부상병을 구조해 주는 전쟁 로봇도 있다고 합니다.

사이보그는 기계나 전기장치를 몸에 붙인 사람을 말합니다. 지금의 기술로는 사고로 몸의 일부를 잃은 사람들에게 잃어버린 몸의 일부를 대신할 기계를 만들어 달아주는 정도밖에 할 수 없습니다. 그러나 앞으로는 사람과 기계가 합해진 사이보그가 탄생할 것이라고 합니다.

다음 낱말들 중에 위 글에 나온 낱말이 있으면 빈칸에 동그라미 하세요. 동그라미 한 낱말들이 위 글의 주제와 가장 관련이 높은 핵심어입니다.

사이보그	안드로메다	엔터테인먼트 로봇	아톰	직접조종 로봇	마징가 제트	철인 23호	휴머노이드

♥ 다음 보기를 이용해서 ❷~❸번 문제를 풀어 보세요.

보기
① 휴머노이드 ② 직접조종 로봇 ③ 사이보그 ④ 전쟁 로봇
⑤ 엔터테인먼트 로봇 ⑥ 물건을 만들고 나르는 로봇
⑦ 강아지와 고양이 로봇과 같은 애완 로봇
⑧ 기계나 전기장치를 몸에 붙여 개조한 사람
⑨ 사람과 같이 팔과 다리가 있는 로봇

다음은 위 글의 내용을 한눈에 볼 수 있도록 정리한 표입니다. 빈칸에 보기의 ①~⑨를 알맞게 넣어 표를 완성해 보세요.

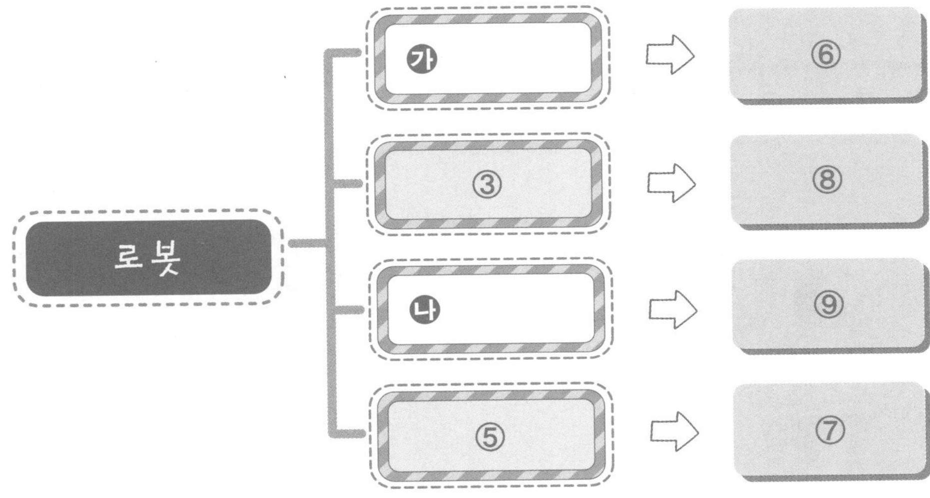

다음은 위 글의 중심 내용을 요약한 것입니다. 빈칸에 보기의 ①~⑨를 알맞게 넣어 요약 글을 완성해 보세요.

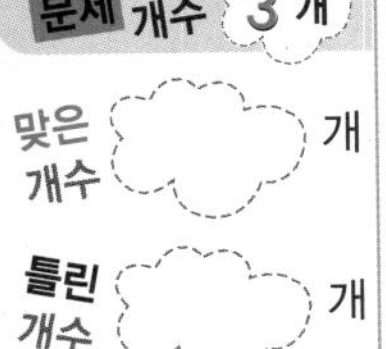

로봇은 사람과 비슷한 모습을 가지고 걷기도 하고 말도 하는 기계 장치입니다. 로봇에는 직접조종 로봇 , ㉮ [ ], ㉯ [ ], ㉰ [ ] 등이 있습니다.

문제 개수 4 개

맞은 개수 개

틀린 개수 개

다음은 위 글의 제목 후보입니다. 먼저, 위 글의 제목으로 가장 알맞은 것을 골라 빈칸에 ○를 하세요. 그런 다음, 주어진 조건에 맞게 ×, △, □를 표시하세요. (단, ○는 딱 한 개만 고르세요.)

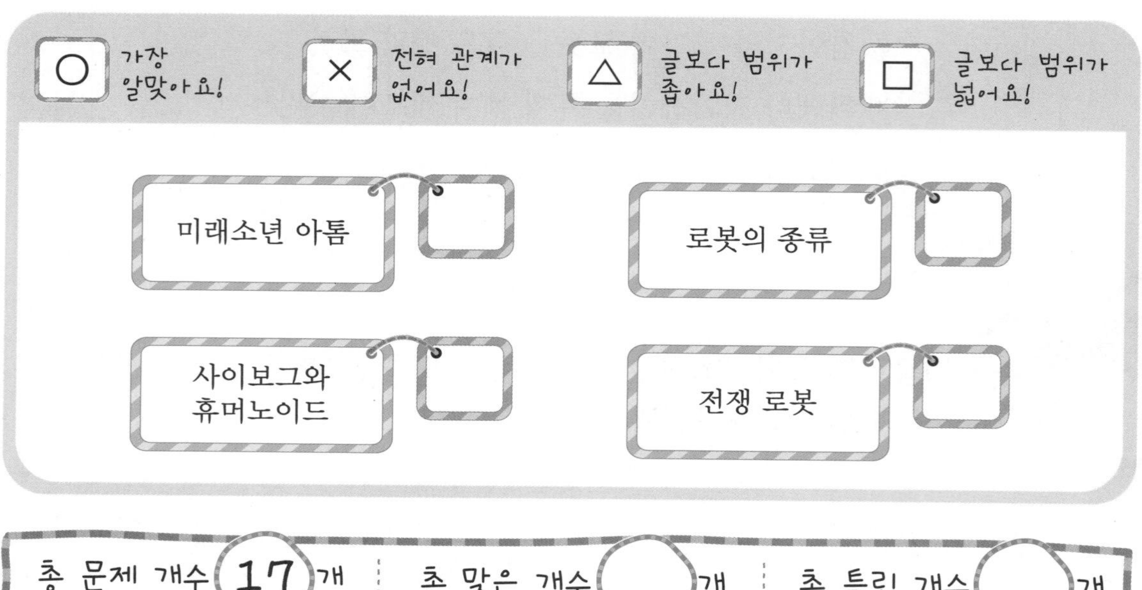

○ 가장 알맞아요!
× 전혀 관계가 없어요!
△ 글보다 범위가 좁아요!
□ 글보다 범위가 넓어요!
미래소년 아톰
로봇의 종류
사이보그와 휴머노이드
전쟁 로봇

총 문제 개수 17 개 | 총 맞은 개수 개 | 총 틀린 개수 개

글을 읽고 나서 오늘 공부를 신나게 시작하자고!
생각하고 되새기는
세계를 향한
마린보이 박태환

어렸을 때 앓은 천식을 치료하기 위해 수영을 시작한 박태환 선수. 그도 처음에는 또래들과 비슷하게 물을 무서워하는 다섯 살 꼬마였습니다. 하지만 타고난 기량과 재능을 알아본 좋은 스승을 만나 세계적인 수영 선수로 발돋움하게 되었지요.

하지만 박태환 선수에게도 시련은 있었습니다. 최연소 국가 대표로 참가했던 아테네 올림픽에서 너무 긴장한 나머지 부정 출발을 하게 된 것입니다. 올림픽에서의 실격은 어린 박태환 선수에게 큰 상처가 되었습니다. 그러나 이 경험은 끊임없는 훈련과 박 선수 특유의 긍정적인 사고를 통해 만회하게 되었습니다. 강한 지구력과 근성을 바탕으로 꾸준히 노력한 끝에 박태환 선수는 세계 선수권 대회와 올림픽 3관왕을 석권하며 세계 수영사를 다시 쓰고 있습니다. 박태환 선수의 세계를 향한 힘찬 물살은 오늘이 아닌 내일을 향하고 있답니다.

공부를 시작할 때도
준비운동이 필요하다고!
하나둘 하나둘

06회 머리 풀어주는 퍼즐

도전 시간		걸린 시간	
00 분	20 초	분	초

창의사고력 기초 다지기 주의집중력 쑥~

다음 그림에서 삼각형이 모두 몇 개인지 세어 보세요. 단, △처럼 두 삼각형이 합쳐져 또 하나의 삼각형으로 보이는 것은 세지 않습니다.

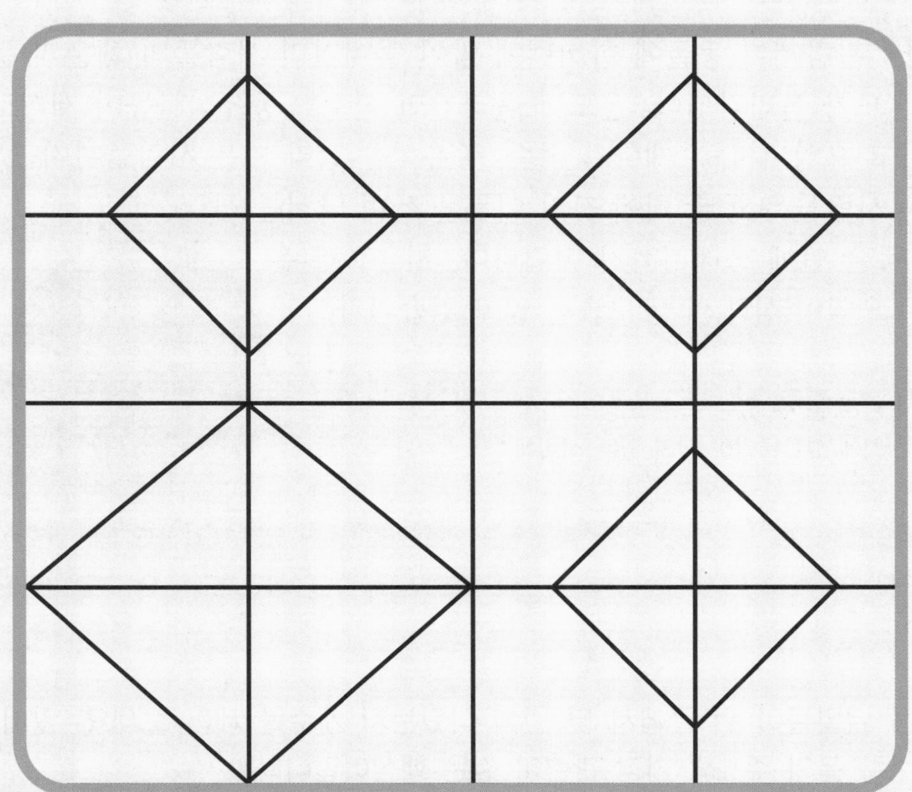

개

빠르고 정확하게 읽기

도전시간 4 분 40 초

걸린시간 분 초

● 오늘의 읽기 자료입니다. 잘 읽고 문제를 풀어 보세요.

김똑똑 기자 : 시청자 여러분, 안녕하십니까? 김똑똑 기자입니다. 여러분께서는 동굴에 가 본 적이 있으신가요? 동굴은 자연이 만들어 놓은 매우 소중한 자원입니다. 수백만 년의 비밀을 가진 동굴, 그 신비한 광경을 구경하기 위해 많은 사람들이 몰려들고 있는데, 그 때문에 동굴이 망가지고 있다는 안타까운 소식입니다. 동굴 전문가 이대단 박사님의 말씀 들어보겠습니다.

이대단 박사 : 관람객이 동굴에 한꺼번에 많이 들어가면 사람들의 체온 때문에 동굴 안 온도가 올라갑니다. 온도가 올라가면 석순*, 종유석* 등이 제대로 자라지 못하고 오염되지요. 게다가 석순, 종유석을 잘라 가는 사람들까지 있어요. 또 어떤 사람들은 동굴 벽에 자기 이름을 쓰며 낙서를 하고, 동굴 안에 쓰레기까지 버립니다. 지금 동굴은 너무 오염이 심해 예전 모습을 잃고 있습니다.

석순 : 석회동에서 흔히 볼 수 있는 죽순 모양의 암석
종유석 : 동굴의 천장에 고드름같이 달려 있는 석회석

문제 개수 3 개

맞은 개수 개

틀린 개수 개

다음 낱말들이 위 글에서 몇 번씩 나왔는지 개수를 세어 보세요. 많이 등장한 낱말일수록 글의 주제와 가장 관련이 깊은 핵심어입니다.

관람객	동굴	낙서

♥ 다음 보기를 이용해서 ❷~❸번 문제를 풀어 보세요.

보기 ① 체온 ② 발자국 ③ 관람객 ④ 쓰레기 ⑤ 석순과 종유석 ⑥ 동굴 벽에 낙서

다음은 위 글의 내용을 한눈에 볼 수 있도록 정리한 표입니다. 빈칸에 보기의 ①~⑥을 알맞게 넣어 표를 완성해 보세요.

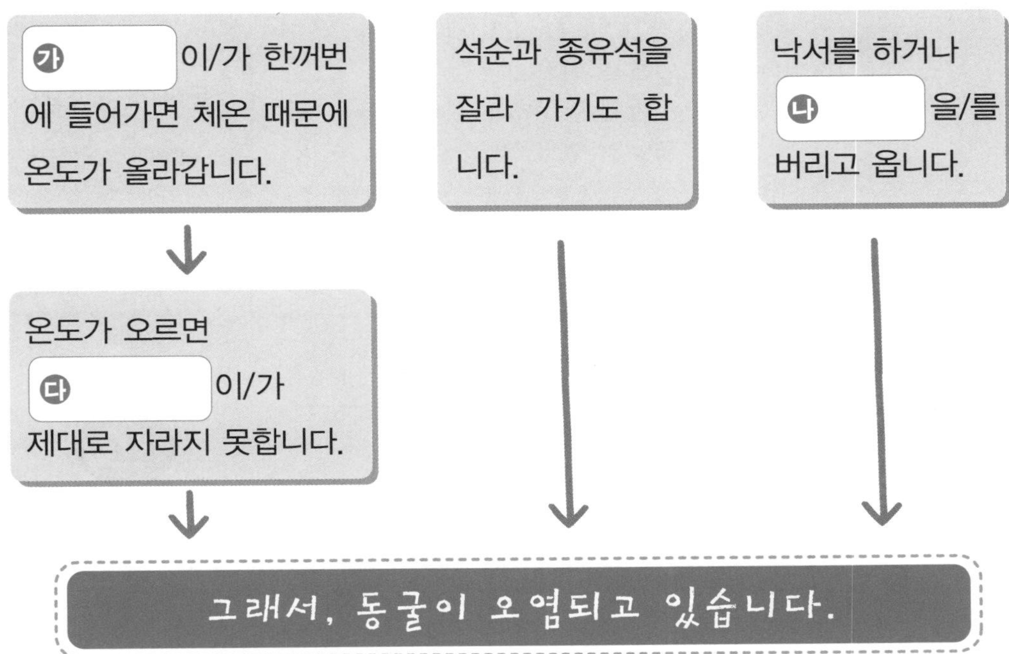

㉮ 이/가 한꺼번에 들어가면 체온 때문에 온도가 올라갑니다.
석순과 종유석을 잘라 가기도 합니다.
낙서를 하거나 ㉯ 을/를 버리고 옵니다.
온도가 오르면 ㉰ 이/가 제대로 자라지 못합니다.
그래서, 동굴이 오염되고 있습니다.

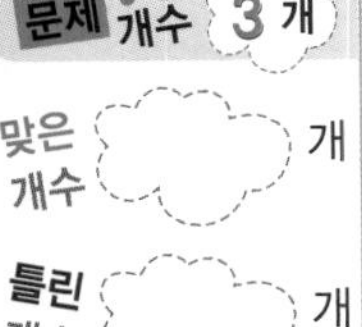

다음은 위 글의 중심 내용을 요약한 것입니다. 빈칸에 보기의 ①~⑥을 알맞게 넣어 요약 글을 완성해 보세요.

최근 동굴이 급격히 망가지고 오염되는 까닭은 관람객의 ㉮ (으)로 동굴의 온도가 올라 석순과 종유석이 제대로 자라지 못하기 때문입니다. 또 관광객들이 ㉯ 을/를 잘라 가기도 하며, ㉰ 을/를 하거나 쓰레기를 버리기 때문입니다.

문제 개수 4 개

맞은 개수 ( ) 개

틀린 개수 ( ) 개

다음은 위 글의 제목 후보입니다. 먼저, 위 글의 제목으로 가장 알맞은 것을 골라 빈칸에 ○를 하세요. 그런 다음, 주어진 조건에 맞게 ×, △, □를 표시하세요. (단, ○는 딱 한 개만 고르세요.)

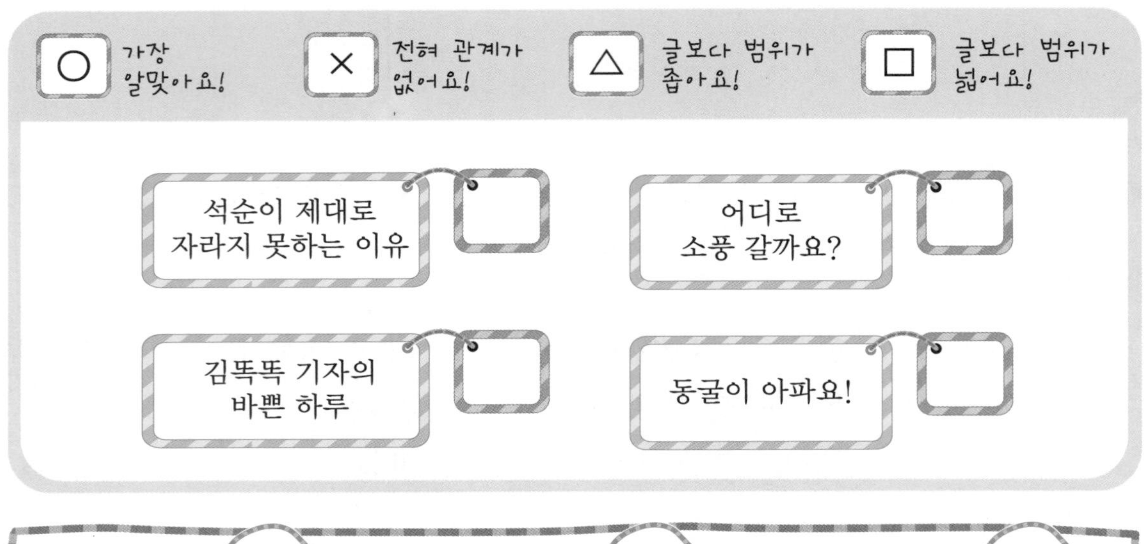

○ 가장 알맞아요!
× 전혀 관계가 없어요!
△ 글보다 범위가 좁아요!
□ 글보다 범위가 넓어요!
석순이 제대로 자라지 못하는 이유
어디로 소풍 갈까요?
김똑똑 기자의 바쁜 하루
동굴이 아파요!

총 문제 개수 13 개
총 맞은 개수 개
총 틀린 개수 개

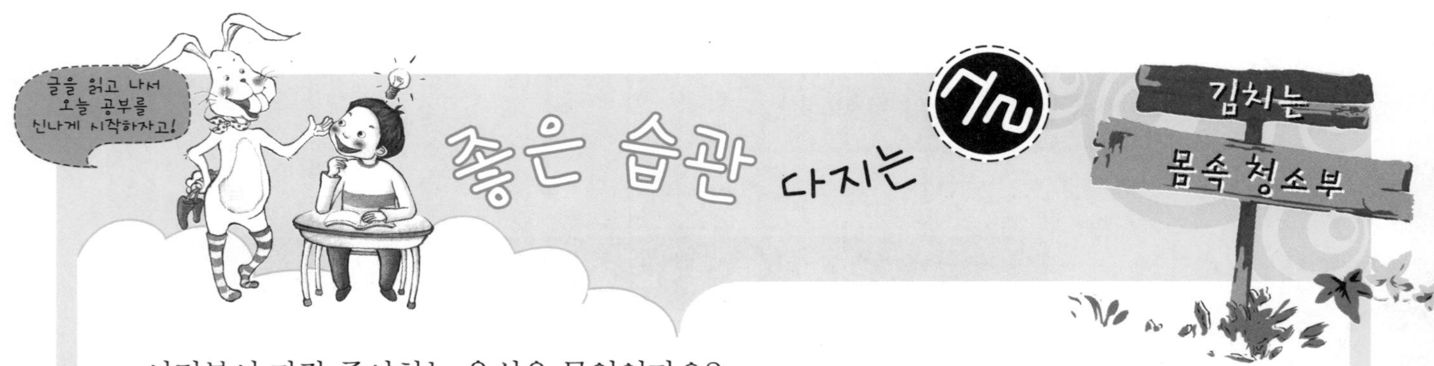

글을 읽고 나서 오늘 공부를 신나게 시작하자고!
좋은 습관 다지는 글
김치는 몸속 청소부

여러분이 가장 좋아하는 음식은 무엇인가요?

햄버거, 피자, 치킨, 자장면……. 그렇다면 싫어하는 음식은 무엇인가요? 아마 다들 첫 번째로 김치를 꼽을 겁니다. 어렸을 때부터 달콤한 맛에 길들여진 친구라면 '김치는 매우니까.' 혹은 '김치는 맛이 없어서' 라는 이유로 김치를 입에 대지 않을 거예요.

그런데 사실은 이런 매운 맛 때문에 반드시 김치를 먹어야 한답니다. 김치에 들어 있는 고춧가루의 '캡사이신' 이라는 성분은 지방 분해 효과가 뛰어나 소아 비만을 막아 줄 뿐 아니라 항균 효과도 뛰어나 아토피성 피부염 치료에도 효과가 있어요. 영양학적으로도 김치에는 몸에 좋은 비타민과 유산균이 풍부하고 건강에 좋은 박테리아가 많아 소화를 도와주며, 섬유질이 풍부해 변비 치료에도 좋습니다. 그야말로 김치는 우리 몸속의 나쁜 균을 몰아내는 청소부와 같은 역할을 하는 것이지요.

07 회
공부를 시작할 때도
준비운동이 필요하다고!
하나둘 하나둘

머리 풀어주는 

퍼즐

도전 시간		걸린 시간	
00 분	20 초	분	초

창의사고력 기초 다지기 연상추리력 

쑥~

다음에서 뒤집히지 않은 R을 찾아 동그라미 하세요.

보기

똑바른		뒤집힌
가	⇨	가 (뒤집힘)

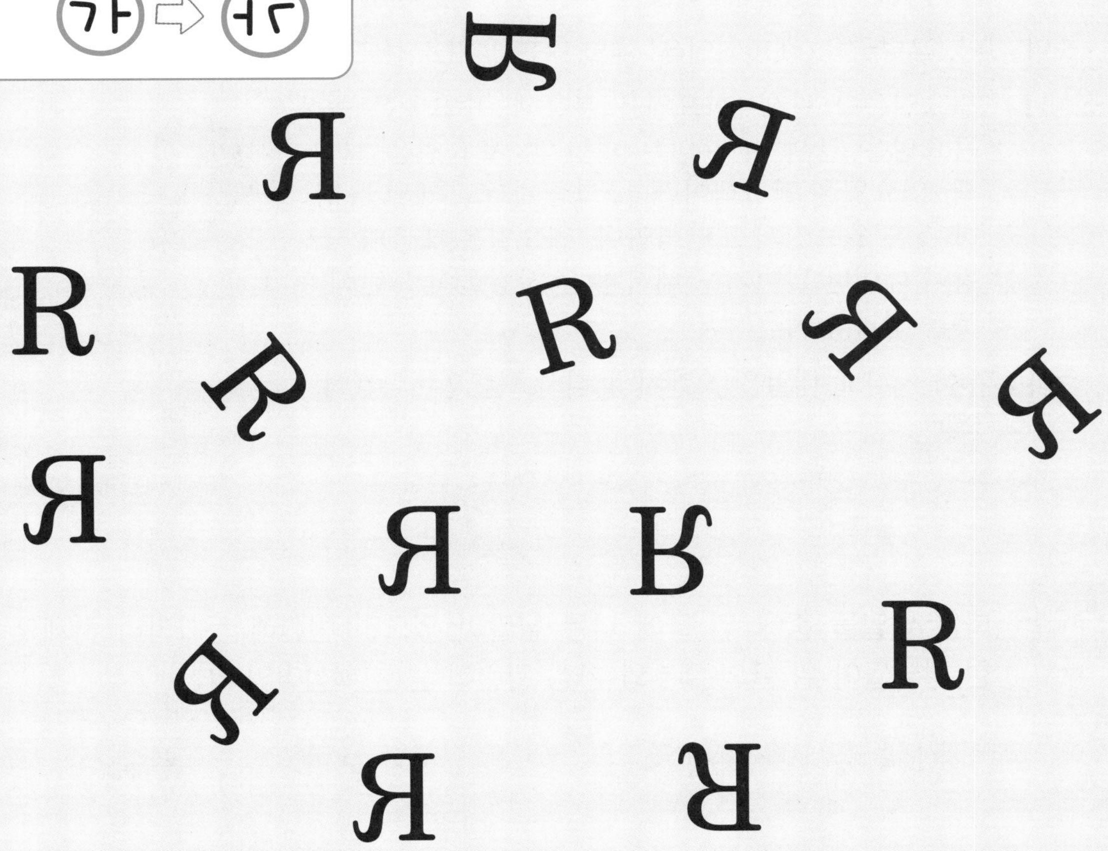

빠르고 **정확**하게 

4 분	20 초

걸린시간

분	초

오늘의 읽기 자료입니다. 잘 읽고 문제를 풀어 보세요.

폭풍우 초등학교 6학년 어린이들이 태국으로 수학여행을 떠나게 되었습니다. 그런데, 태국에 도착해서 보니 길거리는 온통 녹색 옷을 입은 사람들로 가득 차 있었습니다. 워낙 궁금한 것을 참지 못하고 호기심 많기로 유명한 준이는 폭풍우 초등학교의 교장선생님인 오노장 선생님께 질문을 하였습니다.

준이 : "선생님, 왜 태국에는 녹색 옷을 입고 다니는 사람들이 많은가요?"

선생님 : "태국에는 요일마다 정해진 색깔이 있단다. 그래서 많은 사람들은 요일별로 색깔에 맞추어 옷을 입곤 하지. 오늘은 수요일이니까 수요일의 색깔인 녹색 옷을 입은 거란다."

준이 : "아, 그렇군요. 재미있어요! 그럼 다른 요일은 무슨 색인가요?"

선생님 : "월요일은 노란색, 화요일은 분홍색, 수요일은 녹색, 목요일은 귤색, 금요일은 파란색, 토요일은 보라색, 일요일은 빨간색이란다. 그중에서도 제일 유명한 것은 월요일의 노란색인데, 월요일은 태국의 국왕이 태어난 날이기도 해서 많은 사람들이 노란색 옷을 챙겨 입지."

준이 : "우아~ 저도 내일은 오렌지색 티셔츠를 입어야겠어요!"

❶ 핵심어 찾기

문제 개수 6 개

맞은 개수 ( ) 개

틀린 개수 ( ) 개

다음 낱말들 중에 위 글에 나온 낱말이 있으면 빈칸에 동그라미 하세요. 동그라미 한 낱말들이 위 글의 주제와 가장 관련이 높은 핵심어입니다.

태국	색깔	한국	모양	중국	요일

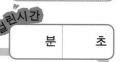

♥ 다음 보기를 이용해서 ❷~❸번 문제를 풀어 보세요.

보기
① 녹색 ② 노란색 ③ 분홍색 ④ 보라색
⑤ 빨간색 ⑥ 파란색 ⑦ 귤색

다음은 위 글의 내용을 한눈에 볼 수 있도록 정리한 표입니다. 빈칸에 보기의 ①~⑦을 알맞게 넣어 표를 완성해 보세요.

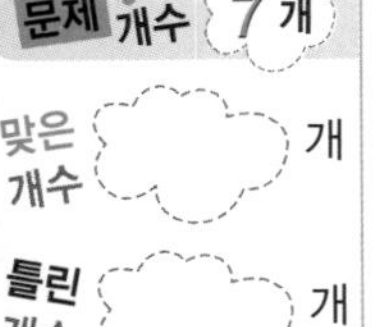

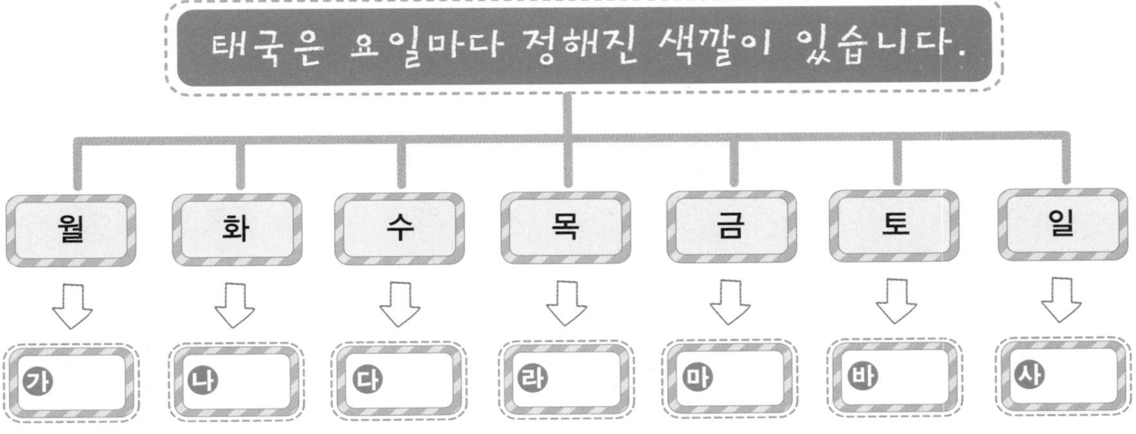

다음은 위 글의 중심 내용을 요약한 것입니다. 빈칸에 보기의 ①~⑦을 알맞게 넣어 요약 글을 완성해 보세요.

문제 개수 3 개
맞은 개수 개
틀린 개수 개

태국은 요일마다 정해진 색깔이 있습니다. 월요일은 노란색, 화요일은 (가) ______, 수요일은 (나) ______, 목요일은 (다) ______, 금요일은 파란색, 토요일은 보라색, 일요일은 빨간색입니다. 그중 월요일은 국왕이 태어난 날이기도 해서 많은 사람들이 노란색 옷을 챙겨 입습니다.

문제 개수 4 개

맞은 개수 ( ) 개

틀린 개수 ( ) 개

다음은 위 글의 제목 후보입니다. 먼저, 위 글의 제목으로 가장 알맞은 것을 골라 빈칸에 ○를 하세요. 그런 다음, 주어진 조건에 맞게 ×, △, □를 표시하세요. (단, ○는 딱 한 개만 고르세요.)

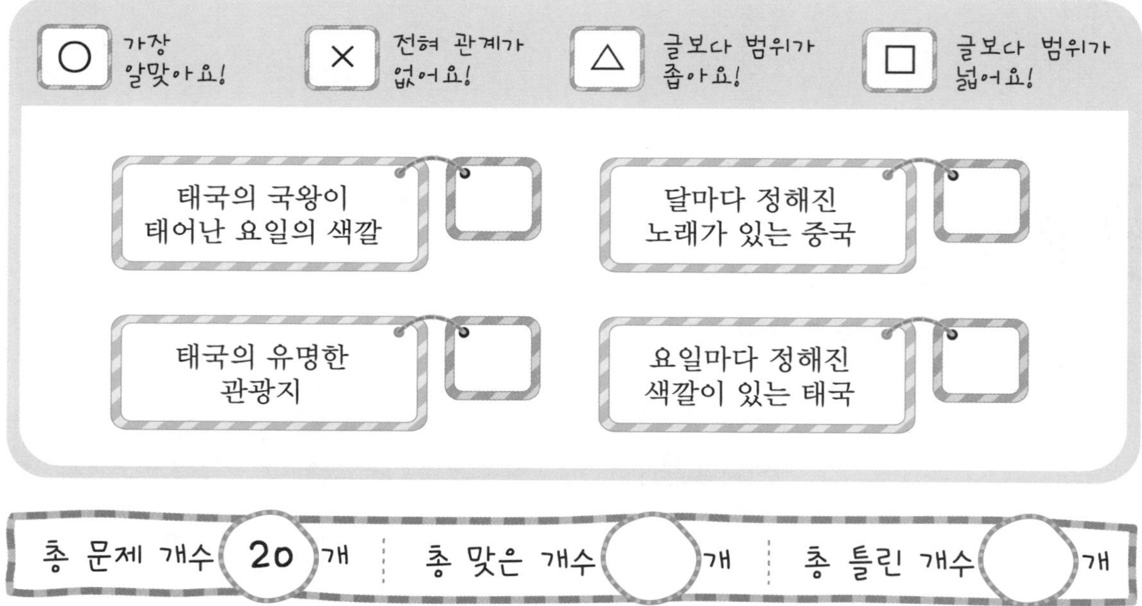

○ 가장 알맞아요!
× 전혀 관계가 없어요!
△ 글보다 범위가 좁아요!
□ 글보다 범위가 넓어요!
태국의 국왕이 태어난 요일의 색깔
달마다 정해진 노래가 있는 중국
태국의 유명한 관광지
요일마다 정해진 색깔이 있는 태국

총 문제 개수 20 개 | 총 맞은 개수 ( ) 개 | 총 틀린 개수 ( ) 개

영국 속담에 "하루에 사과 한 개를 먹으면 의사를 멀리한다."라는 말이 있습니다. 가을의 대표적인 과일인 사과는 뭐니 뭐니 해도 새콤달콤한 맛이 일품이라 과일의 제왕이라 할 만해요.

우리나라에서는 경북 지방, 그중에서도 대구에서 사과가 많이 나는데 이 고장은 예로부터 미인이 많기로 유명해요. 아마 맛있는 사과를 많이 먹어서 그런가 봐요. 사과에는 비타민 C가 많아서 피부 미용에 좋고, 사과의 신 성분은 노화를 막아 줍니다. 또 몸에 유익한 섬유질과 비피더스균이 많아서 변비에 아주 좋은 치료제이기도 합니다.

그런데 사과는 수분을 몸 밖으로 빼내는 역할을 하기 때문에 감기에 걸렸을 때 먹으면 좋지 않아요. 또 밤에 먹으면 충치가 생길 수 있으니 되도록 아침에 사과를 많이 먹는 것이 좋다고 합니다. 여러분도 아침에 사과 한 쪽씩 먹는 습관을 가져 보세요.

공부를 시작할 때도
준비운동이 필요하다고!
하나둘 하나둘

08회 머리 풀어주는 퍼즐

도전 시간		걸린 시간	
00 분	15 초	분	초

창의사고력 기초 다지기 판단능력 

보기의 화살표가 지시하는 방향으로 움직여서, 마지막에 도착한 곳에 동그라미 하세요.

출발점

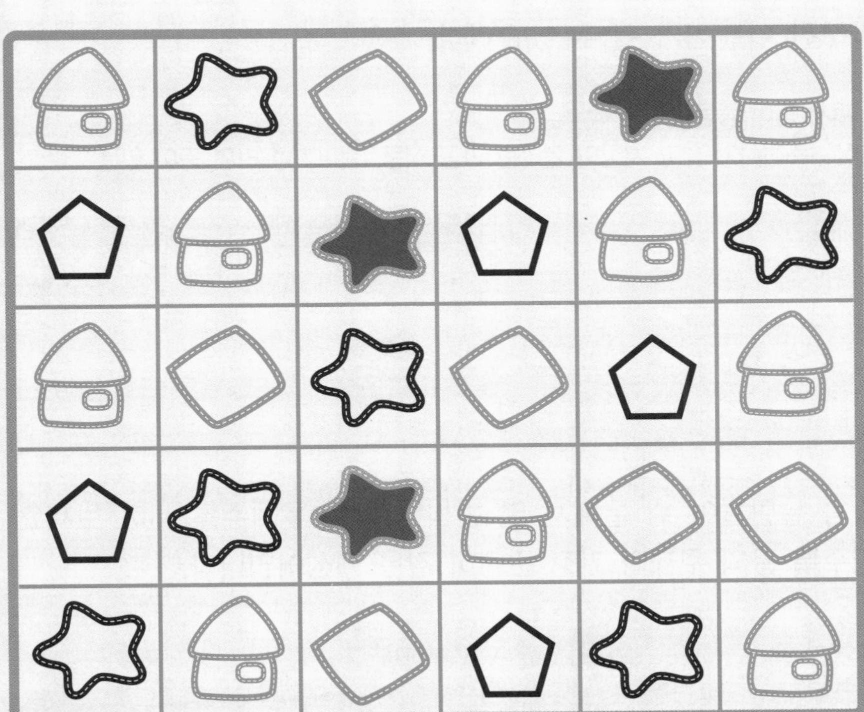

빠르고 정확하게 읽기

도전시간 4 분 30 초

걸린시간 분 초

오늘의 읽기 자료입니다. 잘 읽고 문제를 풀어 보세요.

요즈음 우리 주변에서 비만* 어린이의 수가 늘어나고 있습니다. 비만은 어린이의 건강을 심하게 해칩니다. 비만이 각종 성인병을 일으키는 원인이 되기 때문입니다. 이렇게 어린이의 건강을 해치는 비만을 예방하기 위해서는 다음과 같은 여러 노력이 필요합니다.

첫째, 학교와 가정에서 건강에 좋은 음식을 먹어야 합니다. 인스턴트 음식*이나 기름진 음식은 줄여야 합니다. 둘째, 체육 시간을 늘려야 합니다. 평소에 꾸준히 운동을 하는 습관이 필요하기 때문입니다. 셋째, 자주 걷는 습관을 가져야 합니다. 평소에 산책을 자주 하는 것도 좋은 방법입니다. 이런 노력을 꾸준히 하면 비만에서 벗어나 건강한 어린이가 될 수 있습니다.

비만 : 살이 쪄서 몸이 뚱뚱함.
인스턴트 음식 : 조리하기 쉽고 저장이 편리한 가공 식품. 햄버거나 라면 등이 있음.

❶ 핵심어 찾기

문제 개수 3 개

맞은 개수 개

틀린 개수 개

다음 낱말들이 위 글에서 몇 번씩 나왔는지 개수를 세어 보세요. 많이 등장한 낱말일수록 글의 주제와 가장 관련이 깊은 핵심어입니다.

산책	음식	비만

♥ 다음 보기를 이용해서 ❷~❸번 문제를 풀어 보세요.

보기 ① 달리기 ② 체육 시간 ③ 자주 걷는 습관
④ 건강한 어린이 ⑤ 건강에 좋은 음식 ⑥ 학교와 가정

다음은 위 글의 내용을 한눈에 볼 수 있도록 정리한 표입니다. 빈칸에 보기의 ①~⑥을 알맞게 넣어 표를 완성해 보세요.

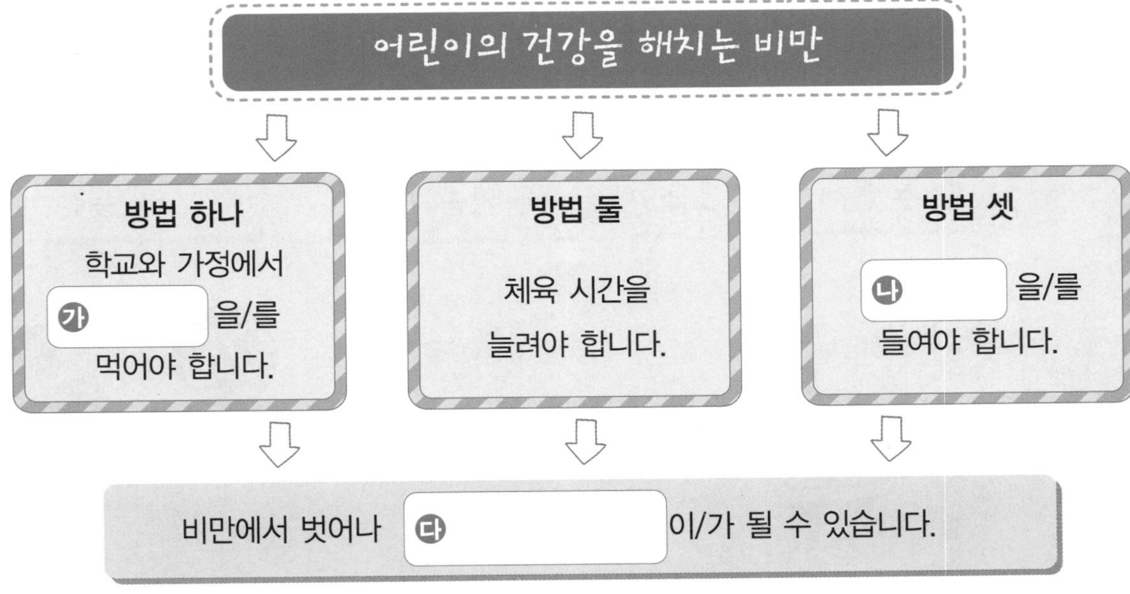

어린이의 건강을 해치는 비만
방법 하나
학교와 가정에서
㉮ 을/를
먹어야 합니다.
방법 둘
체육 시간을
늘려야 합니다.
방법 셋
㉯ 을/를
들여야 합니다.
비만에서 벗어나 ㉰ 이/가 될 수 있습니다.

다음은 위 글의 중심 내용을 요약한 것입니다. 빈칸에 보기의 ①~⑥을 알맞게 넣어 요약 글을 완성해 보세요.

어린이의 건강을 해치는 비만을 해결하기 위해서는 첫째로 ㉮ ______ 에서 건강에 좋은 음식을 먹어야 합니다. 둘째로 ㉯ ______ 을/를 늘리고, 셋째로 자주 걷는 습관을 들여야 합니다.

문제 개수 4 개

맞은 개수 개

틀린 개수 개

다음은 위 글의 제목 후보입니다. 먼저, 위 글의 제목으로 가장 알맞은 것을 골라 빈칸에 ○를 하세요. 그런 다음, 주어진 조건에 맞게 ×, △, □를 표시하세요. (단, ○는 딱 한 개만 고르세요.)

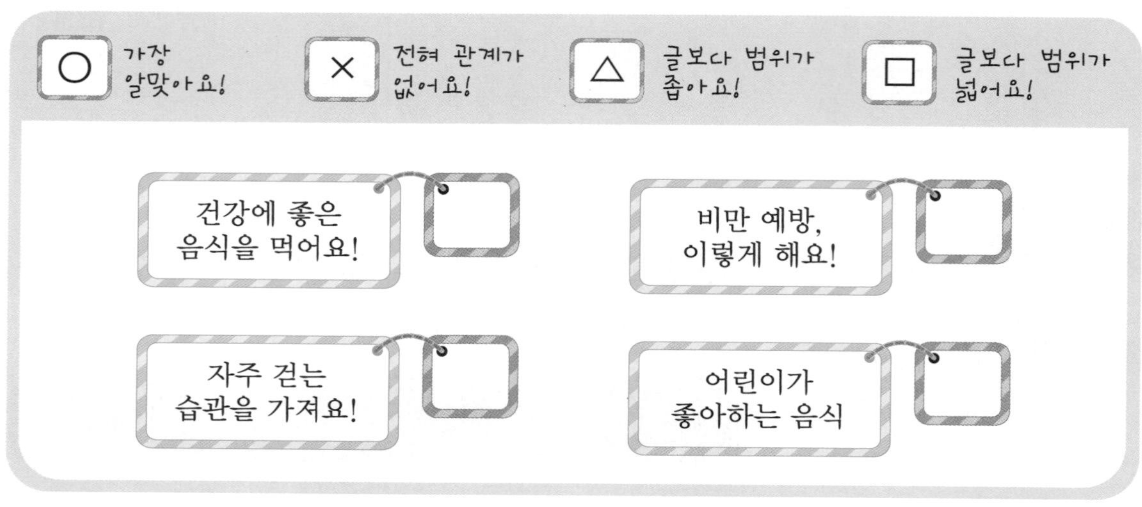

○ 가장 알맞아요!
× 전혀 관계가 없어요!
△ 글보다 범위가 좁아요!
□ 글보다 범위가 넓어요!
건강에 좋은 음식을 먹어요!
비만 예방, 이렇게 해요!
자주 걷는 습관을 가져요!
어린이가 좋아하는 음식

총 문제 개수 12 개 | 총 맞은 개수 개 | 총 틀린 개수 개

글을 읽고 나서 오늘 공부를 신나게 시작하자고!
좋은 습관 다지는
내 몸을 병들게 하는 정크 푸드

쓰레기 음식이라는 뜻의 정크 푸드(Junk Food)에는 우리가 느끼지 못하지만 온갖 인공첨가물들이 들어 있고, 지나치게 많은 지방과 나트륨 성분은 비만과 각종 성인병을 일으키게 합니다. 반면 우리 몸에 꼭 필요한 비타민, 미네랄, 칼슘 등의 필수 요소는 거의 포함하고 있지 않지요.

이런 정크 푸드를 계속 먹으면 나도 모르는 사이에 몸이 조금씩 병들어 갑니다. 신장을 병들게 하여 피를 탁하게 하기 때문에 아토피나 알레르기와 같은 병이 생기고 키도 잘 자라지 않게 됩니다. 더 무서운 것은 이 음식에 한번 맛을 들이면 싱싱한 채소나 과일, 영양 가득한 음식은 손도 대기 싫어진다는 것이지요.

가끔 별미로 먹는 피자 한 조각이나 라면 한 그릇은 참 맛있지요. 하지만 너무 자주 즐기는 건 곤란해요. 여러분은 어느새, 쓰레기더미로 가득한 위장을 가지게 될 테니까요.

공부를 시작할 때도
준비운동이 필요하다고!
하나둘 하나둘

09회 머리 풀어주는 퍼즐

도전 시간		걸린 시간	
00 분	45 초	분	초

창의사고력 기초 다지기 정보처리능력 

가로 또는 세로로 있는 숫자 세 개의 곱이 16인 숫자들의 묶음을 모두 찾아 동그라미 하세요.

2×2×4=16 

9	7	1	2	2	4
4	0	3	1	3	9
2	9	8	2	1	1
2	5	1	7	3	0
4	7	7	4	5	0
5	5	9	1	2	8

빠르고 정확하게 읽기

도전시간

4 분	40 초

걸린시간

분	초

● 오늘의 읽기 자료입니다. 잘 읽고 문제를 풀어 보세요.

기차는 우리를 빠르고 편안하게 목적지까지 데려다 주며 여행의 즐거움을 주는 편리한 교통 수단입니다. 기차가 없던 옛날에는 짐을 실어 운반하거나 여행을 할 때 말이 끄는 마차를 이용했습니다. 그러나 마차는 비나 눈이 오면 바퀴가 흙에 빠져 불편했습니다. 그래서 사람들은 길에 나무판을 깔고 마차가 그 위를 달리도록 했는데 나무판은 약해서 쉽게 부서지곤 했습니다. 그리하여 나중에는 나무판 대신 단단한 쇠로 철길을 만들어서 마차를 이용했습니다. 그러나 사람들은 마차보다 더 빠르고 좋은 교통 수단이 생겼으면 좋겠다고 생각하게 되었습니다.

그 후, 1825년 영국의 발명가 조지 스티븐슨이 증기기관차를 만들었습니다. 증기는 석탄을 땔감으로 사용하여 물을 끓일 때 나오는 김입니다. 증기기관차는 이 증기의 힘으로 달리는 것입니다. 조지 스티븐슨은 영국의 도시와 도시 사이에 철길을 깔고 기차를 운행했는데, 그것이 바로 세계 최초의 기차입니다.

다음 낱말들이 위 글에서 몇 번씩 나왔는지 개수를 세어 보세요. 많이 등장한 낱말일수록 글의 주제와 가장 관련이 깊은 핵심어입니다.

문제 개수 6 개

맞은 개수 ( ) 개

틀린 개수 ( ) 개

말	기차	조지 스티븐슨	교통 수단	흙	석탄

♥ 다음 보기를 이용해서 ❷~❸번 문제를 풀어 보세요.

보기
① 기차(기관차)　② 영국　③ 1825년
④ 조지 스티븐슨　⑤ 증기를 이용해 만들었습니다.
⑥ 마차보다 더 빠르고 좋은 교통 수단이 필요했습니다.

다음은 위 글의 내용을 한눈에 볼 수 있도록 정리한 표입니다. 빈칸에 보기의 ①~⑥을 알맞게 넣어 표를 완성해 보세요.

문제 개수 6 개
맞은 개수 개
틀린 개수 개

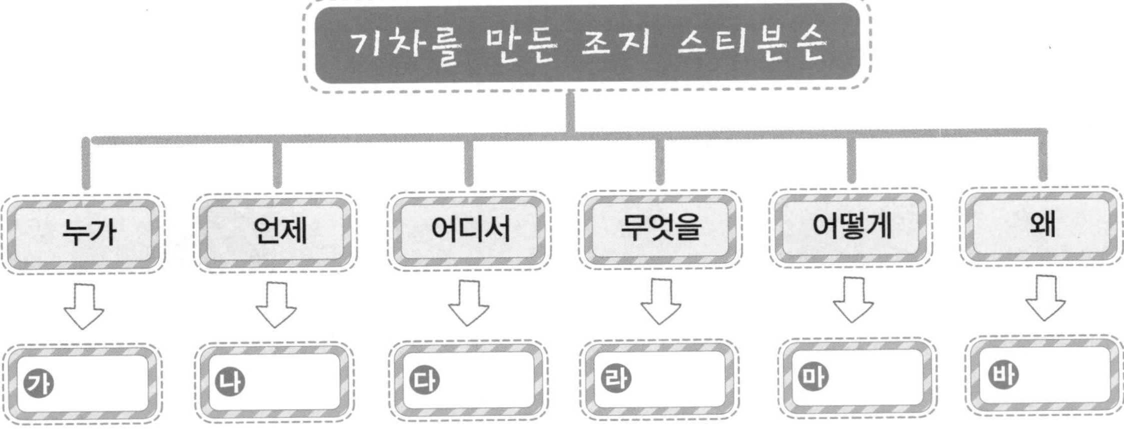

다음은 위 글의 중심 내용을 요약한 것입니다. 빈칸에 보기의 ①~⑥을 알맞게 넣어 요약 글을 완성해 보세요.

기차가 없던 옛날, 사람들은 (가 ________). 그래서 영국의 (나 ________)은/는 증기기관차를 만들었는데, 이것이 세계 최초의 기차입니다.

❹
제목
달기

문제 개수 4 개

맞은 개수 개

틀린 개수 개

다음은 위 글의 제목 후보입니다. 먼저, 위 글의 제목으로 가장 알맞은 것을 골라 빈칸에 ○를 하세요. 그런 다음, 주어진 조건에 맞게 ×, △, □를 표시하세요. (단, ○는 딱 한 개만 고르세요.)

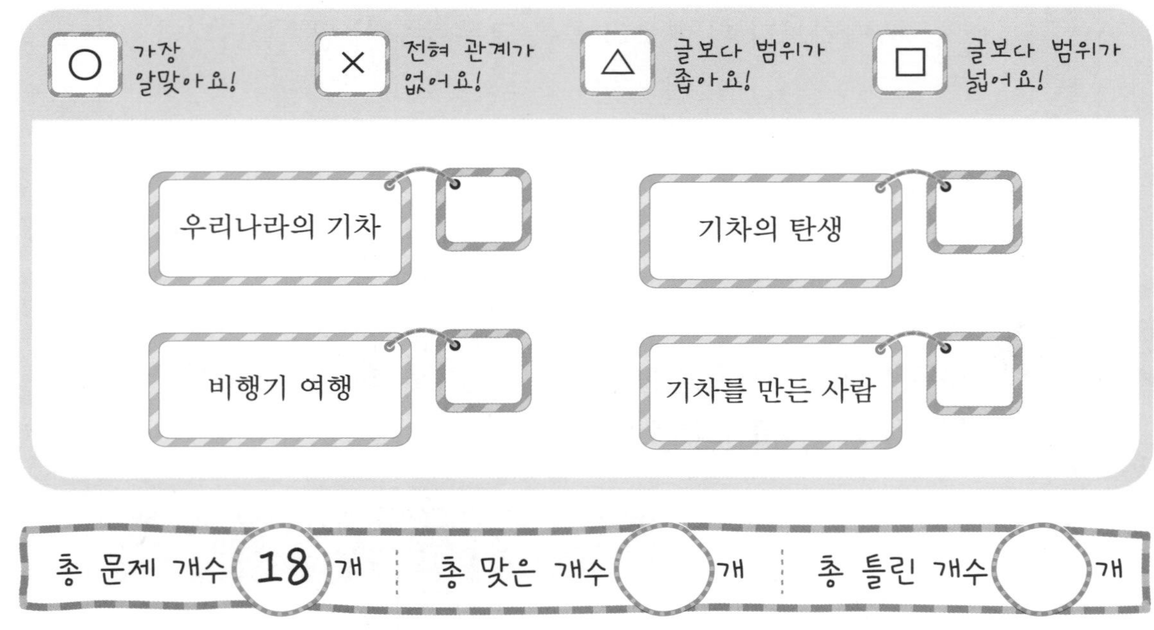
○ 가장 알맞아요!
× 전혀 관계가 없어요!
△ 글보다 범위가 좁아요!
□ 글보다 범위가 넓어요!
우리나라의 기차
기차의 탄생
비행기 여행
기차를 만든 사람

총 문제 개수 18 개 | 총 맞은 개수 개 | 총 틀린 개수 개

글을 읽고 나서 오늘 공부를 신나게 시작하자고!
좋은 습관 다지는 Tip
이경제 선생님이 알려 주는 키 크는 비결

“어떻게 하면 키가 클까요?” 학교에서 항상 맨 앞줄에 앉는 명학이의 고민입니다. 한의사 이경제 선생님은 키가 작아 고민하는 친구들에게 다음과 같은 조언을 해 주셨습니다.

첫째, 하루 세 끼, 영양 가득한 식사를 맛있게 하세요. 살을 뺀다고 밥을 먹지 않으면 몸무게도 늘지 않지만, 키도 더 이상 자라지 않는답니다.

둘째, 하루 7시간 이상 푹 잘 자는 것이 비결입니다. 특히 밤 10시부터 새벽 2시 사이에는 꼭 잠자리에 들어야 성장 호르몬이 많이 나와서 키가 큽니다.

셋째, 허리를 쭉 펴고 바른 자세를 유지해야 합니다. 항상 척추를 곧게 펴고 허리를 꼿꼿이 세우면 다리도 길어지고, 몸매도 예뻐집니다.

넷째, 줄넘기, 스트레칭과 같은 규칙적인 운동을 꾸준히 하면 좋습니다.

10회 머리 풀어주는 퍼즐

도전 시간		걸린 시간	
00 분	30 초	분	초

창의사고력 기초 다지기 계산능력 

사다리를 타고 내려가면서, 같은 모양끼리 계산이 이루어지도록 빈칸을 채워 보세요.

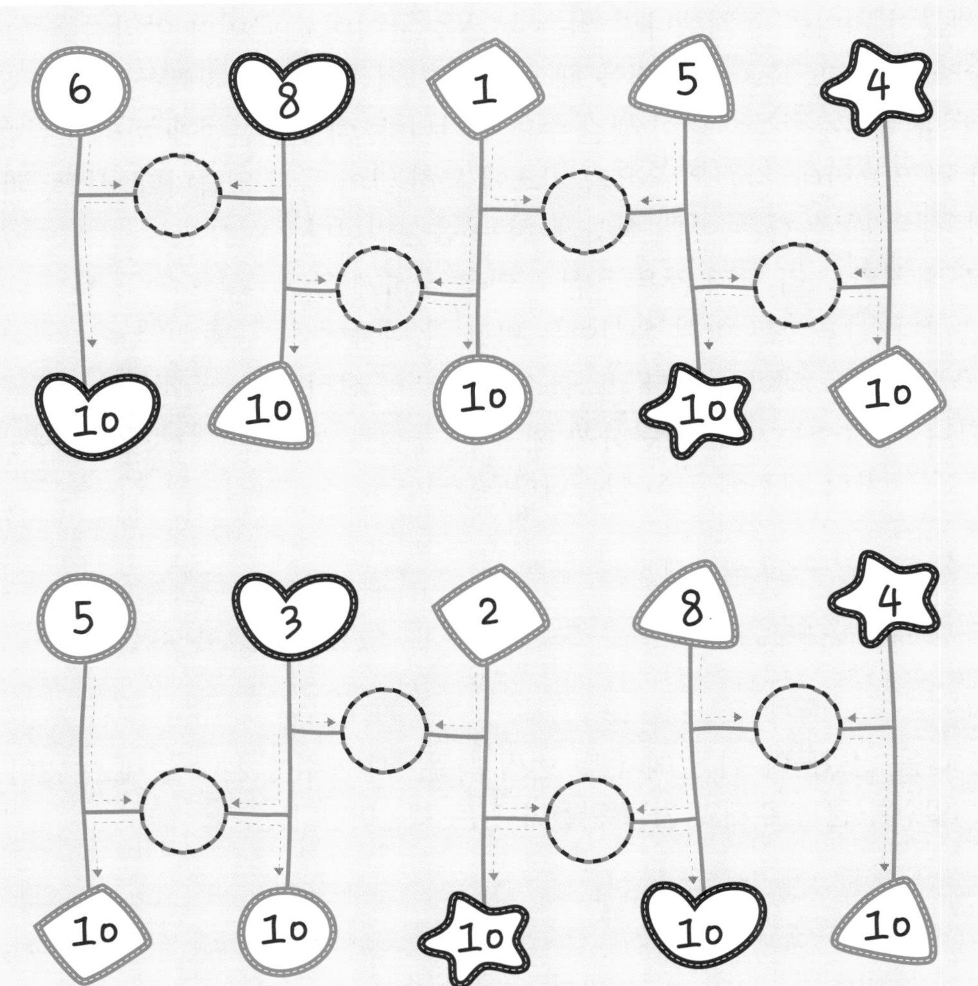

빠르고 정확하게 읽기

도전시간 5 분 00 초

걸린시간 분 초

오늘의 읽기 자료입니다. 잘 읽고 문제를 풀어 보세요.

충치는 세상에서 가장 흔한 질병이라고 합니다. 10명 중 9명은 충치가 있다고 하니까요, 충치가 생겼을 때는 어떻게 해야 할까요?

먼저 충치가 생겼다면 치과에 가서 검사를 받고 빨리 치료를 받아야 합니다. 치과에서는 충치를 미리미리 치료해서 세균들이 이를 공격하지 못하게 해 줍니다. 만약 이미 세균이 치아를 공격했다면 썩은 부분을 긁어내고 금이나 아말감* 등으로 구멍을 막아야 합니다. 충치가 생겼을 때 치과에 가기 무섭다고 치료를 미루게 되면 치아가 점점 나빠져서 심각한 일이 생길 수도 있답니다. 이를 튼튼하게 하려면 칼슘 같은 영양소가 꼭 필요한데, 칼슘은 우유와 치즈에 특히 많이 들어 있습니다. 사탕, 과일, 청량음료와 같은 단 음식은 이를 상하게 하는 음식입니다. 또 밥과 빵처럼 그리 달지 않은 음식도 이를 상하게 할 수 있습니다. 그러므로 어떤 음식이든 먹고 난 다음에는 꼭꼭 양치질을 해야 합니다. 또 불소를 충분히 섭취해야 합니다. 불소는 이를 단단하게 해 주는 물질로, 주로 물, 소금, 차나 채소에 들어 있습니다.

아말감 : 충치로 생긴 구멍을 막는 데 쓰이는 금속

❶ 핵심어 찾기

다음 낱말들이 위 글에서 몇 번씩 나왔는지 개수를 세어 보세요. 많이 등장한 낱말일수록 글의 주제와 가장 관련이 깊은 핵심어입니다.

치과	칼슘	사탕	소금	충치	불소

문제 개수 6 개

맞은 개수 개

틀린 개수 개

♥ 다음 보기를 이용해서 ❷~❸번 문제를 풀어 보세요.

보기

① 꼼꼼한 양치질 ② 칼슘 섭취
③ 규칙적인 생활 ④ 불소 섭취
⑤ 치과 치료 ⑥ 충치 해결

다음은 위 글의 내용을 한눈에 볼 수 있도록 정리한 표입니다. 빈칸에 보기의 ①~⑥을 알맞게 넣어 표를 완성해 보세요.

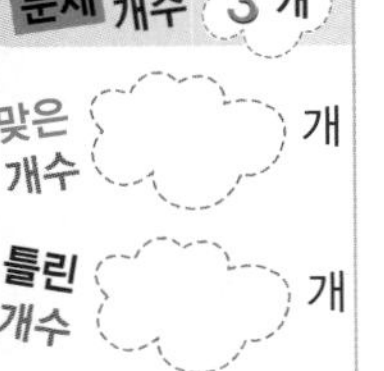

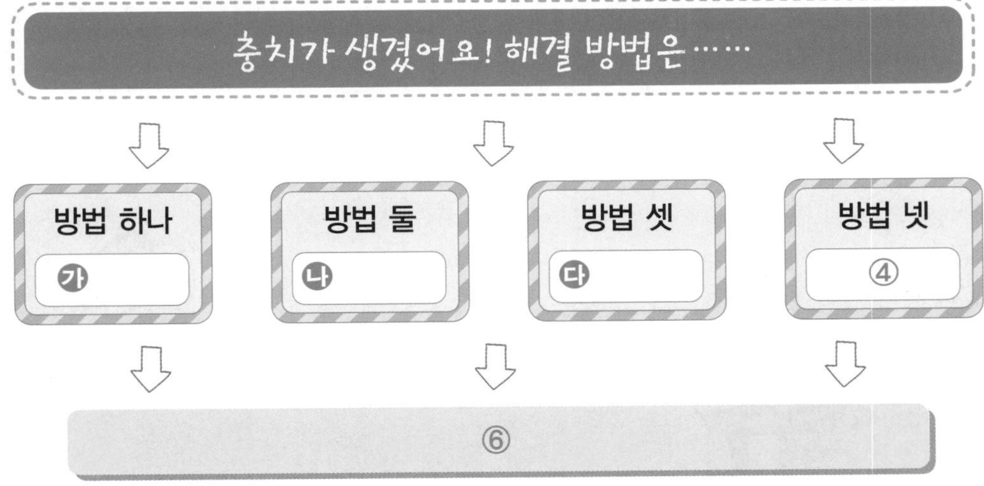

다음은 위 글의 중심 내용을 요약한 것입니다. 빈칸에 보기의 ①~⑥을 알맞게 넣어 요약 글을 완성해 보세요.

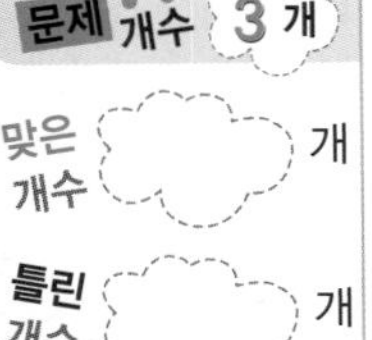

충치가 생겼을 때는 어떻게 해야 할까요? 먼저, 치과에 가서 검사를 받고 치료를 해야 합니다. 또 ㉮ ______ 와/과 ㉯ ______ 도 중요합니다. 그리고 이를 단단하게 해 주는 ㉰ ______ 도 해야 합니다.

문제 개수 4 개

맞은 개수 ( ) 개

틀린 개수 ( ) 개

다음은 위 글의 제목 후보입니다. 먼저, 위 글의 제목으로 가장 알맞은 것을 골라 빈칸에 ○를 하세요. 그런 다음, 주어진 조건에 맞게 ×, △, □를 표시하세요. (단, ○는 딱 한 개만 고르세요.)

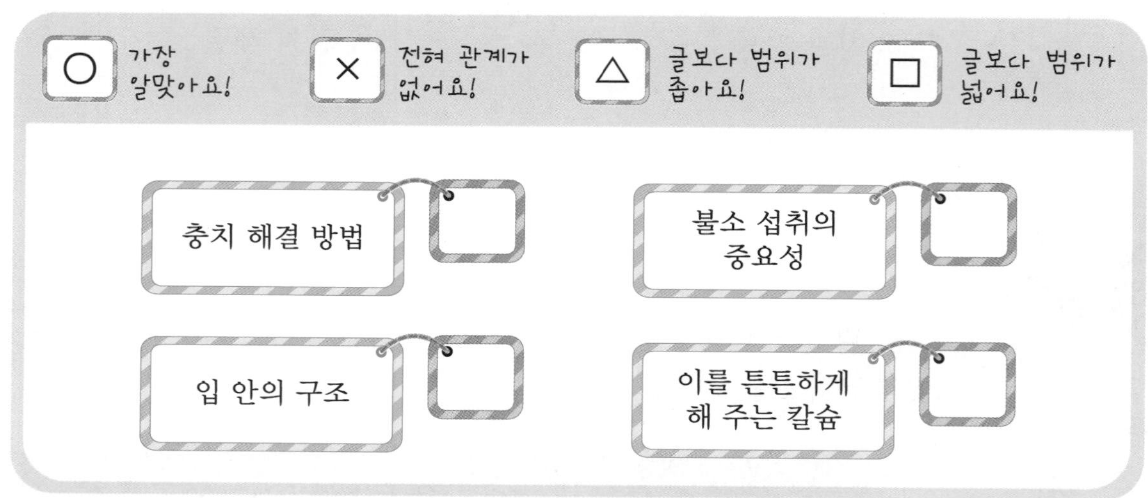

○ 가장 알맞아요!
× 전혀 관계가 없어요!
△ 글보다 범위가 좁아요!
□ 글보다 범위가 넓어요!
충치 해결 방법
불소 섭취의 중요성
입 안의 구조
이를 튼튼하게 해 주는 칼슘

키가 크려면 매일 영양 갖춘 식사와 충분한 잠, 그리고 규칙적인 운동이 필수라고 합니다. 그런데 이 중 가장 실천하기 어려운 것이 바로 '규칙적인 운동'이지요. 우리 친구들은 밖에 나가서 노는 시간보다 책상에 앉아서 책을 읽거나 텔레비전을 보고 컴퓨터 게임을 하는 시간이 더 많으니 운동량이 많이 부족한 것이 사실입니다.

그러면 하루에 2번, 간단한 키 쑥쑥 체조로 껑충이가 되는 데 도전해 봅시다. 아침과 저녁에 딱 5분만 시간을 내어 크게 기지개를 펴는 운동입니다.

이불 위에 몸을 최대한 곧게 펴고 누우세요. 그리고 다리를 곧게 펴고, 두 손을 머리 위로 쭉 올려서 깍지를 낍니다. 두 팔은 머리 쪽으로, 다리는 발가락 끝까지 쫙 펴면서 숨을 크게 들이마셨다가 후– 하고 내쉽니다. 이 동작을 천천히 5번 반복하세요. 이렇게 매일 키 쑥쑥 체조를 꾸준히 하면 내년에는 맨 뒷자리에 앉게 될 거예요.

11회

공부를 시작할 때도
준비운동이 필요하다고!
하나둘 하나둘

머리 풀어주는 
퍼즐

도전 시간		걸린 시간	
00 분	20 초	분	초

창의사고력 기초 다지기 주의집중력 
쑥~

다음 ❶~❹ 중 가장 다른 그림을 한 장씩 고르세요.

문제 1

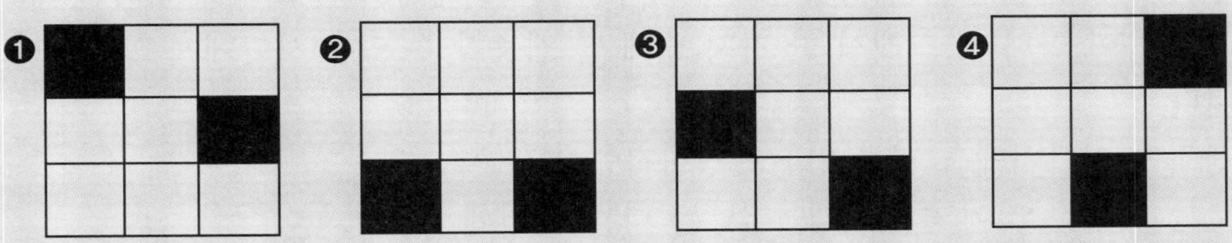

❶ ❷ ❸ ❹

번

문제 2

❶ ❷ ❸ ❹

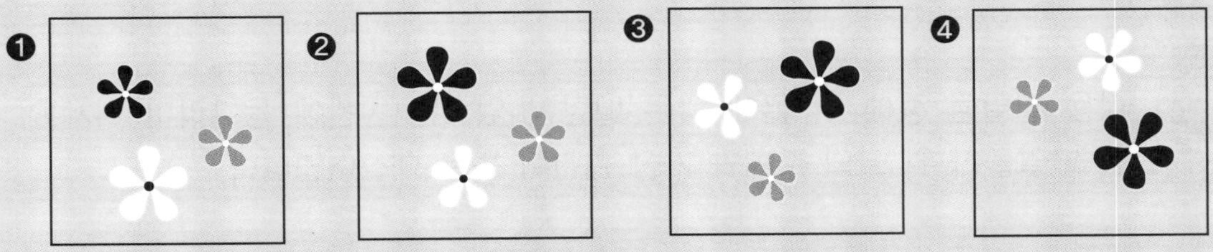

번

빠르고 정확하게 읽기

도전시간 4 분 50 초

걸린시간 분 초

● 오늘의 읽기 자료입니다. 잘 읽고 문제를 풀어 보세요.

성격에 따라서 자신에게 어울리는 악기가 있다고 합니다. 우리가 많이 배우는 피아노와 바이올린, 첼로는 어떤 성격의 사람에게 어울릴까요?

집중을 잘 하지 못하고 성미가 급한 사람은 피아노를 배우는 것이 좋습니다. 피아노는 악보를 하나하나 제대로 봐야 하고 서두르지 않아야 합니다. 따라서 성격이 차분해지는 효과가 있습니다.

참을성이 강하고 작은 것에도 마음을 기울이는 사람은 바이올린을 배우는 것이 좋습니다. 바이올린은 음이 화려하고 섬세한* 편이라 제대로 된 소리를 내려면 꽤 오래 연습을 해야 합니다. 그래서 한 가지 일에 잘 집중할 수 있는 사람에게 잘 어울립니다.

성격이 지나치게 날카롭거나 신경질적인 사람은 첼로를 배우는 것이 좋습니다. 첼로는 다른 악기에 비해 소리가 낮아서 신경을 건드리지 않으며, 많은 연습 없이도 소리가 잘 나는 악기이기 때문입니다.

섬세한 : 곱고 가는

다음 낱말들 중에 위 글에 나온 낱말이 있으면 빈칸에 동그라미 하세요. 동그라미 한 낱말들이 위 글의 주제와 가장 관련이 높은 핵심어입니다.

문제 개수 8 개

맞은 개수 개

틀린 개수 개

피아노	바이올린	비올라	외모	단소	오르간	첼로	성격

♥ 다음 보기를 이용해서 ❷~❸번 문제를 풀어 보세요.

보기
① 피아노 ② 첼로
③ 성미가 급한 ④ 잠이 많은
⑤ 신경질적인 ⑥ 작은 것에도 마음을 기울이는

다음은 위 글의 내용을 한눈에 볼 수 있도록 정리한 표입니다. 빈칸에 보기의 ①~⑥을 알맞게 넣어 표를 완성해 보세요.

문제 개수 4 개
맞은 개수 개
틀린 개수 개

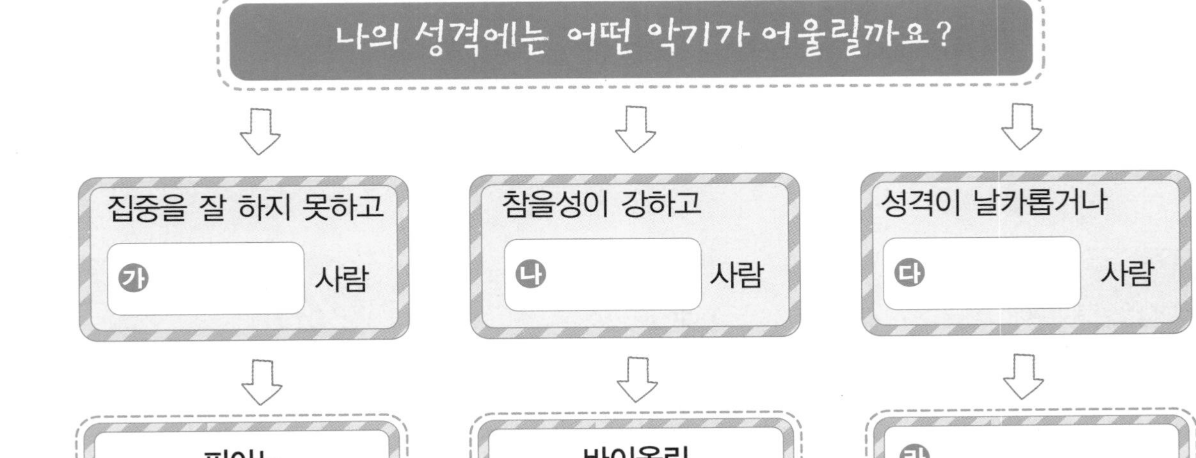

다음은 위 글의 중심 내용을 요약한 것입니다. 빈칸에 보기의 ①~⑥을 알맞게 넣어 요약 글을 완성해 보세요.

문제 개수 2 개

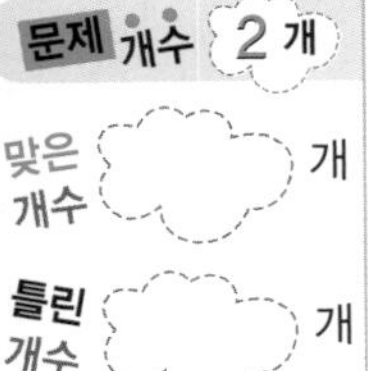

악기를 배우려고 할 때에는 자신의 성격을 먼저 생각해 보세요. 집중을 잘 하지 못하는 사람은 ㉮ ______ 을/를, 참을성이 강한 사람은 바이올린을, 성격이 날카로운 사람은 ㉯ ______ 을/를 배우면 좋습니다.

문제 개수 4 개

맞은 개수 개

틀린 개수 개

다음은 위 글의 제목 후보입니다. 먼저, 위 글의 제목으로 가장 알맞은 것을 골라 빈칸에 ○를 하세요. 그런 다음, 주어진 조건에 맞게 ×, △, □를 표시하세요. (단, ○는 딱 한 개만 고르세요.)

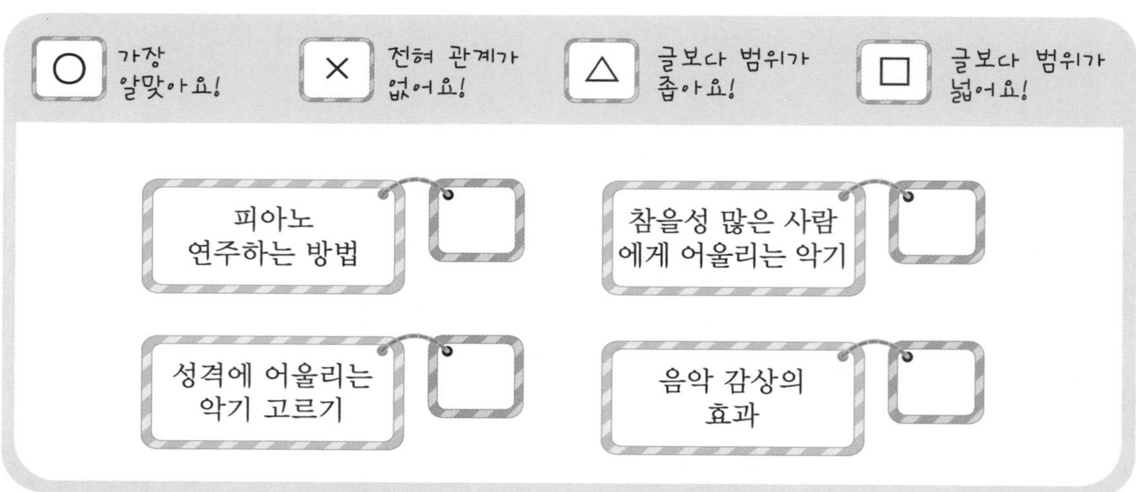

○ 가장 알맞아요!
× 전혀 관계가 없어요!
△ 글보다 범위가 좁아요!
□ 글보다 범위가 넓어요!
피아노 연주하는 방법
참을성 많은 사람에게 어울리는 악기
성격에 어울리는 악기 고르기
음악 감상의 효과

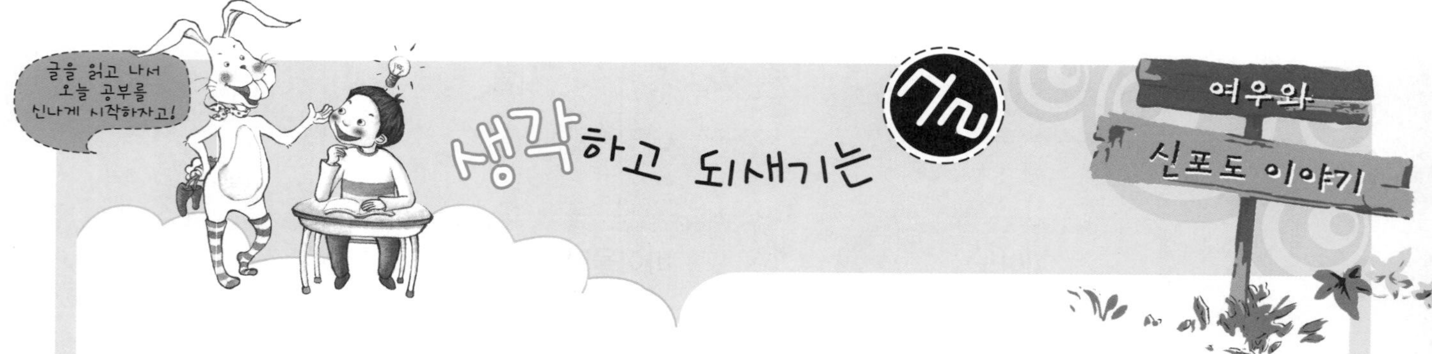

글을 읽고 나서 오늘 공부를 신나게 시작하자고!
생각하고 되새기는 글
여우와 신포도 이야기

아주 더운 날, 목마른 여우가 정원에서 잘 익은 포도를 발견했습니다. 여우는 "히힛, 나는 운도 좋아! 이렇게 잘 익은 포도는 시원한 물보다 낫지!" 하며 정원으로 몰래 들어갔어요. 그런데 포도송이는 여우 손이 닿기 힘든 높은 곳에 매달려 있었어요. 여우는 포도를 따기 위해 뛰어 보기도 했지만 결국엔 포기하고 말았습니다. 여우는 풀이 죽은 채 "저 포도는 시어서 맛도 없을 거야."라고 말했습니다.

뭔가를 얻으려다 실패했을 때, 처음부터 자신이 그것을 원치 않았던 것처럼 변명하며 스스로를 위로하지는 않는지요? 학급 반장 선거에 떨어지고 '반장 일을 할 시간도 없는데 뭘…….' 혹은, '칫, 나는 처음부터 반장 같은 건 하고 싶지도 않았어!' 하면서 자신의 마음을 감춘다면 그것은 영영 여러분의 것이 되지 않을 겁니다. 실패를 두려워하지 않고 용감하게 시도하는 사람이 진정한 승자랍니다.

12회
공부를 시작할 때도
준비운동이 필요하다고!
하나둘 하나둘

머리 풀어주는 퍼즐

도전 시간		걸린 시간	
00 분	40 초	분	초

창의사고력 기초 다지기 연상추리력 쑥~

다음 도형들의 순서를 잘 살펴보고, 마지막 순서에 올 도형을 그려 보세요.

문제1

문제2

문제3

빠르고 정확하게 읽기

도전시간 5 분 10 초

걸린시간 분 초

● 오늘의 읽기 자료입니다. 잘 읽고 문제를 풀어 보세요.

바닷물은 하루에 두 번씩 바다로 밀려갔다 육지로 들어왔다 합니다. 이때 육지와 바다 사이에 넓은 땅이 나타났다 사라지곤 하는데, 이 땅을 갯벌이라고 합니다. 이러한 갯벌은 우리에게 많은 도움을 준답니다.

갯벌은 바다의 오염을 막는 방파제 역할을 합니다. 육지에서 흘러나오는 여러 가지 물질이 바다로 흘러들어가지 못하도록 한 번 걸러 주는 역할을 하는 것이지요. 그래서 갯벌이 있으면 바다가 심하게 오염되는 것을 막을 수 있습니다. 또 갯벌은 물의 흐름을 조절해서 홍수와 해일*의 피해를 줄이는 역할도 합니다.

영양소가 풍부한 갯벌에는 많은 생명체가 살고 있습니다. 많은 동물들과 식물들이 갯벌을 삶의 터전으로 삼아서 살아가며 육지보다 훨씬 높은 생산성을 가지고 있습니다. 우리 인간들도 갯벌로부터 조개, 낙지, 게 등의 많은 해산물을 얻습니다. 또 갯벌은 조개잡이나 낙지잡기 등 신기한 체험을 할 수 있는 공간입니다. 그래서 요즘엔 관광자원으로도 많이 활용되고 있습니다. 이렇게 갯벌은 우리에게 없어서는 안 될 중요한 존재입니다. 그러므로 우리는 갯벌을 소중히 여기고 지켜야 합니다.

해일 : 갑자기 바닷물이 크게 일어나 육지로 넘쳐 들어오는 것

❶ 핵심어 찾기

다음 낱말들이 위 글에서 몇 번씩 나왔는지 개수를 세어 보세요. 많이 등장한 낱말일수록 글의 주제와 가장 관련이 깊은 핵심어입니다.

방파제	해산물	갯벌	홍수	해일	육지

문제 개수 6 개

맞은 개수 개

틀린 개수 개

♥ 다음 보기를 이용해서 ❷~❸번 문제를 풀어 보세요.

보기
① 갯벌은 우리에게는 없어서는 안 될 중요한 존재입니다.
② 최선을 다해 갯벌을 지켜야 합니다.
③ 육지보다 훨씬 높은 생산성을 가지고 있습니다.
④ 바다가 오염되는 것을 줄여 줍니다.
⑤ 홍수, 태풍, 해일의 피해를 줄여 줍니다.
⑥ 많은 체험을 할 수 있고, 관광자원으로도 도움을 줍니다.

다음은 위 글의 내용을 한눈에 볼 수 있도록 정리한 표입니다. 빈칸에 보기의 ①~⑥을 알맞게 넣어 표를 완성해 보세요.

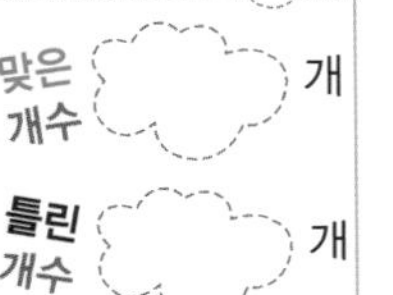

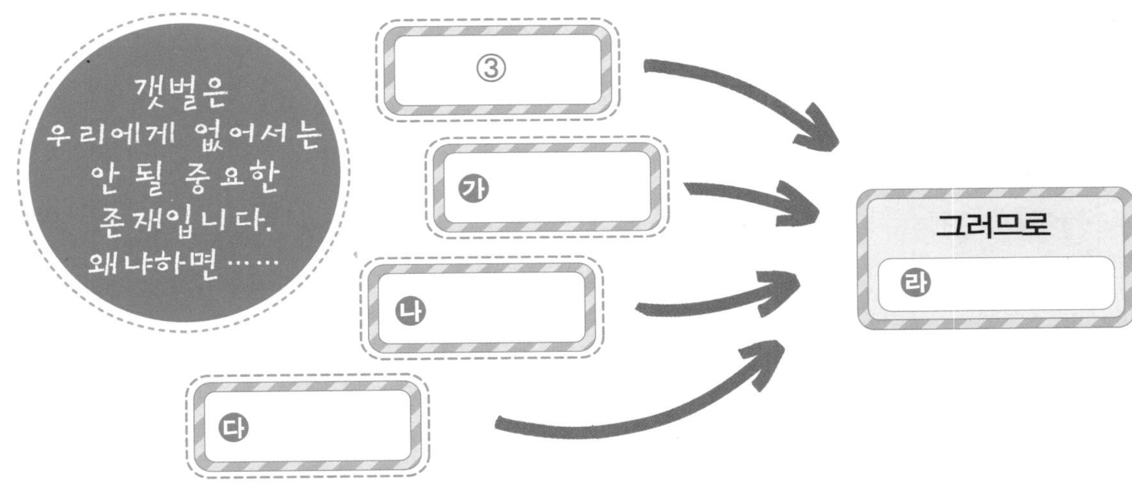

다음은 위 글의 중심 내용을 요약한 것입니다. 빈칸에 보기의 ①~⑥을 알맞게 넣어 요약 글을 완성해 보세요.

우리는 최선을 다해 갯벌을 지켜야 합니다. 갯벌은 많은 동·식물의 삶의 터전이기 때문에, ㉮ ______. 또 홍수, 태풍, 해일의 피해를 줄여 주고, ㉯ ______. 그리고 많은 체험을 할 수 있고, 관광자원으로도 도움을 줍니다.

문제 개수 4 개

맞은 개수 개

틀린 개수 개

다음은 위 글의 제목 후보입니다. 먼저, 위 글의 제목으로 가장 알맞은 것을 골라 빈칸에 ○를 하세요. 그런 다음, 주어진 조건에 맞게 ×, △, □를 표시하세요. (단, ○는 딱 한 개만 고르세요.)

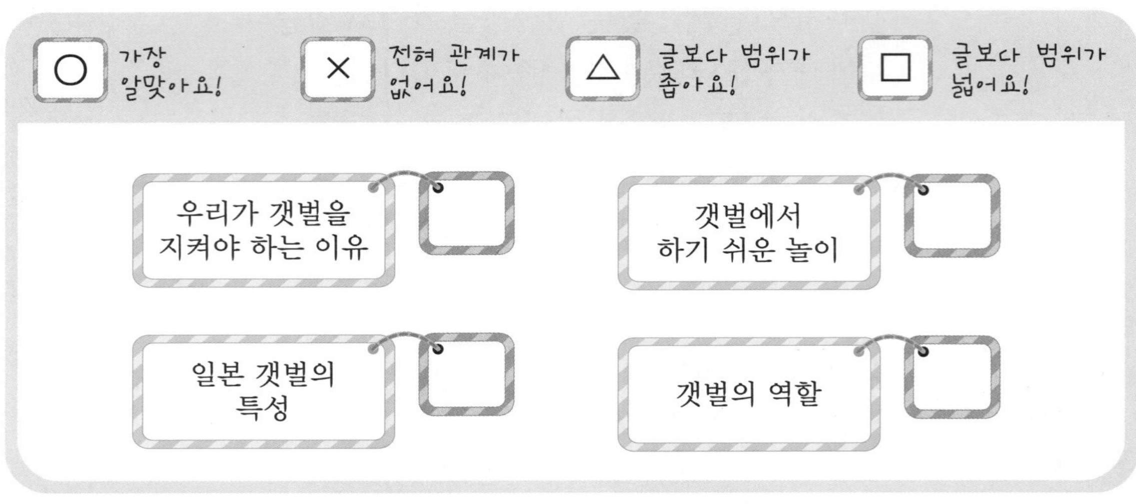

○ 가장 알맞아요!
× 전혀 관계가 없어요!
△ 글보다 범위가 좁아요!
□ 글보다 범위가 넓어요!
우리가 갯벌을 지켜야 하는 이유
갯벌에서 하기 쉬운 놀이
일본 갯벌의 특성
갯벌의 역할

글을 읽고 나서 오늘 공부를 신나게 시작하자고!
생각하고 되새기는
하늘은 스스로 돕는 자를 돕는다.

중국 송나라에 한 농부가 있었습니다. 하루는 토끼가 뛰어오다 그루터기에 걸려 다리와 목이 부러진 채 논에 넘어져 있었습니다. 그래서 농부는 너무 쉽게 토끼를 얻게 되었습니다. 그 후 농부는 힘든 농삿일은 멀리한 채 매일같이 그루터기 옆에서 토끼가 넘어지기만을 기다렸습니다. 그 모습을 본 동네 사람들은 그 농부를 보고 '저런 한심한 사람 같으니…….' 하고 비웃었답니다.

수주대토(守株待兎), 그루터기를 지켜보며 토끼가 나오기를 기다린다는 뜻으로 이 고사(古事)에서 유래된 말입니다. 여러분도 혹시 이 농부처럼 노력은 하지 않은 채, 뜻밖의 행운이 나에게 찾아오기를 바라고 있었던 적은 없나요? 감나무 밑에 하루 종일 입을 벌리고 앉아 있어도 감은 내 입으로 떨어지지 않습니다. 나무에 올라가 스스로 열매를 따는 사람만이 그 달콤한 열매를 맛볼 수 있답니다.

13회 머리 풀어주는 퍼즐

도전 시간		걸린 시간	
00 분	20 초	분	초

창의사고력 기초 다지기 판단 능력

☆, ☆, ★ 속에는 1부터 7까지의 숫자가 있습니다. 그런데 각 색깔마다 숫자가 하나씩 빠져 있어요. 어떤 색깔에 어떤 숫자가 빠져 있는지 찾아보세요.

빠르고 정확하게 읽기

도전시간 5 분 30 초

걸린시간 분 초

● 오늘의 읽기 자료입니다. 잘 읽고 문제를 풀어 보세요.

우리 조상들은 무엇으로 옷을 만들어 입었을까요? 우리나라는 사계절이 뚜렷하여 계절마다 옷을 다르게 만들어 입었습니다. 여름에는 시원한 옷감인 삼베와 모시로 옷을 만들어 입었고, 겨울에는 따뜻한 옷감인 무명과 비단으로 옷을 만들어 입었습니다. 그중에서도 비단은 가볍고 입는 느낌이 부드러운 옷감입니다. 비단은 빛깔이 우아하고 반짝반짝 윤이 나서 매우 비싸고 귀중한 옷감이었다고 합니다. 그래서 비단은 나라에 내는 세금이나 임금이 백성에게 내리는 상으로 이용되었습니다.

이러한 비단은 어떻게 만들어질까요? 비단은 사실 누에의 입에서 나온 실로 만드는 것입니다. 누에는 누에나방의 애벌레이고요. 누에고치에서 뽑은 실은 명주실이라고 하는데, 이것이 바로 비단의 재료입니다.

비단을 만들기 위해서는 먼저 뽕나무와 누에가 필요합니다. 누에는 뽕나무 잎을 먹고 살기 때문이지요. 우선 뽕나무를 키워서 그 잎으로 누에가 실을 토해 내서 고치를 만들 때까지 키웁니다. 그 다음 누에가 동그란 고치를 완성하면 누에고치를 거두어들입니다. 거두어들인 누에고치는 뜨거운 물에 1분 정도 삶았다 식힙니다. 그 다음 삶은 누에고치를 실을 뽑는 기계인 물레에 걸어서 실을 뽑아냅니다. 뽑아져 나오는 가늘고 고운 실이 바로 명주실이랍니다. 마지막으로 명주실을 옷감 짜는 틀인 베틀에 걸고 짜면 바로 비단이 완성됩니다.

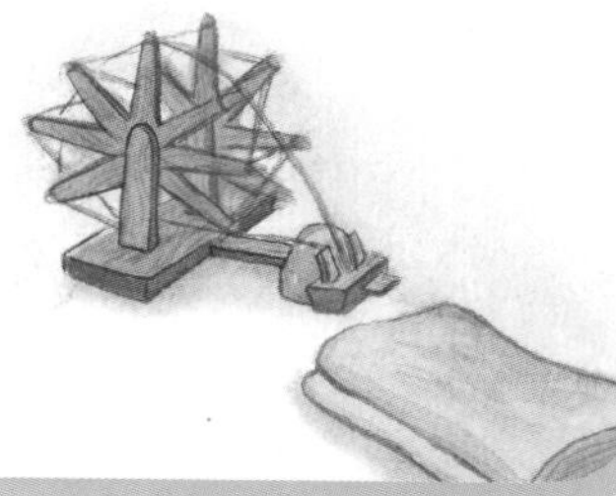

❶ 핵심어 찾기

다음 낱말들이 위 글에서 몇 번씩 나왔는지 개수를 세어 보세요. 많이 등장한 낱말일수록 글의 주제와 가장 관련이 깊은 핵심어입니다.

겨울	모시	삼베	뽕나무	베틀	비단

문제 개수 6 개

맞은 개수 개

틀린 개수 개

♥ 다음 보기를 이용해서 ❷~❸번 문제를 풀어 보세요.

보기
① 명주실을 베틀에 걸고 짜면 비단이 완성됩니다.
② 거두어들인 누에고치는 뜨거운 물에 1분 정도 삶았다 식힙니다.
③ 누에가 실을 토해 내서 고치를 만들 때까지 뽕나무 잎을 먹여 누에를 키웁니다.
④ 누에고치를 거두어들입니다.
⑤ 삶았다 식힌 누에고치를 물레에 걸어서 실을 뽑아냅니다.
⑥ 뽕나무와 누에를 준비합니다.

다음은 위 글의 내용을 한눈에 볼 수 있도록 정리한 표입니다. 빈칸에 보기의 ①~⑥을 알맞게 넣어 표를 완성해 보세요.

맞은 개수 ( ) 개
틀린 개수 ( ) 개

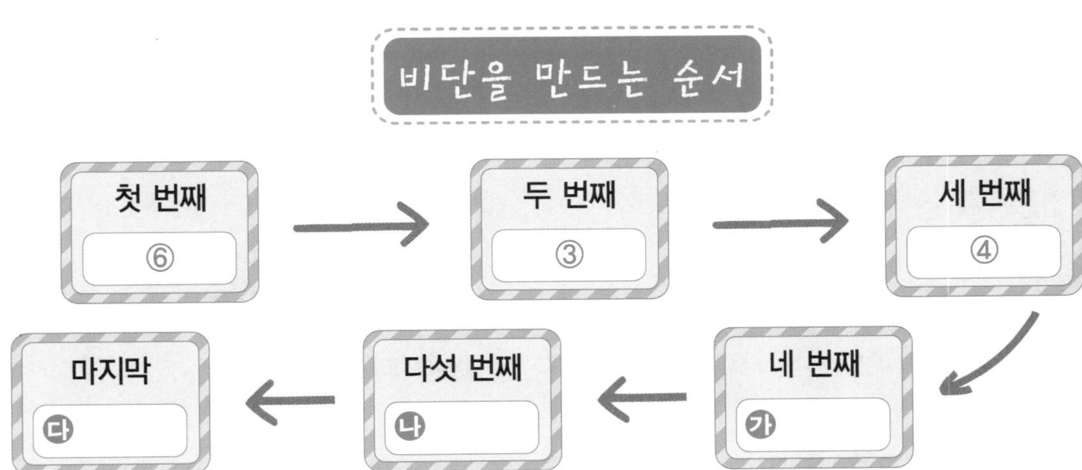

다음은 위 글의 중심 내용을 요약한 것입니다. 빈칸에 보기의 ①~⑥을 알맞게 넣어 요약 글을 완성해 보세요.

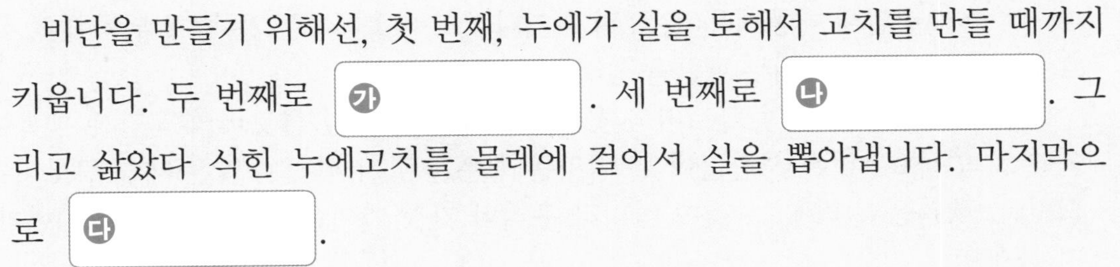
비단을 만들기 위해선, 첫 번째, 누에가 실을 토해서 고치를 만들 때까지 키웁니다. 두 번째로 ㉮ ______. 세 번째로 ㉯ ______. 그리고 삶았다 식힌 누에고치를 물레에 걸어서 실을 뽑아냅니다. 마지막으로 ㉰ ______.

문제 개수 4 개

맞은 개수 ( ) 개

틀린 개수 ( ) 개

다음은 위 글의 제목 후보입니다. 먼저, 위 글의 제목으로 가장 알맞은 것을 골라 빈칸에 ○를 하세요. 그런 다음, 주어진 조건에 맞게 ×, △, □를 표시하세요. (단, ○는 딱 한 개만 고르세요.)

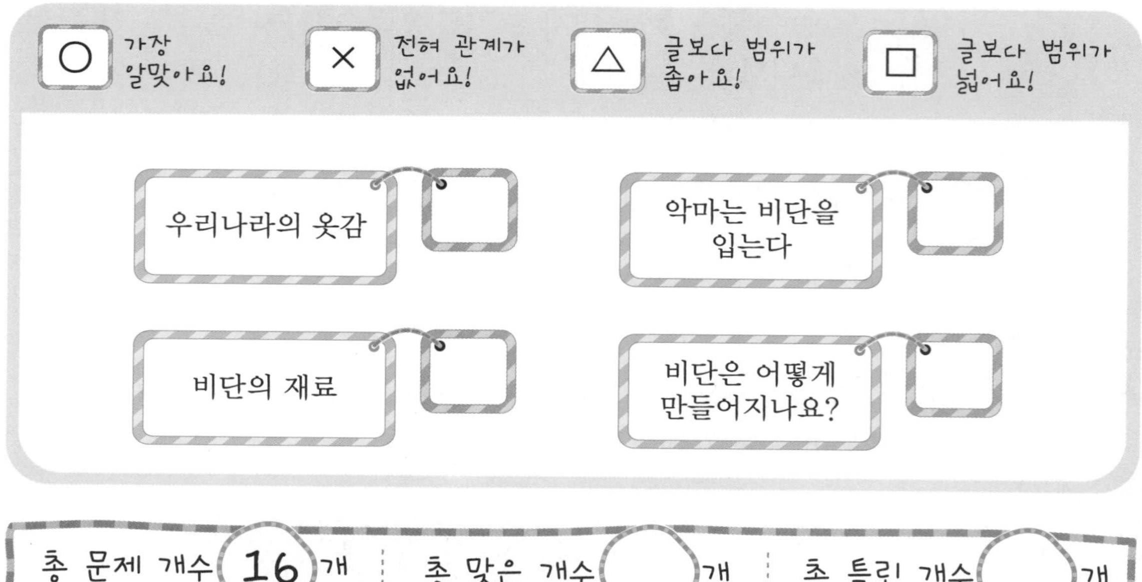

○ 가장 알맞아요!
× 전혀 관계가 없어요!
△ 글보다 범위가 좁아요!
□ 글보다 범위가 넓어요!
우리나라의 옷감
악마는 비단을 입는다
비단의 재료
비단은 어떻게 만들어지나요?

총 문제 개수 16 개 | 총 맞은 개수 ( ) 개 | 총 틀린 개수 ( ) 개

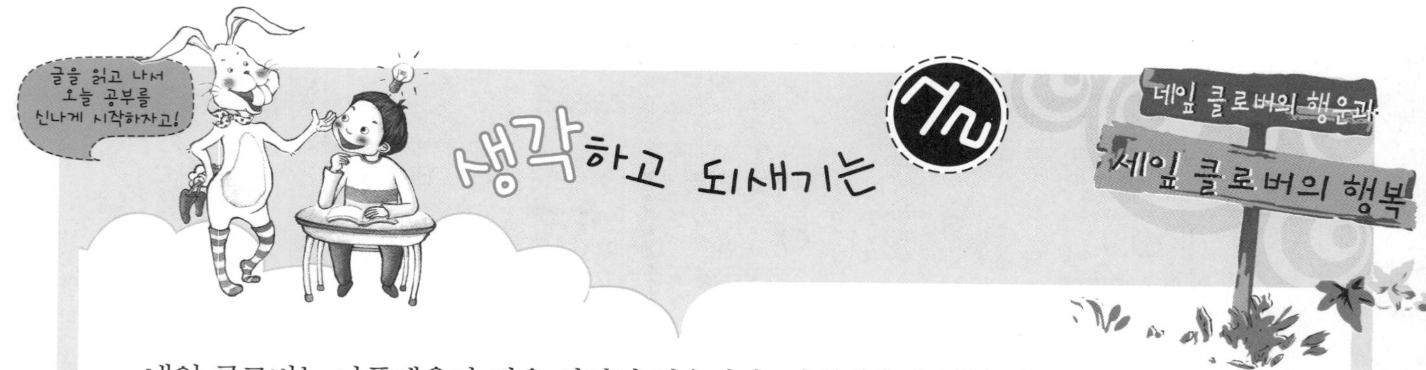

네잎 클로버는 나폴레옹과 깊은 인연이 있습니다. 나폴레옹이 한참 전투를 벌이던 중이었어요. 그런데 우연히 땅 밑을 보니 우리가 흔히 보는 세잎 클로버가 아닌, 네잎 클로버가 있었다고 합니다. 나폴레옹은 너무나 신기한 나머지 그것을 따려고 허리를 굽혔습니다. 그때였습니다. 그 순간 총알이 나폴레옹의 등 위를 지나갔고 나폴레옹은 운 좋게 위기를 넘길 수 있었지요. 그 후로 네잎 클로버는 행운을 상징하게 되었답니다.

그런데 여러분은 네잎 클로버의 꽃말이 행운이고 세잎 클로버의 꽃말은 행복이라는 사실을 알고 있나요? 많은 사람들이 멀리 있는 행운을 잡기 위해 수많은 세잎 클로버를 지나치기 쉽지만, 행복은 멀리 있는 것이 아니라 우리와 가장 가까운 곳에 언제나 함께한다는 것을 잊지 마세요.

머리 풀어주는 퍼즐

도전 시간	걸린 시간
00 분 25 초	분 초

창의사고력 기초 다지기 정보처리능력 쑥~

'가→나→다→라' 순서에 따라, 줄을 그으며 출발점에서 도착점까지 이동해 보세요. 단, 가로 또는 세로로만 움직여야 합니다.

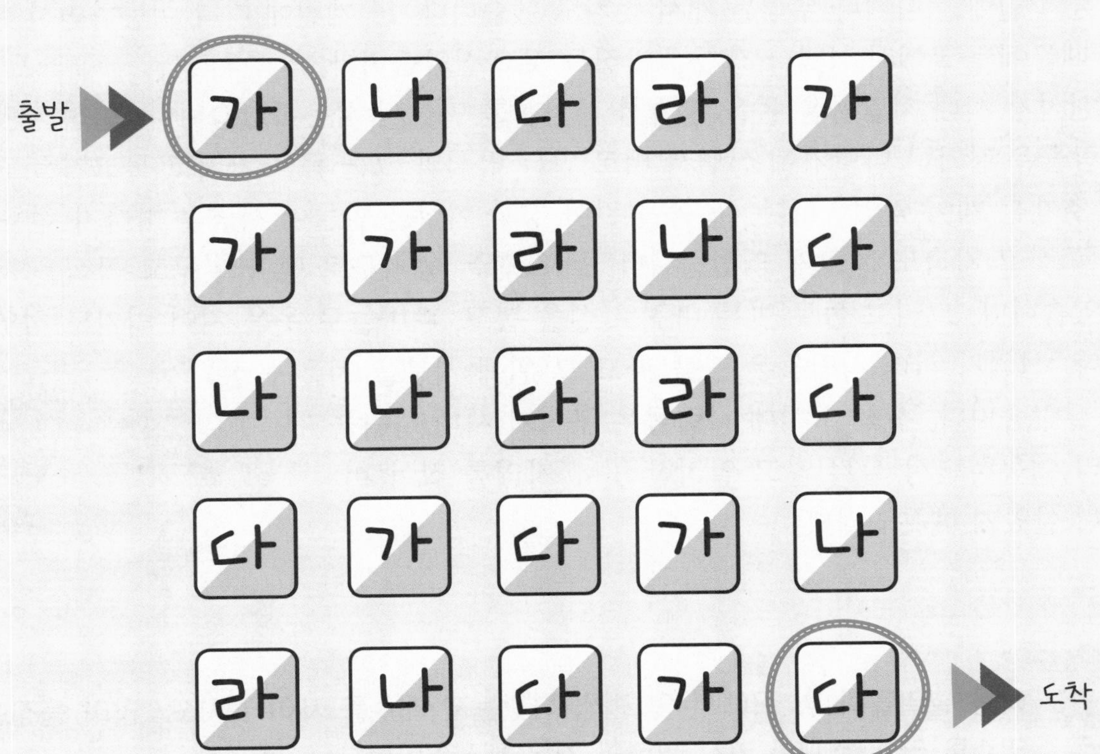

빠르고 정확하게 읽기

도전시간 5 분 20 초

걸린시간 분 초

● 오늘의 읽기 자료입니다. 잘 읽고 문제를 풀어 보세요.

석기 시대는 돌로 만든 도구를 사용한 시대를 말합니다. 석기 시대는 돌을 사용하는 방법에 따라 구석기 시대와 신석기 시대로 나누어집니다. 주로 돌을 깨뜨리거나 떼내어 만든 뗀석기를 사용했던 때가 구석기 시대이고, 돌을 갈아서 만든 간석기를 사용했던 때는 신석기 시대입니다.

구석기 시대 사람들은 처음에는 돌을 거의 그대로 사용하다가 점차 돌을 깨뜨려서 뗀석기를 만들어 사용하였습니다. 구석기 시대 사람들은 짐승과 물고기를 잡아먹었고, 식물의 열매를 따거나 뿌리를 캐서 먹기도 했습니다. 또 계절에 따라 이동하면서 살았기 때문에 동굴에서 살거나 강가에 막집을 짓고 살았습니다.

신석기 시대 사람들은 돌을 갈아서 간석기를 만들어 사용하였습니다. 신석기 시대 사람들은 강가나 바닷가에 살면서 뼈로 만든 낚시와 그물 등을 가지고 물고기를 잡거나 조개를 캐어 먹었습니다. 또 돌을 갈아 창과 화살을 만들어 사냥을 하다가 점차 농사를 짓고 가축도 기르게 되었습니다. 돌로 만든 농기구로 땅을 일구고 곡식을 재배하였습니다. 그리고 돌로 만든 바퀴로 실을 뽑고, 뼈바늘로 옷을 지어 입기도 하였습니다. 신석기 시대 사람들은 땅을 파고 그 위에 지붕을 지은 움집에 살았습니다. 신석기 시대 사람들은 구석기 시대 사람들과 달리 이동하면서 살지 않고 일정한 곳에 자리를 잡아 머물러 살았기 때문입니다.

다음 낱말들이 위 글에서 몇 번씩 나왔는지 개수를 세어 보세요. 많이 등장한 낱말일수록 글의 주제와 가장 관련이 깊은 핵심어입니다.

열매	조개	신석기 시대	뗀석기	구석기 시대	움집

문제 개수 6 개

맞은 개수 개

틀린 개수 개

♥ 다음 보기를 이용해서 ❷~❸번 문제를 풀어 보세요.

① 돌로 만든 도구를 사용하였습니다. ② 옮겨 다니며 살았습니다.
③ 한곳에서 머물러 살았습니다. ④ 뗀석기를 도구로 이용하였습니다.
⑤ 간석기를 도구로 이용하였습니다. ⑥ 농사를 지으며 살았습니다.
⑦ 뼈바늘로 옷을 지어 입었습니다.

다음은 위 글의 내용을 한눈에 볼 수 있도록 정리한 표입니다. 빈칸에 보기의 ①~⑥을 알맞게 넣어 표를 완성해 보세요.

문제 개수 2 개

맞은 개수 ( ) 개

틀린 개수 ( ) 개

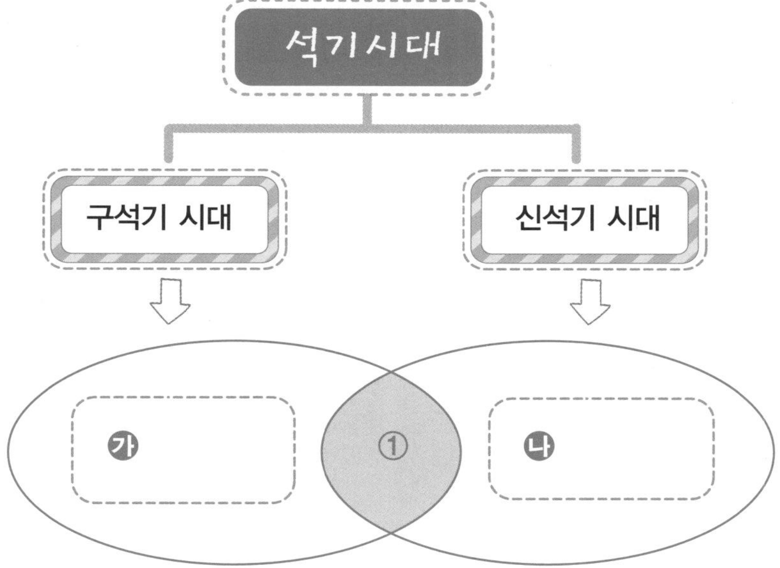

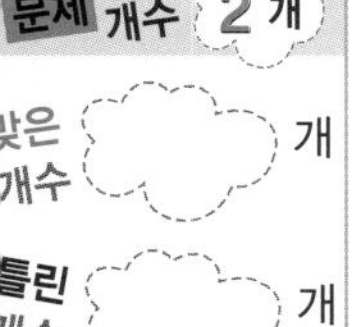

다음은 위 글의 중심 내용을 요약한 것입니다. 빈칸에 보기의 ①~⑦을 알맞게 넣어 요약 글을 완성해 보세요.

문제 개수 2 개

맞은 개수 ( ) 개

틀린 개수 ( ) 개

선사 시대는 돌로 만든 도구를 사용한 시대로 돌을 사용하는 방법에 따라 구석기 시대와 신석기 시대로 나뉩니다. 구석기 시대 사람들은 먹을 것을 찾아 옮겨 다니며 살았고, 가 ( ). 신석기 시대 사람들은 농사를 지으면서 한곳에 머물러 살았습니다. 또 뼈바늘로 옷을 지어 입고, 나 ( ).

문제 개수 4 개

맞은 개수 개

틀린 개수 개

다음은 위 글의 제목 후보입니다. 먼저, 위 글의 제목으로 가장 알맞은 것을 골라 빈칸에 ○를 하세요. 그런 다음, 주어진 조건에 맞게 ×, △, □를 표시하세요. (단, ○는 딱 한 개만 고르세요.)

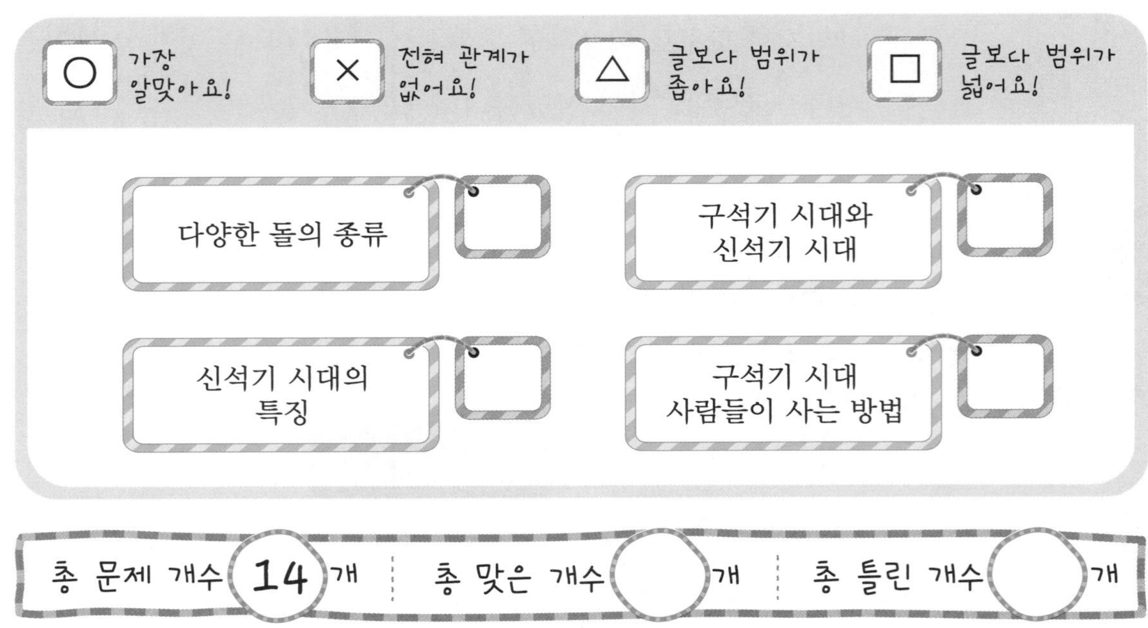

○ 가장 알맞아요!
× 전혀 관계가 없어요!
△ 글보다 범위가 좁아요!
□ 글보다 범위가 넓어요!
다양한 돌의 종류
구석기 시대와 신석기 시대
신석기 시대의 특징
구석기 시대 사람들이 사는 방법
총 문제 개수 14 개
총 맞은 개수 개
총 틀린 개수 개

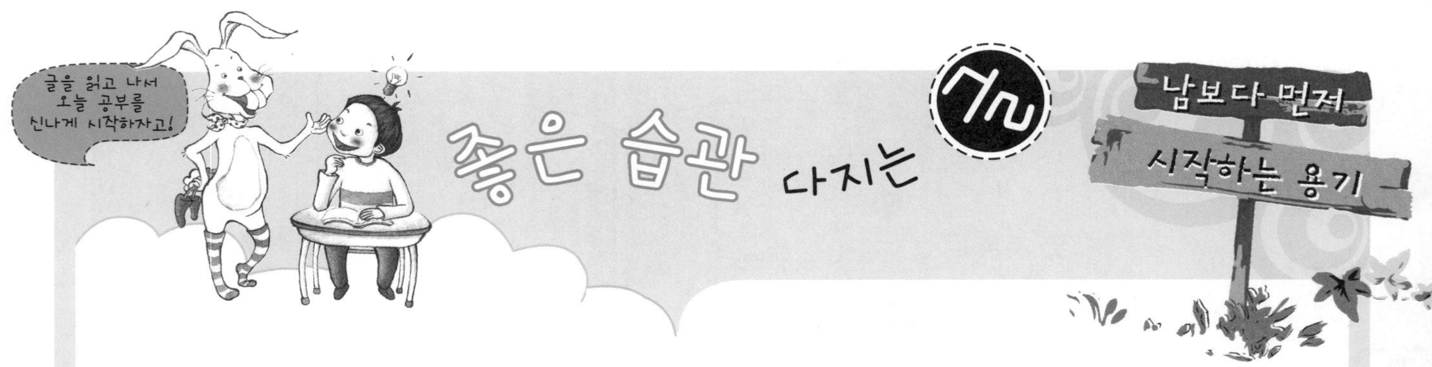

글을 읽고 나서 오늘 공부를 신나게 시작하자고!
좋은 습관 다지는 12
남보다 먼저 시작하는 용기

“시작이 반이다.” “천 리 길도 한 걸음부터.”

시작의 중요성을 잘 나타낸 속담이지요. 누구나 처음 시작할 때에는 미래에 대한 두려움으로 가슴이 두근두근 한답니다. 모두가 시작하기를 두려워할 때 먼저 시작할 수 있는 용기, 그것은 아무나 할 수 있는 일은 아니지요. 항상 다른 사람들보다 앞서 나가는 것은 어려운 일이지만, 신념을 가지고 열심히 노력한다면 반드시 자기가 목표한 것을 이룰 수 있을 거예요.

내일부터 남보다 5분 먼저 학교에 가서 교실 창문을 열어 보세요. 그리고 그날 공부할 책들을 꺼내어 머릿속에 공부할 내용을 그려 보세요. 오늘과 다른 내일을 꿈꾼다면, 바로 지금부터 하나씩 마음속에 그린 일을 실천해 보세요. 그것이 첫걸음이 되어 더 멀리 걸을 수 있게 될 거예요.

머리 풀어주는 퍼즐

도전 시간		걸린 시간	
00 분	30 초	분	초

창의사고력 기초 다지기 계산능력 

사다리를 타고 내려가면서, 같은 모양끼리 계산이 이루어지도록 빈칸을 채워 보세요.

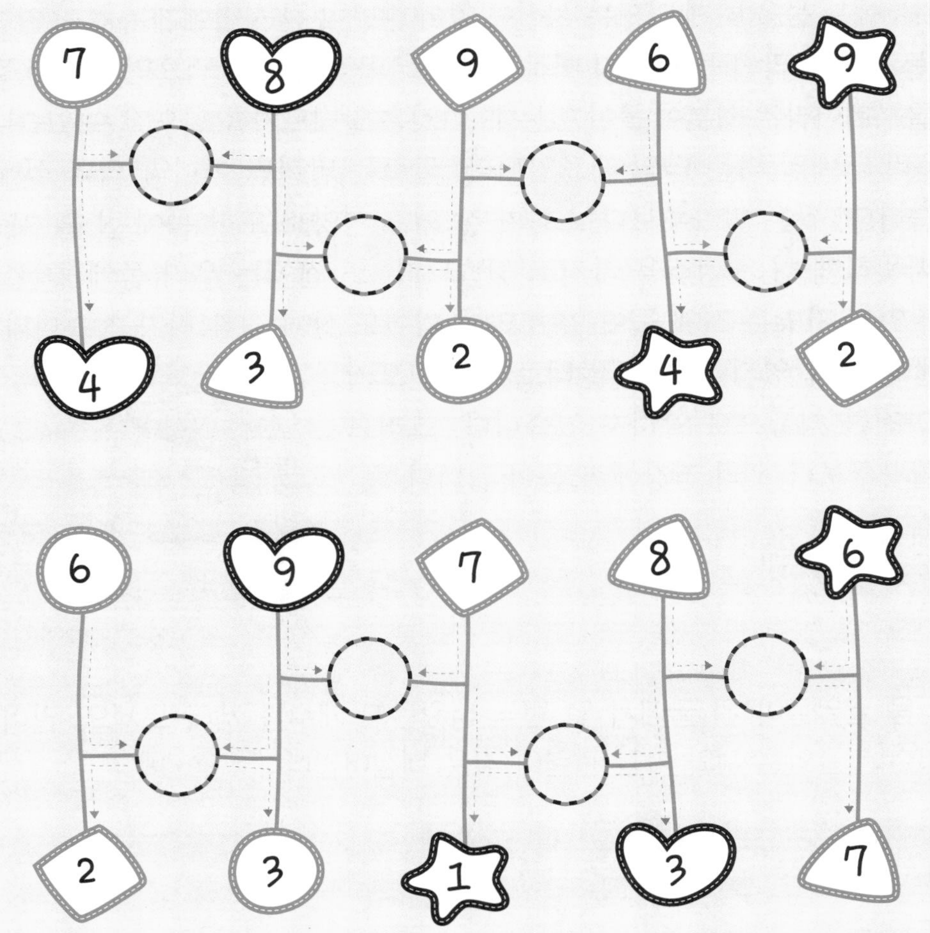

빠르고 정확하게 읽기

도전시간 5 분 00 초

걸린시간 분 초

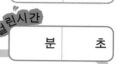

오늘의 읽기 자료입니다. 잘 읽고 문제를 풀어 보세요.

쌀과 밀은 우리가 늘 먹는 음식들의 재료입니다. 쌀은 밥이나 떡의 재료입니다. 밀은 주로 가루를 내어 먹습니다. 밀가루는 빵과 국수의 재료입니다. 우리가 늘 먹는 음식들의 재료인 쌀과 밀가루가 어떠한 성질을 가지고 있고, 우리 몸에는 어떠한 영향을 주는지 알아봅시다.

밀가루는 빵의 재료입니다. 밀가루로는 빵뿐 아니라 피자나 국수, 과자를 만들 수 있습니다. 밀가루에는 몸을 차게 만드는 성질이 있어 손발이 찬 사람에게는 좋지 않습니다. 또 밀가루에는 지방이 많이 들어 있기 때문에 밀가루 음식을 많이 먹으면 비만이 될 수 있습니다. 또 글루텐이라는 성분이 들어 있는데, 이것은 알레르기를 일으킬 수 있습니다.

쌀은 우리가 매일 먹는 밥의 재료입니다. 쌀로는 밥뿐만 아니라 떡과 식혜 등도 만들 수 있습니다. 쌀은 밀가루보다 소화가 잘 되고 영양소 또한 몸에 잘 흡수됩니다. 쌀은 몸을 따뜻하게 하는 성질을 가지고 있습니다. 또 쌀에는 우리 몸에 좋은 영양소가 많이 들어 있고 지방은 적게 들어 있어 많이 먹어도 살이 찔 염려가 적습니다. 또 쌀에는 글루텐이 들어 있지 않아서 알레르기를 일으키지 않는 안전한 식품으로 알려져 있습니다. 그러므로 쌀은 밀가루보다 우리 건강에 도움이 됩니다.

글루텐 : 보리, 밀 등의 곡류에 존재하는 단백질

❶ 핵심어 찾기

다음 낱말들이 위 글에서 몇 번씩 나왔는지 개수를 세어 보세요. 많이 등장한 낱말일수록 글의 주제와 가장 관련이 깊은 핵심어입니다.

피자	쌀	빵	떡	식혜	밀가루

문제 개수 6 개

맞은 개수 개

틀린 개수 개

♥ 다음 보기를 이용해서 ❷~❸번 문제를 풀어 보세요.

보기
① 소화 흡수가 잘 됩니다.
② 지방이 많이 들어 있습니다.
③ 몸을 따뜻하게 합니다.
④ 알레르기를 일으키지 않습니다.
⑤ 몸을 차갑게 합니다.
⑥ 비만을 예방합니다.

다음은 위 글의 내용을 한눈에 볼 수 있도록 정리한 표입니다. 빈칸에 보기의 ①~⑥을 알맞게 넣어 표를 완성해 보세요.

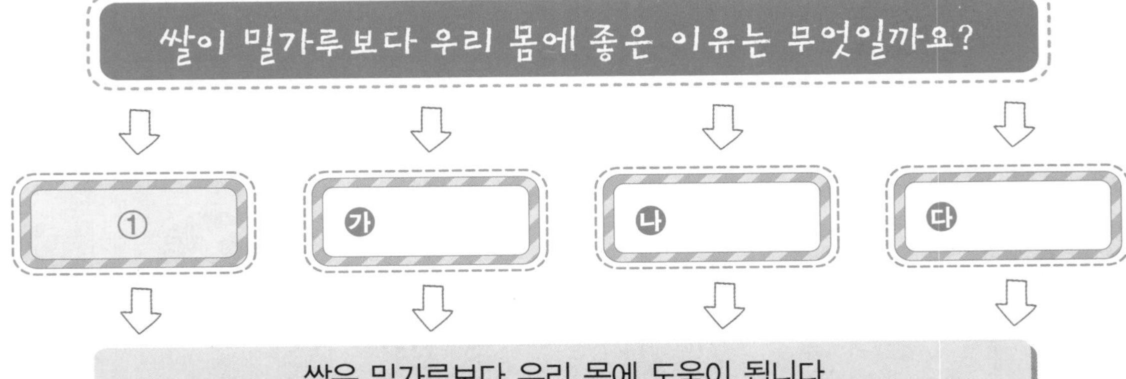

다음은 위 글의 중심 내용을 요약한 것입니다. 빈칸에 보기의 ①~⑥을 알맞게 넣어 요약 글을 완성해 보세요.

쌀은 (가) ______ 등의 성질을 가지고 있습니다. 반면 밀가루는 (나) ______ 등의 성질을 가지고 있습니다. 그러므로 쌀이 밀가루보다 우리 건강에 더 좋습니다.

문제 개수 4 개

맞은 개수 개

틀린 개수 개

다음은 위 글의 제목 후보입니다. 먼저, 위 글의 제목으로 가장 알맞은 것을 골라 빈칸에 ○를 하세요. 그런 다음, 주어진 조건에 맞게 ×, △, □를 표시하세요. (단, ○는 딱 한 개만 고르세요.)

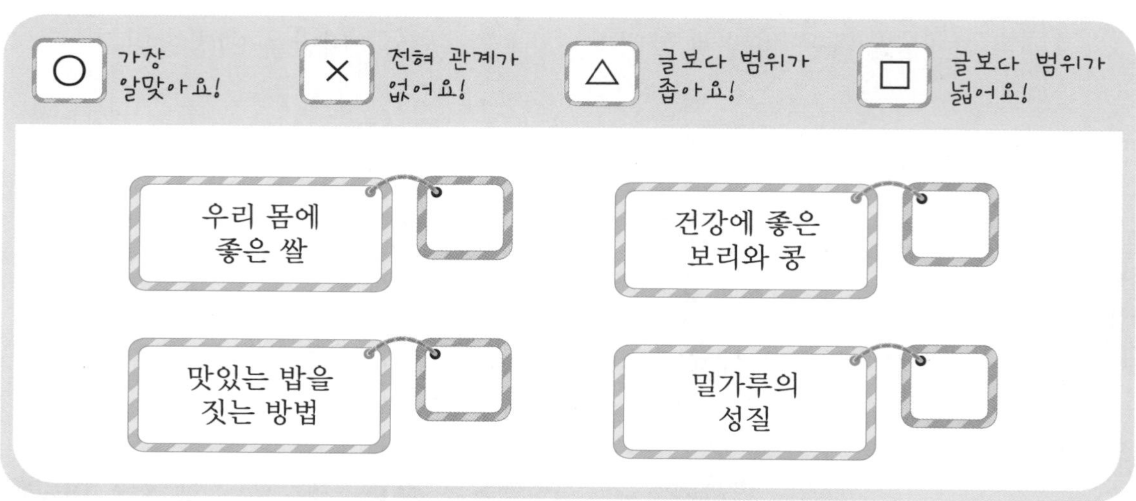

○ 가장 알맞아요!
× 전혀 관계가 없어요!
△ 글보다 범위가 좁아요!
□ 글보다 범위가 넓어요!
우리 몸에 좋은 쌀
건강에 좋은 보리와 콩
맛있는 밥을 짓는 방법
밀가루의 성질

글을 읽고 나서 오늘 공부를 신나게 시작하자고!
좋은 습관 다지는 시
두 종류의 사람

항상 투덜거리는 사람이 있습니다. 아이스크림 가게에서 조금만 기다려도 입이 나오고, 조금 붐비는 만원 버스를 타도 투덜거립니다. 어머니의 작은 잔소리에도 벌컥 화를 내고, 친구들과 놀다가도 금방 삐쳐서 집에 가기도 해요.

반면 어딜 가더라도 행복해 보이는 사람들이 있습니다. 그들은 자신을 둘러싼 주위 환경에서 늘 아름다움과 기쁨을 느낍니다. 언제나 웃음을 잃지 않으며, 선생님께 꾸중을 들어도 마음 상하지 않아요.

'아, 나에게 이 말씀이 더 큰 보약이 되겠구나.' 하며 웃습니다. 친구의 작은 실수 정도는 그냥 눈 감으며 '괜찮아?' 하고 위로합니다.

스스로 생각할 때 여러분은 어느 쪽에 속하는 사람인가요? 설마 못난이 인형처럼 항상 찡그리는 사람은 아니겠지요?

16회

머리 풀어주는 퍼즐

도전 시간		걸린 시간	
00 분	15 초	분	초

창의사고력 기초 다지기 주의집중력 

❶~❹ 중에서 보기 와 같은 그림을 찾아보세요.

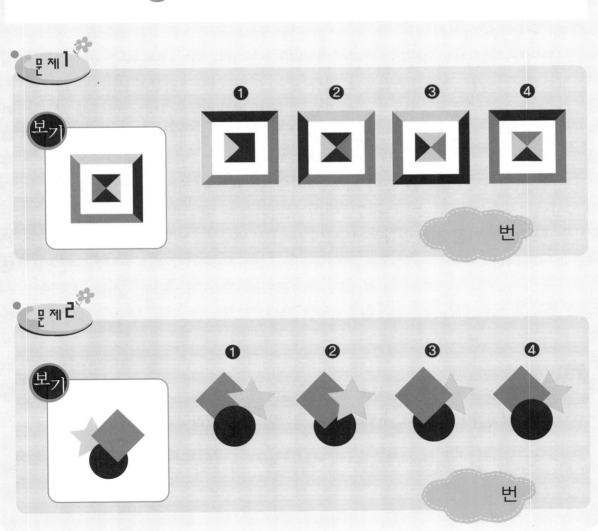

문제 1

보기

❶ ❷ ❸ ❹

번

문제 2

보기

❶ ❷ ❸ ❹

번

빠르고 정확하게 읽기

도전시간 4 분 20 초

걸린시간 분 초

오늘의 읽기 자료입니다. 잘 읽고 문제를 풀어 보세요.

조선 시대에는 김홍도, 신윤복, 윤선도, 황진이 등 유명한 예술가들이 많습니다. 특히 신사임당은 조선 시대를 대표하는 여성 화가이자 시인입니다. 또한 위대한 학자 이율곡의 어머니이기도 하지요. 그녀의 예술적 안목과 성품이 인정되어, 신사임당은 새롭게 발행되는 5만 원권 화폐의 인물로도 선정되었습니다. 신사임당에 대해 좀 더 자세히 알아봅시다.

신사임당은 1504년 강원도 북평에서 태어났습니다. 외가에서 자란 신사임당은 어려서부터 글씨와 그림에 소질을 보였습니다. 어린 신사임당은 곤충과 포도 그림을 많이 그렸고, 산수화를 그리기도 하였습니다. 19세가 되자 그녀는 한양에 사는 이원수와 결혼했습니다. 그리고 22세에 맏아들 선을 낳았습니다. 그 후 33세에 이율곡을 낳았습니다. 38세에는 예술 활동을 꾸준히 하면서, 〈친정을 바라보며〉, 〈어머니 그리워〉 등의 시를 짓기도 했습니다. 뛰어난 시인이자 화가였던 동시에, 7남매의 어머니로서 자식을 훌륭하게 키운 신사임당은 48세의 나이로 세상을 떠났습니다.

다음 낱말들 중에 위 글에 나온 낱말이 있으면 빈칸에 동그라미 하세요. 동그라미 한 낱말들이 위 글의 주제와 가장 관련이 높은 핵심어입니다.

문제 개수 8 개

맞은 개수 개

틀린 개수 개

신사임당	시인	양반	이율곡	아버지	장군	화가	세종대왕

♥ 다음 [보기]를 이용해서 ❷~❸번 문제를 풀어 보세요.

보기
① 48세 ② 이율곡 ③ 이원수
④ 맏아들 선 ⑤ 글씨와 그림 ⑥ 〈어머니 그리워〉

❷ 글의 짜임 그리기

문제 개수 3 개

맞은 개수 ( ) 개

틀린 개수 ( ) 개

다음은 위 글의 내용을 한눈에 볼 수 있도록 정리한 표입니다. 빈칸에 [보기]의 ①~⑥을 알맞게 넣어 표를 완성해 보세요.

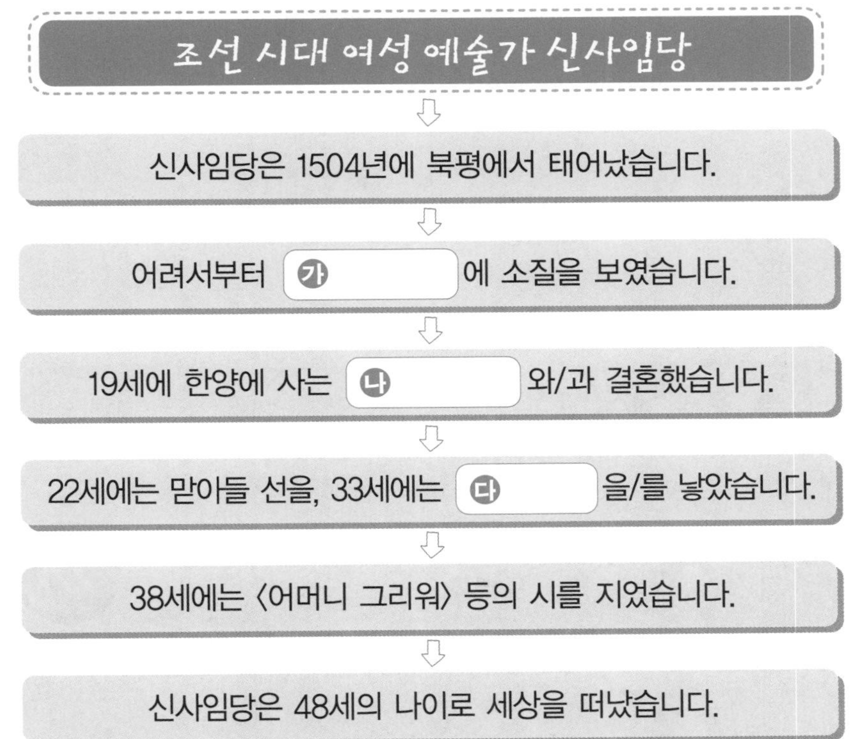

조선 시대 여성 예술가 신사임당
신사임당은 1504년에 북평에서 태어났습니다.
어려서부터 ㉮ 에 소질을 보였습니다.
19세에 한양에 사는 ㉯ 와/과 결혼했습니다.
22세에는 맏아들 선을, 33세에는 ㉰ 을/를 낳았습니다.
38세에는 〈어머니 그리워〉 등의 시를 지었습니다.
신사임당은 48세의 나이로 세상을 떠났습니다.

❸ 요약하기

문제 개수 3 개

맞은 개수 ( ) 개

틀린 개수 ( ) 개

다음은 위 글의 중심 내용을 요약한 것입니다. 빈칸에 [보기]의 ①~⑥을 알맞게 넣어 요약 글을 완성해 보세요.

조선 시대 대표적인 여성 화가이자 시인이었던 신사임당은 1504년 북평에서 태어났습니다. 어려서부터 글씨와 그림에 소질이 있던 그녀는 19세 때 이원수와 결혼했습니다. 22세에 ㉮ ( ) 을/를 낳았고, 33세에는 이율곡을 낳았습니다. 예술 활동도 계속하여 38세에는 ㉯ ( ) 등의 시를 짓기도 했습니다. 그녀는 ㉰ ( ) 의 나이로 세상을 떠났습니다.

문제 개수 4 개

맞은 개수 개

틀린 개수 개

다음은 위 글의 제목 후보입니다. 먼저, 위 글의 제목으로 가장 알맞은 것을 골라 빈칸에 ○를 하세요. 그런 다음, 주어진 조건에 맞게 ×, △, □를 표시하세요. (단, ○는 딱 한 개만 고르세요.)

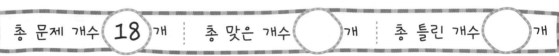

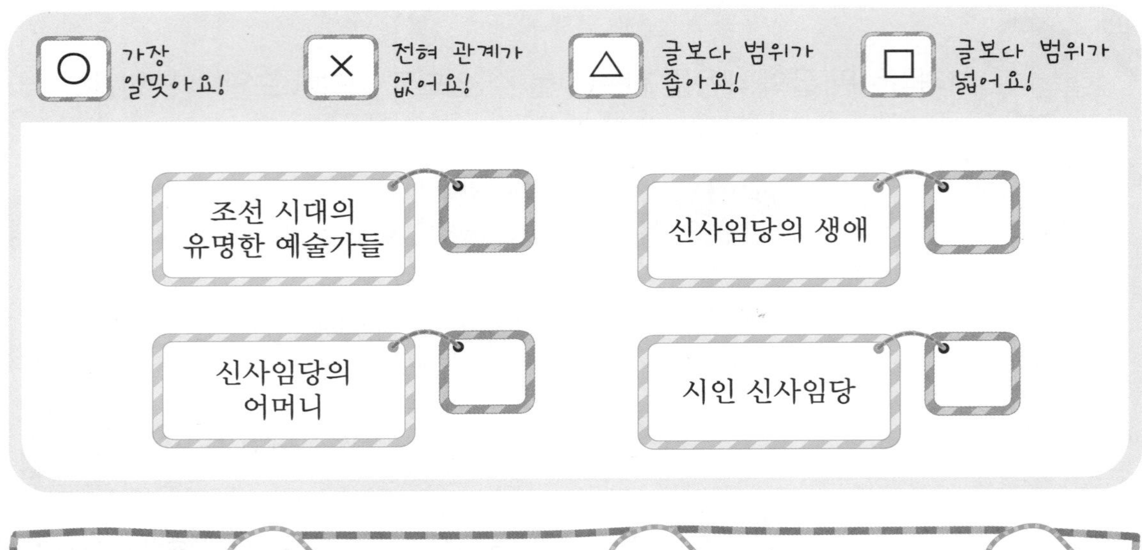

○ 가장 알맞아요!
× 전혀 관계가 없어요!
△ 글보다 범위가 좁아요!
□ 글보다 범위가 넓어요!
조선 시대의 유명한 예술가들
신사임당의 생애
신사임당의 어머니
시인 신사임당

총 문제 개수 18 개 | 총 맞은 개수 개 | 총 틀린 개수 개

글을 읽고 나서 오늘 공부를 신나게 시작하자고!
상식 쑥쑥 키우는 72
백성을 가르치는
바른 소리, 훈민정음

여러분도 잘 알다시피 우리글 한글을 만든 사람은 조선의 제4대 임금, 세종대왕입니다. 한글을 만들기 전에 우리 민족은 이웃나라 중국의 문자인 한자를 빌려다 썼어요. 우리말은 있었지만, 우리글은 없었던 것이죠.

세종대왕은 한글에 훈민정음(訓民正音), 즉 '백성을 가르치는 바른 소리'라 이름붙였습니다. 그것은 백성의 문자 생활을 더 편하게 하기 위한 마음의 표현이었지요. 실제로 훈민정음의 앞 글에는 이렇게 한글을 만든 목적이 잘 나타나 있답니다.

"우리나라의 말이 중국과 달라 한자와 서로 뜻이 통하지 못하므로, 어리석은 백성이 말하고자 하는 바가 있어도 자기 뜻을 능히 펴지 못하는 사람이 많다. 내가 이를 딱하게 생각하여 새로 스물여덟 글자를 만드니, 백성들이 쉽게 익혀 날마다 쓰기에 편하게 하고자 한다."

머리 풀어주는 퍼즐

도전 시간		걸린 시간	
00 분	20 초	분	초

창의사고력 기초 다지기 연상추리력 쑥~

☆이 있는 자리에 들어갈 퍼즐 조각을 찾아보세요.

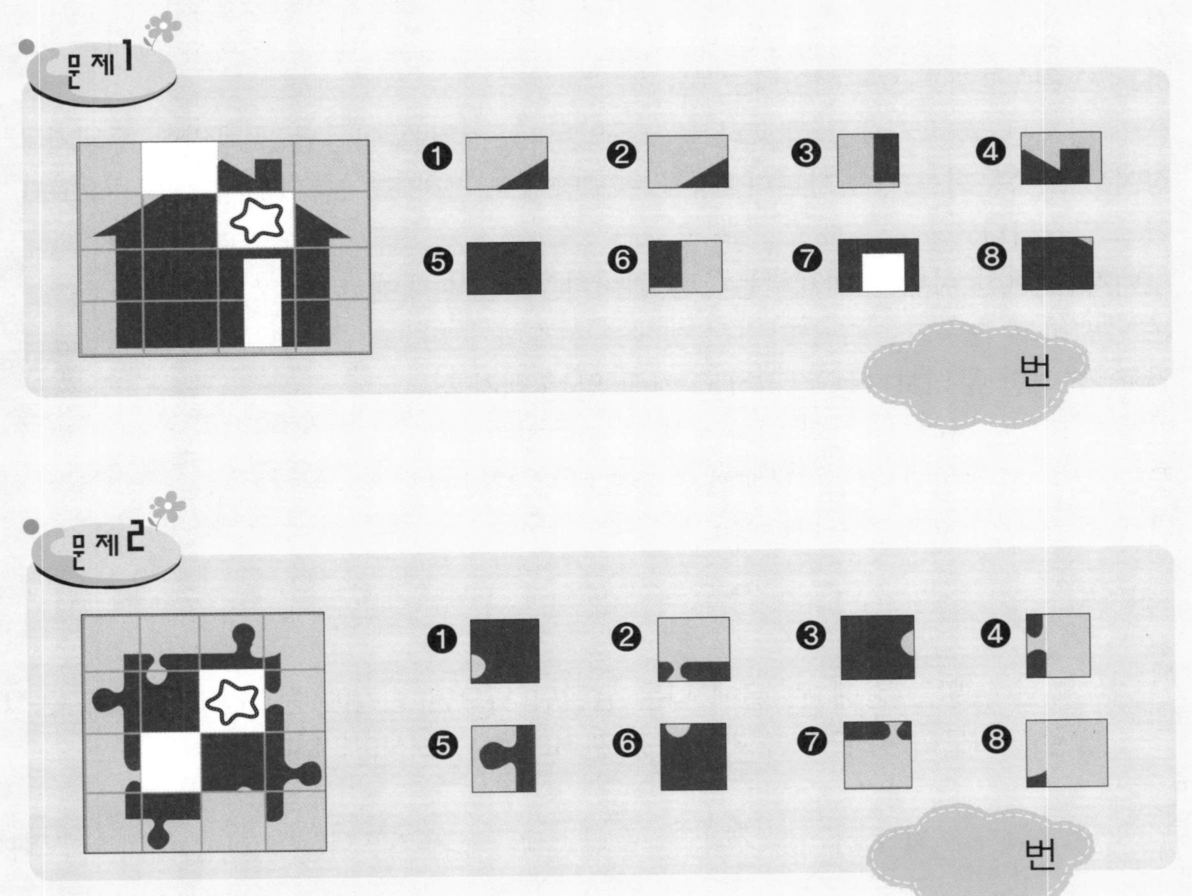

빠르고 정확하게 읽기

도전시간 4 분 50 초

걸린시간 분 초

● 오늘의 읽기 자료입니다. 잘 읽고 문제를 풀어 보세요.

도자기는 흙으로 빚은 뒤에 유약을 발라 구운 그릇을 말합니다. 우리나라의 도자기에는 토기, 옹기, 청자, 백자, 분청사기 등이 있습니다. 이 중에서 옹기, 청자, 백자에 대해 살펴보겠습니다.

옹기는 고구려 때부터 전해지는 우리 민족 고유의 그릇으로, 겉모습이 투박하기 때문에 모양이 아름답지는 않지만 생활 곳곳에서 다양하게 쓰였습니다. 옹기는 공기구멍이 많기 때문에 숨을 쉬는 그릇입니다. 그래서 옹기 안에 담긴 음식물은 오랫동안 상하지 않아서 안전하게 보관할 수 있답니다. 특히 간장, 된장, 고추장, 김치를 보관하는 그릇으로서는 으뜸이었다고 합니다.

또 청자는 고려 시대를 대표하는 그릇입니다. 청자는 아름답고 화려한 무늬가 특징이고 귀족문화를 상징합니다. 청자는 모양이 매끈하고 아름다워서 장식용으로 많이 쓰였습니다.

백자는 조선 시대를 대표하는 그릇입니다. 조선 시대에는 담백하고 순수함을 추구하면서 백색을 선호하게 되었고, 화려한 무늬보다는 간결하고 기품 있는 백자를 만들게 되었습니다. 조선의 백자는 맑고 수수하고 깨끗한 것이 특징이고 검소, 결백함을 중요하게 생각했던 우리 조상의 모습을 상징합니다.

❶ 핵심어 찾기

문제 개수 8 개

맞은 개수 개

틀린 개수 개

다음 낱말들 중에 위 글에 나온 낱말이 있으면 빈칸에 동그라미 하세요. 동그라미 한 낱말들이 위 글의 주제와 가장 관련이 높은 핵심어입니다.

옹기	토기	청자	플라스틱	도자기	나무그릇	유리	백자

♥ 다음 보기를 이용해서 ❷~❸번 문제를 풀어 보세요.

보기
① 화려한 무늬
② 자연친화적인 그릇
③ 우리나라의 도자기
④ 맑고 수수하고 깨끗함
⑤ 고려 시대를 대표하는 그릇
⑥ 조선 시대를 대표하는 그릇
⑦ 고구려 때부터 전해지는 우리 고유의 그릇

다음은 위 글의 내용을 한눈에 볼 수 있도록 정리한 표입니다. 빈칸에 보기의 ①~⑦을 알맞게 넣어 표를 완성해 보세요.

문제 개수 2 개
맞은 개수 개
틀린 개수 개

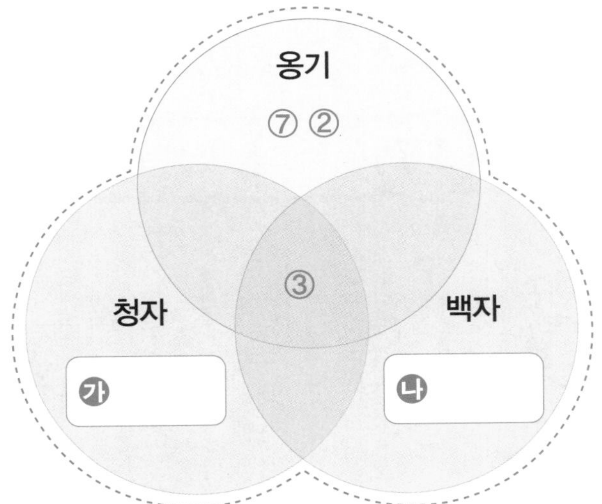

❸ 요약하기

다음은 위 글의 중심 내용을 요약한 것입니다. 빈칸에 보기의 ①~⑦을 알맞게 넣어 요약 글을 완성해 보세요.

문제 개수 3 개
맞은 개수 개
틀린 개수 개

(가 ______)에는 옹기, 청자, 백자 등이 있습니다. 옹기는 고구려 때부터 전해지는 우리 고유의 자연친화적인 그릇입니다. 청자는 고려 시대를 대표하는 그릇으로 (나 ______)이/가 특징입니다. 백자는 조선 시대를 대표하는 그릇으로 (다 ______)이/가 특징입니다.

문제 개수 4 개

맞은 개수 개

틀린 개수 개

다음은 위 글의 제목 후보입니다. 먼저, 위 글의 제목으로 가장 알맞은 것을 골라 빈칸에 ○를 하세요. 그런 다음, 주어진 조건에 맞게 ×, △, □를 표시하세요. (단, ○는 딱 한 개만 고르세요.)

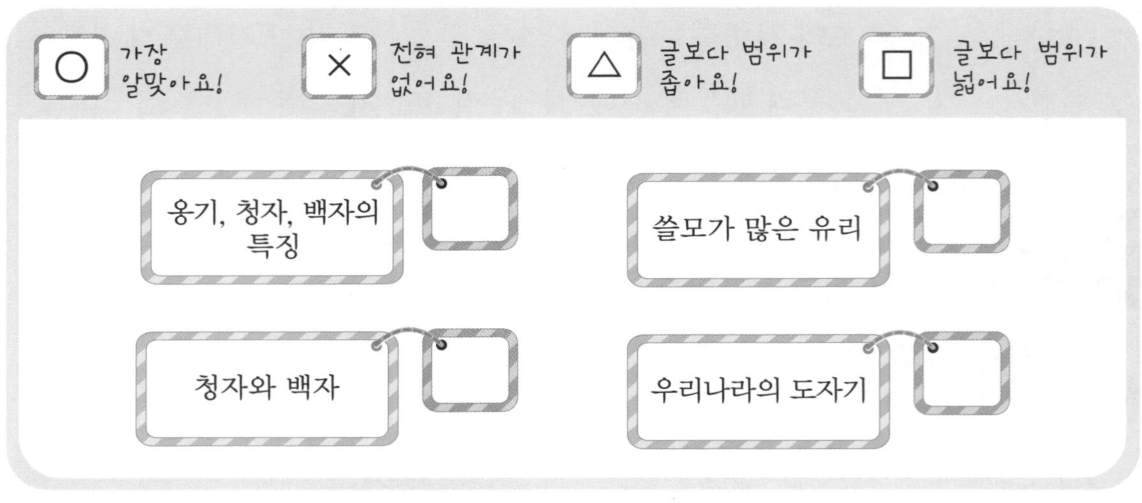

○ 가장 알맞아요!
× 전혀 관계가 없어요!
△ 글보다 범위가 좁아요!
□ 글보다 범위가 넓어요!
옹기, 청자, 백자의 특징
쓸모가 많은 유리
청자와 백자
우리나라의 도자기

총 문제 개수 17 개
총 맞은 개수 개
총 틀린 개수 개

글을 읽고 나서 오늘 공부를 신나게 시작하자고!
상식 쑥쑥 키우는 글
루즈벨트 대통령과 테디 베어 이야기

세계적으로 유명한 동물 캐릭터 중 하나로 '테디 베어'가 있습니다. 야구 모자를 쓰고 펑퍼짐한 티셔츠를 입고 있는 이 캐릭터가 새겨진 옷도 있고 인형도 있지요.

사실 테디 베어는 1900년대 당시 미국의 제26대 대통령인 테어도르 루즈벨트에서 그 유래가 시작되었어요. 탐험가이자 작가였고 러일전쟁의 종결을 이끌어 내어 노벨 평화상도 받은 그는 매우 인기 많은 대통령이었으며, 미국 국민들은 종종 애칭으로 '테디'라고 불렀습니다. 곰 사냥이 취미였던 그는 어느 날 사냥을 나갔다가 나무 위에 있는 새끼 곰을 보고 불쌍해서 백악관으로 데려온 일이 있었습니다. 이 일이 신문에 났는데 이를 본 한 사업가의 아이디어로 '테어도르 루즈벨트의 곰'이라는 의미의 인형인 테디 베어를 만들어서 팔기 시작했습니다. 그리고 그 인형이 루즈벨트 대통령의 인기 덕에 불티나게 팔려서 오늘날 세계적인 캐릭터가 된 거랍니다.

18
회
공부를 시작할 때도
준비운동이 필요하다고!
하나둘 하나둘

머리 풀어주는 

도전 시간		걸린 시간	
00 분	30 초	분	초

창의사고력 기초 다지기 판단 능력 

○, ◇, △에 '가~하'의 글자가 들어 있습니다. ◇에 있는 '가~하'를 순서대로 찾아서 동그라미 하세요.

빠르고 정확하게 읽기

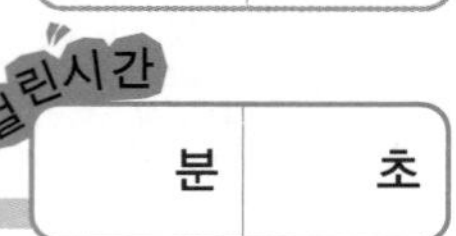

5 분	20 초

걸린시간

분	초

● 오늘의 읽기 자료입니다. 잘 읽고 문제를 풀어 보세요.

환경오염은 우리가 자연환경을 원래 상태보다 오염시키는 것을 말합니다. 환경오염이 일어나면, 공기가 나빠져 숨쉬기가 힘들고, 사람들이 병에 걸릴 수 있습니다. 또 동물들이 떼죽음 당하거나 멸종될 수도 있답니다. 그러면 환경오염을 줄이기 위해서는 어떻게 해야 할까요?

먼저 국가에서는 환경오염에 관한 법을 더 강하게 만들어야 합니다. 또 환경오염에 관한 법을 기업과 사람들이 잘 지키는지 감시하고 관리해야 합니다. 기업들은 오염을 정화하는 장치를 마련해야 합니다. 그래서 공장 등에서 만들어진 오염 물질이 강이나 바다에 그대로 흘러 나가지 않도록 해야 합니다. 자연은 혼자만의 것이 아니라 우리가 모두 함께 사용하는 것이기 때문입니다. 우리들 스스로는 자연을 소중히 여기는 마음을 가지고 자연 사랑을 실천해야 합니다. 환경오염을 줄이기 위한 방법으로 쓰레기를 함부로 버리기 않기, 재활용하기, 대중교통 이용하기 등이 있습니다. 이렇게 국가, 기업, 개인 모두가 자연 환경의 중요성을 깨닫고, 환경오염을 줄이기 위해 함께 노력한다면 우리는 소중한 자연을 지킬 수 있을 것입니다.

1 핵심어 찾기

다음 낱말들이 위 글에서 몇 번씩 나왔는지 개수를 세어 보세요. 많이 등장한 낱말일수록 글의 주제와 가장 관련이 깊은 핵심어입니다.

공장	기업	재활용	환경오염	바다	대중교통

문제 개수 6 개

맞은 개수 ( ) 개

틀린 개수 ( ) 개

♥ 다음 를 이용해서 ❷~❸번 문제를 풀어 보세요.

보기 ① 개인 ② 기업 ③ 국가
④ 오염을 정화하는 장치를 마련
⑤ 환경오염에 관해 더욱 강한 법을 제정
⑥ 환경오염에 관한 법을 사람들이 잘 지키는지 감시
⑦ 스스로 자연을 소중히 여기는 마음을 가지고 자연 사랑을 실천

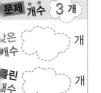

다음은 위 글의 내용을 한눈에 볼 수 있도록 정리한 표입니다. 빈칸에 보기의 ①~⑦을 알맞게 넣어 표를 완성해 보세요.

문제 개수 3 개
맞은 개수 개
틀린 개수 개

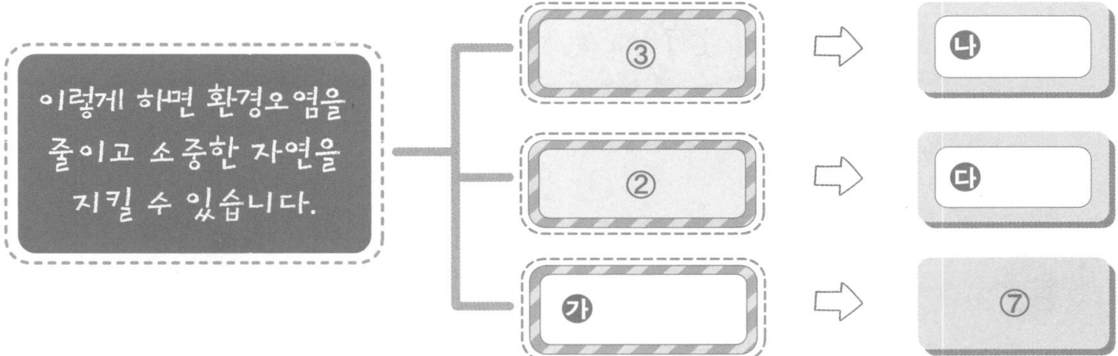

다음은 위 글의 중심 내용을 요약한 것입니다. 빈칸에 보기의 ①~⑦을 알맞게 넣어 요약 글을 완성해 보세요.

문제 개수 4 개
맞은 개수 개
틀린 개수 개

환경오염을 줄이기 위해서는 국가, 기업, 개인 모두가 함께 노력해야 합니다. 국가는 ㉮ ______ 하고, ㉯ ______ 해야 합니다. 기업은 ㉰ ______ 을/를 해야 하며, 우리들은 각자 ㉱ ______ 해야 합니다.

문제 개수 4 개

맞은 개수 (　　) 개

틀린 개수 (　　) 개

다음은 위 글의 제목 후보입니다. 먼저, 위 글의 제목으로 가장 알맞은 것을 골라 빈칸에 ○를 하세요. 그런 다음, 주어진 조건에 맞게 ×, △, □를 표시하세요. (단, ○는 딱 한 개만 고르세요.)

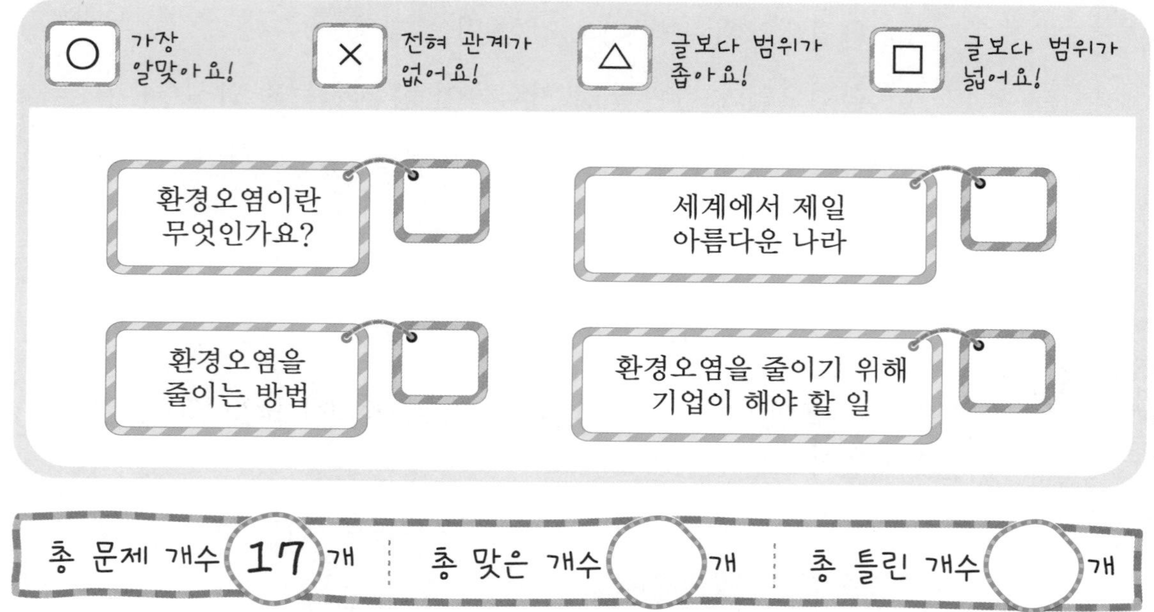

○ 가장 알맞아요!
× 전혀 관계가 없어요!
△ 글보다 범위가 좁아요!
□ 글보다 범위가 넓어요!
환경오염이란 무엇인가요?
세계에서 제일 아름다운 나라
환경오염을 줄이는 방법
환경오염을 줄이기 위해 기업이 해야 할 일

총 문제 개수 (17) 개 | 총 맞은 개수 (　　) 개 | 총 틀린 개수 (　　) 개

글을 읽고 나서 오늘 공부를 신나게 시작하자고!
생각하고 되새기는
사과 하나로
뒤바뀐 역사

사과는 역사 이야기 속에 자주 등장하는 과일이에요. 무려 10년 동안 계속됐던 트로이 전쟁은 불화의 여신 에리스가 던진 황금 사과 한 알 때문에 일어났어요. 그리고 성경에 나오는 아담과 이브는 하느님이 먹지 말라고 한 사과를 먹어서 에덴동산에서 쫓겨났고요. 과학자 뉴턴은 어느 날 땅에 떨어진 사과를 보며, '왜 사과는 하늘로 올라가지 않고 땅으로 떨어질까?'를 고민하다가 '만유인력의 법칙'을 발견했지요.

여러분은 사과를 먹으며 어떤 생각을 하나요? 아주 사소한 것으로도 세계의 역사를 바꿀 수 있다는 것을 기억하세요.

공부를 시작할 때도
준비운동이 필요하다고!
하나둘 하나둘

19회 머리 풀어주는 퍼즐

도전 시간		걸린 시간	
00 분	20 초	분	초

창의사고력 기초 다지기 정보처리능력 쑥~

다음 중 가장 큰 수를 찾아 동그라미 하세요.

40 9 십구

십칠 7−6 10÷2

2+4+1 75 2 9−4

25 8+7

삼십육 4×2

3×4

빠르고 정확하게 읽기

도전시간 5 분 00 초

걸린시간 분 초

오늘의 읽기 자료입니다. 잘 읽고 문제를 풀어 보세요.

전 세계적으로 유행하고 있는 캠페인 중 하나가 바로 프리 허그(Free Hugs) 운동입니다. "지친 마음을 안아 드립니다."라는 표어처럼, 프리 허그 운동은 주변 사람들을 따뜻하게 안아 주는 운동을 말합니다. 프리 허그를 경험한 사람들은 모두들 "기분이 참 좋았다."라고 말합니다. 왜 그럴까요?

프리 허그가 좋은 느낌을 주는 것은 '옥시토신' 이라는 호르몬 때문이라고 합니다. 피부를 통해 느껴지는 감각은 뇌에 빠르게 전달됩니다. 누군가 나를 안아 주면, 피부의 느낌이 뇌에 전달되어 옥시토신이라는 호르몬이 나오게 됩니다. 이 호르몬은 사람 사이의 친밀감을 느끼게 하고, 좋은 기분까지 느끼게 해 줍니다. 이 때문에 프리 허그를 경험하면 기분이 좋았다고 말하는 것입니다.

❶ 핵심어 찾기

다음 낱말들이 위 글에서 몇 번씩 나왔는지 개수를 세어 보세요. 많이 등장한 낱말일수록 글의 주제와 가장 관련이 깊은 핵심어입니다.

기분	프리 허그	옥시토신

문제 개수 3 개

맞은 개수 개

틀린 개수 개

♥ 다음 보기를 이용해서 ❷~❸번 문제를 풀어 보세요.

보기

① 뇌 ② 호르몬 ③ 옥시토신
④ 친밀감 ⑤ 프리 허그(Free Hugs) ⑥ 기분이 좋았다.
⑦ 기분이 나빴다.

다음은 위 글의 내용을 한눈에 볼 수 있도록 정리한 표입니다. 빈칸에 보기의 ①~⑦을 알맞게 넣어 표를 완성해 보세요.

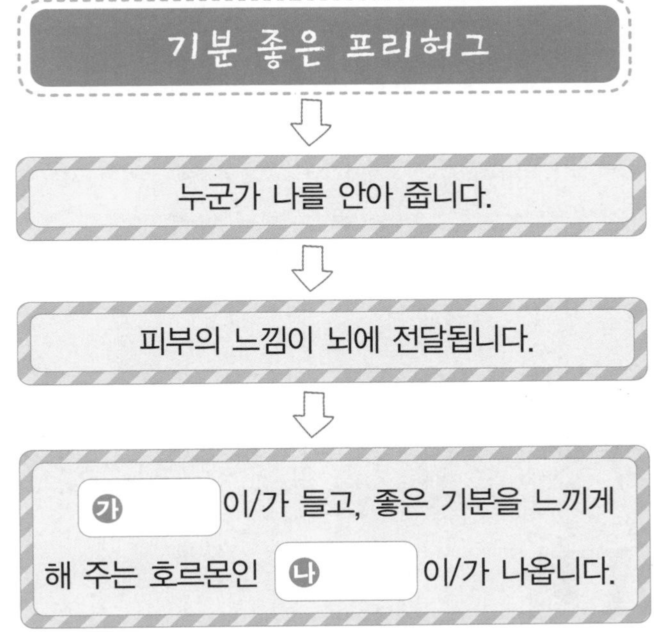

기분 좋은 프리허그
누군가 나를 안아 줍니다.
피부의 느낌이 뇌에 전달됩니다.
㉮ 이/가 듣고, 좋은 기분을 느끼게
해 주는 호르몬인 ㉯ 이/가 나옵니다.

다음은 위 글의 중심 내용을 요약한 것입니다. 빈칸에 보기의 ①~⑦을 알맞게 넣어 요약 글을 완성해 보세요.

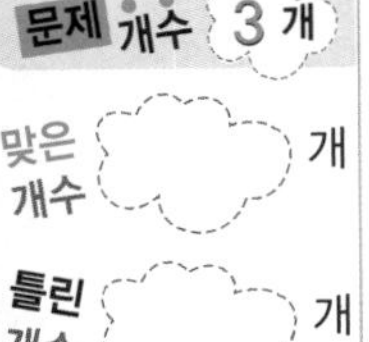

누군가 나를 안아 주면, 피부의 느낌이 ㉮ ______ 에 전달되어 옥시토신이라는 ㉯ ______ 이/가 나옵니다. 옥시토신은 사람 사이의 친밀감과 좋은 기분을 느끼게 해 줍니다. 이 때문에 프리 허그(Free Hugs)를 경험한 사람들이 ㉰ ______ (이)라고 말하는 것입니다.

문제 개수 4개

맞은 개수 ( ) 개

틀린 개수 ( ) 개

다음은 위 글의 제목 후보입니다. 먼저, 위 글의 제목으로 가장 알맞은 것을 골라 빈칸에 ○를 하세요. 그런 다음, 주어진 조건에 맞게 ×, △, □를 표시하세요. (단, ○는 딱 한 개만 고르세요.)

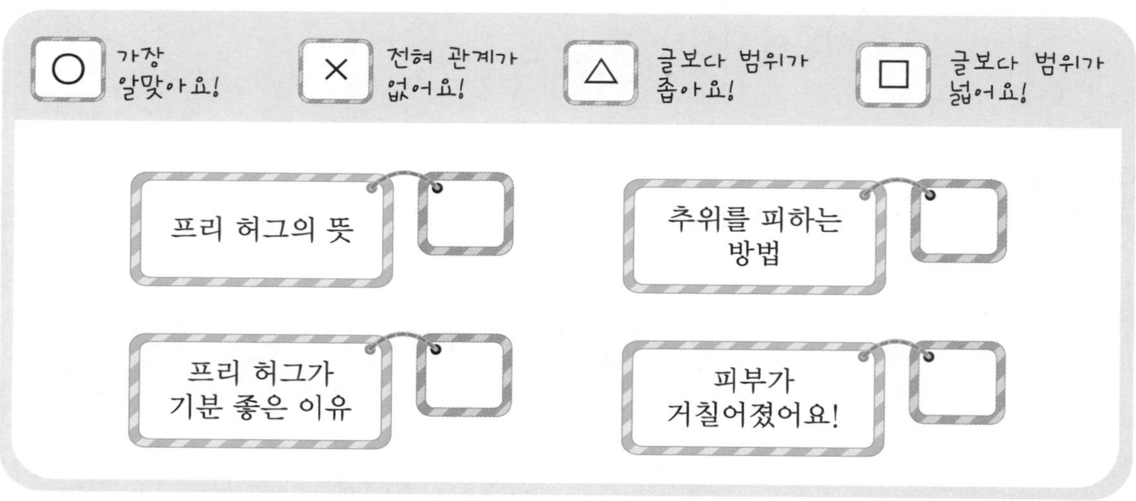

○ 가장 알맞아요!
× 전혀 관계가 없어요!
△ 글보다 범위가 좁아요!
□ 글보다 범위가 넓어요!
프리 허그의 뜻
추위를 피하는 방법
프리 허그가 기분 좋은 이유
피부가 거칠어졌어요!

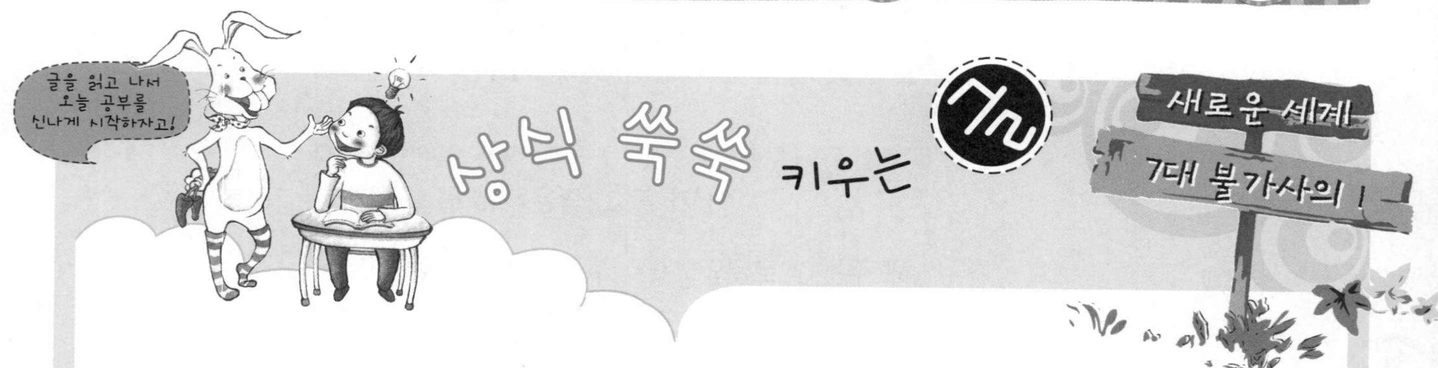

지난 2007년 7월 7일, 일명 7, 7, 7데이에 새로운 세계 7대 불가사의가 발표되었습니다. 스위스의 영화제작자 베른하스트 베버는 무려 7년 동안 전 세계에 걸쳐 수집한 문화유산을 바탕으로 21개의 후보 가운데 7개를 골랐습니다. 인터넷과 전화 투표를 통해 전 세계인의 참여로 이루어진 이번 발표에 어떤 문화유산이 선정되었는지 궁금하지요? 그곳이 어떤 곳인지는 다음번에 설명해 줄게요.

❶ 중국의 만리장성
❷ 요르단의 페트라
❸ 브라질의 예수 석상
❹ 페루의 마추픽추
❺ 멕시코의 치첸이트사
❻ 로마의 콜로세움
❼ 인도의 타지마할

도전 시간		걸린 시간	
00 분	30 초	분	초

창의사고력 기초 다지기 계산능력 쑥~

사다리를 타고 내려가면서, 같은 모양끼리 계산이 이루어지도록 빈칸을 채워 보세요.

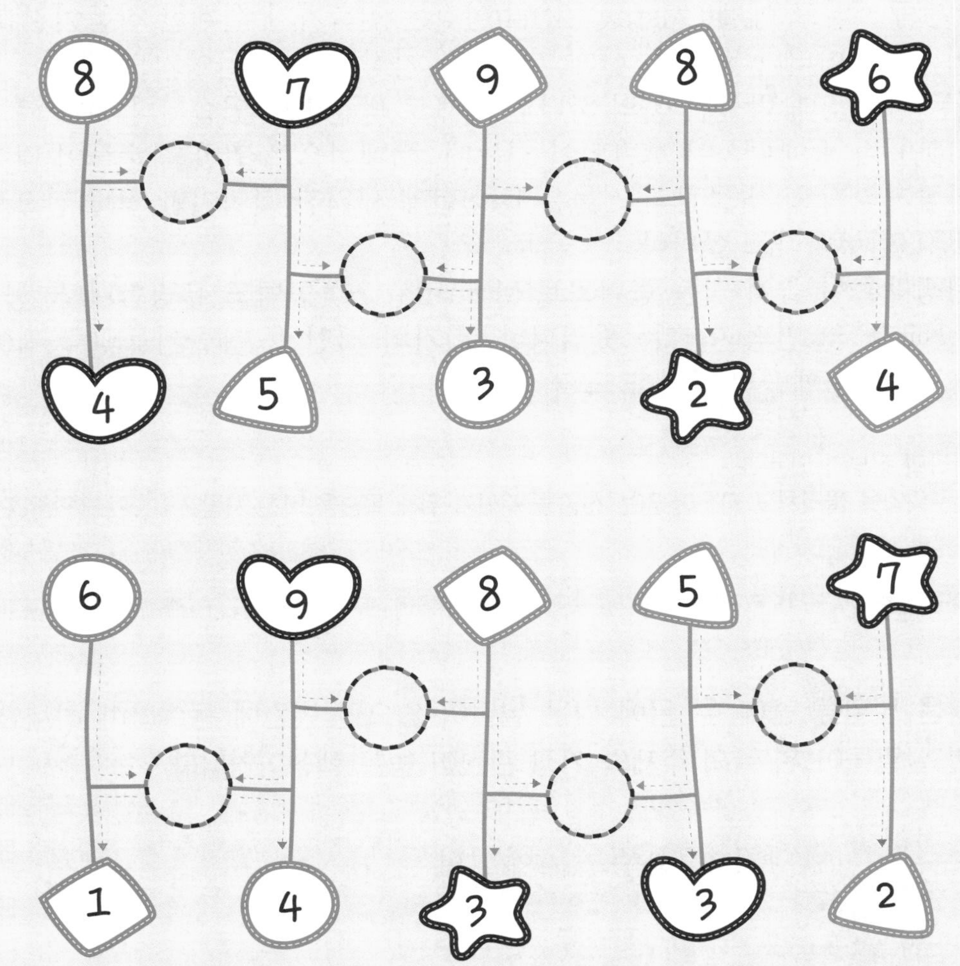

빠르고 정확하게 읽기

도전시간	
5 분	20 초

걸린시간	
분	초

오늘의 읽기 자료입니다. 잘 읽고 문제를 풀어 보세요.

한국 사람들이 가장 가 보고 싶어하는 도시로 프랑스의 '파리', 호주의 '시드니', 일본의 '도쿄', 미국의 '뉴욕' 등이 뽑혔습니다. 그중 1등은 프랑스의 수도* 파리(Paris)! 파리에는 구경할 만한 박물관과 관광지가 정말 많습니다. 파리의 가장 대표적인 구경거리 세 가지만 소개할게요.

'파리' 하면 에펠탑이 먼저 떠오를 거예요. 에펠탑은 파리를 상징하는 건축물입니다. 1889년 구스타프 에펠(Gustav Eiffel)이라는 건축가가 설계한 작품이지요. 에펠탑의 높이는 250미터나 됩니다. 한때 파리에서 가장 높은 건물이기도 했어요.

파리에는 세계 3대 박물관 중의 하나인 루브르 박물관도 있습니다. 루브르 박물관에는 약 40만 점의 예술품이 보관되어 있는데, 세계적으로 귀한 작품들이 많아서 프랑스의 자랑거리지요. 박물관의 건물은 1190년에 세워진 것이지만, 박물관으로 사용된 것은 1793년부터라고 합니다.

많은 관광객들이 즐겨 찾는 몽마르트(Montmartre) 언덕도 유명합니다. 몽마르트 언덕은 '순교자*의 언덕'이라는 뜻입니다. 화가와 시인 등 예술가들의 흔적이 남아 있는 곳으로, 파리 예술의 낭만을 느낄 수 있습니다.

수도 : 한 나라의 정부가 있는 도시
순교자 : 모든 억압을 물리치고 자신이 믿는 신앙을 지키기 위해 목숨을 바친 사람

1 핵심어 찾기

다음 낱말들 중에 위 글에 나온 낱말이 있으면 빈칸에 동그라미 하세요. 동그라미 한 낱말들이 위 글의 주제와 가장 관련이 높은 핵심어입니다.

문제 개수 8 개
맞은 개수 ( ) 개
틀린 개수 ( ) 개

전쟁 기념관	영국	제주도	에펠탑	루브르 박물관	몽마르트 언덕	파리 (Paris)	다보탑

♥ 다음 보기를 이용해서 ❷~❸번 문제를 풀어 보세요.

보기

① 에펠탑	② 예술가	③ 베르사유 궁전
④ 루브르 박물관	⑤ 세계 3대 박물관	⑥ 순교자의 언덕

문제 개수 4 개

맞은 개수 개

틀린 개수 개

다음은 위 글의 내용을 한눈에 볼 수 있도록 정리한 표입니다. 빈칸에 보기의 ①~⑥을 알맞게 넣어 표를 완성해 보세요.

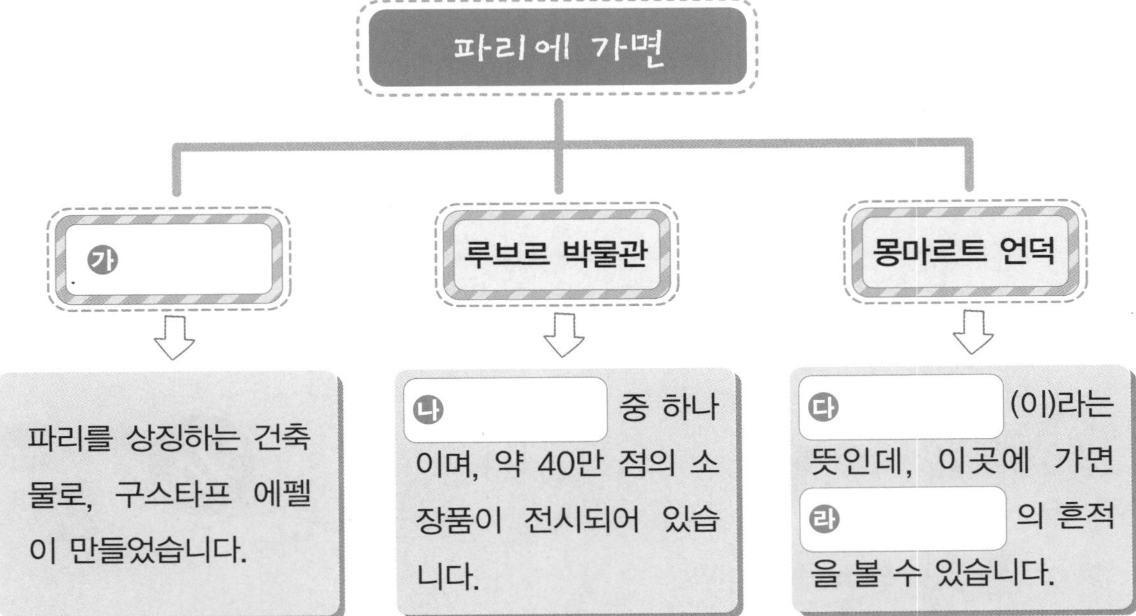

파리에 가면
㉮
루브르 박물관
몽마르트 언덕
파리를 상징하는 건축물로, 구스타프 에펠이 만들었습니다.
㉯ 중 하나이며, 약 40만 점의 소장품이 전시되어 있습니다.
㉰ (이)라는 뜻인데, 이곳에 가면 ㉱ 의 흔적을 볼 수 있습니다.

다음은 위 글의 중심 내용을 요약한 것입니다. 빈칸에 보기의 ①~⑥을 알맞게 넣어 요약 글을 완성해 보세요.

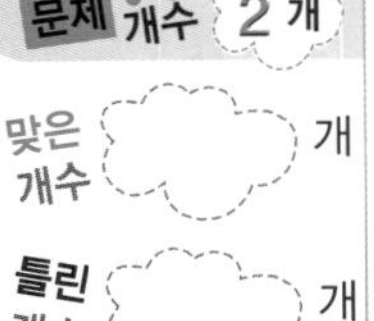

문제 개수 2 개

맞은 개수 개

틀린 개수 개

전 세계인이 사랑하는 도시 파리(Paris)에는 구경거리가 많습니다. 특히 파리의 상징물인 ㉮ ______, 세계 3대 박물관 중 하나라는 ㉯ ______ 이/가 유명합니다. 또한 파리 예술의 낭만을 느낄 수 있는 몽마르트 언덕도 아주 유명하지요.

문제 개수 4 개

맞은 개수 개

틀린 개수 개

다음은 위 글의 제목 후보입니다. 먼저, 위 글의 제목으로 가장 알맞은 것을 골라 빈칸에 ○를 하세요. 그런 다음, 주어진 조건에 맞게 ×, △, □를 표시하세요. (단, ○는 딱 한 개만 고르세요.)

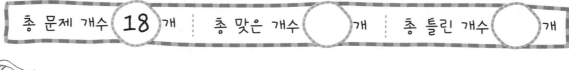

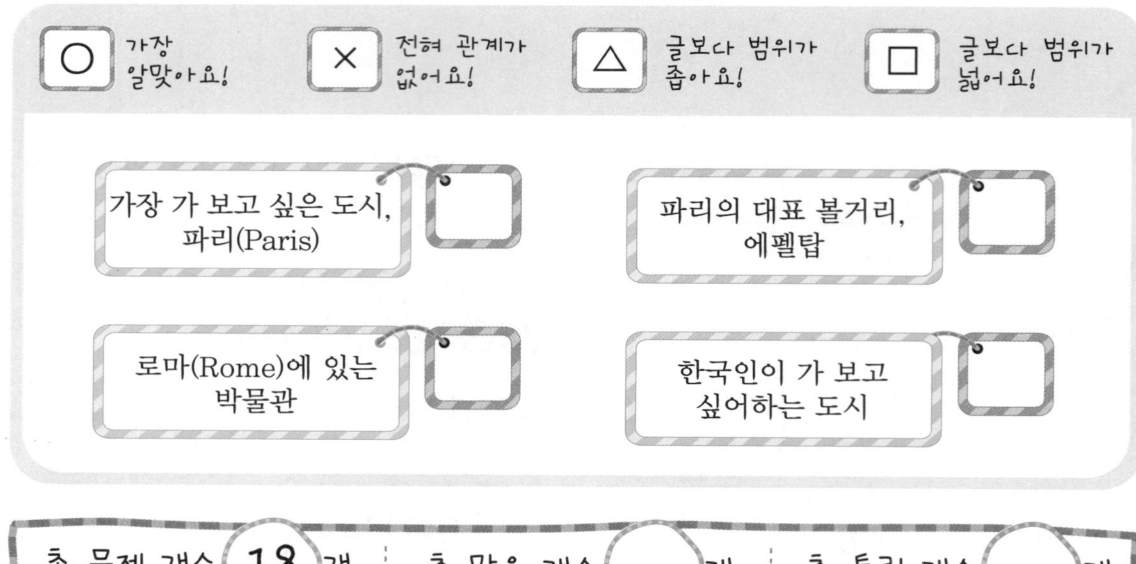

○ 가장 알맞아요!
× 전혀 관계가 없어요!
△ 글보다 범위가 좁아요!
□ 글보다 범위가 넓어요!
가장 가 보고 싶은 도시, 파리(Paris)
파리의 대표 볼거리, 에펠탑
로마(Rome)에 있는 박물관
한국인이 가 보고 싶어하는 도시

총 문제 개수 18 개 | 총 맞은 개수 개 | 총 틀린 개수 개

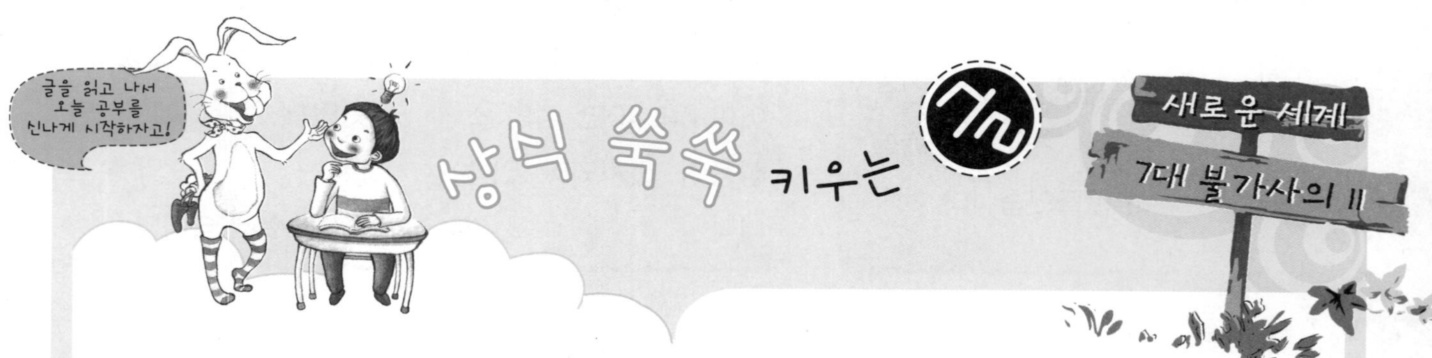

글을 읽고 나서 오늘 공부를 신나게 시작하자고!
상식 쑥쑥 키우는
새로운 세계 7대 불가사의 II

❶ **중국의 만리장성** : 200년에 걸쳐 지어진 5000킬로미터의 길고 긴 성벽

❷ **요르단의 페트라** : 온수까지 갖춘 사막 도시로 영화 〈인디애나 존스〉에도 등장

❸ **브라질의 예수 석상** : 브라질 독립 100주년을 기념해 만들어진 38미터의 거대한 구조물

❹ **페루의 마추픽추** : 15세기 잉카 왕국에 의해 건설된 공중 도시

❺ **멕시코의 치첸이트사** : 유카탄 반도에 있는 마야인 최고의 유적지

❻ **로마의 콜로세움** : 맹수들의 싸움이 벌어지던 고대 로마의 원형경기장

❼ **인도의 타지마할** : 무굴 제국의 황제 샤자한이 자신의 15번째 아이를 낳다가 죽은 왕비를 그리워하며 지은, 세상에서 가장 아름다운 궁전

공부를 시작할 때도
준비운동이 필요하다고!
하나둘 하나둘

21회 머리 풀어주는 퍼즐

도전 시간		걸린 시간	
00 분	20 초	분	초

창의사고력 기초 다지기 주의집중력 

왼쪽과 오른쪽 그림들을 비교해 보고, 같은 그림이면 ○표, 다른 그림이면 ×표를 하세요.

같을까? 다를까?

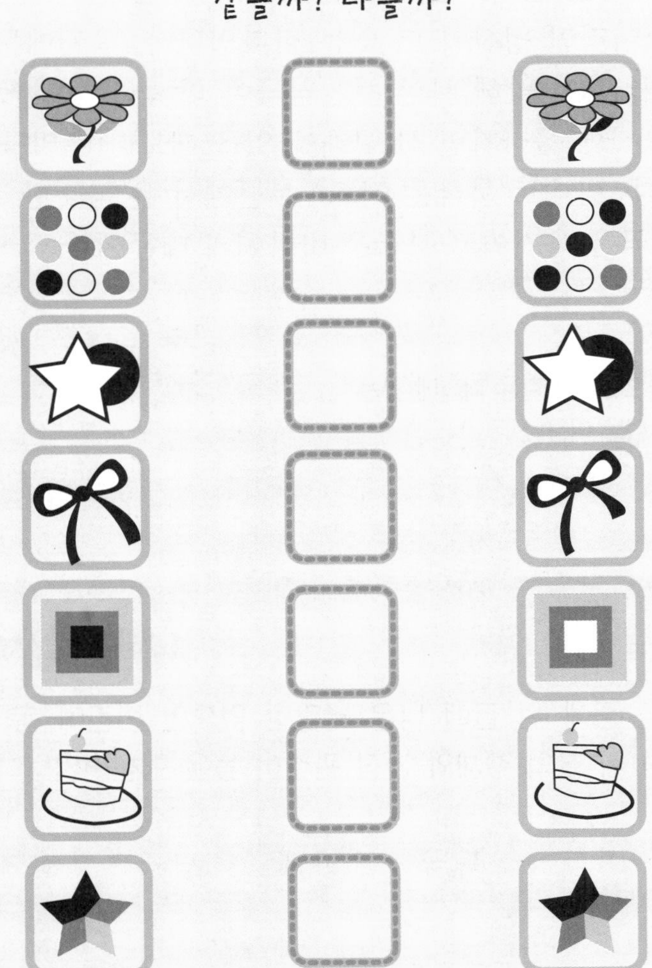

빠르고 정확하게 읽기

도전시간 5 분 10 초

걸린시간 분 초

● 오늘의 읽기 자료입니다. 잘 읽고 문제를 풀어 보세요.

지구의 끝과 끝에 있는 남극과 북극은 둘 다 얼음 나라라는 공통점을 가지고 있습니다. 겉으로 보이는 두 곳의 모습은 상당히 비슷하지만, 북극의 겨울은 영하 67℃ 정도인 데 비해 남극의 겨울은 영하 89℃나 됩니다. 북극보다 남극이 훨씬 추운 것이지요. 왜 이렇게 기온 차이가 크게 나는 걸까요?

남극대륙, 북극해라는 단어처럼, 남극은 얼음으로 덮인 육지입니다. 반대로 북극은 거대한 얼음 덩어리인 빙산이 떠 있는 바다입니다. 육지에는 산이 있어 높이가 바다보다 높습니다. 다시 말해 북극보다 남극이 더 높고, 그만큼 남극이 북극보다 더 추운 것입니다. 산에 올라가면 산 아래에 있을 때보다 추위를 더 느끼게 되는 것과 같은 경우입니다. 반대로 북극은 적도* 부근에서 온 따뜻한 공기와 바닷물의 영향을 받습니다. 남극은 육지이고 북극은 바다이기 때문에 남극이 북극보다 더 추운 것입니다.

적도 : 지구의 남북 양극으로부터 같은 거리에 있는 지구 표면에서의 점을 이은 선

다음 낱말들 중에 위 글에 나온 낱말이 있으면 빈칸에 동그라미 하세요. 동그라미 한 낱말들이 위 글의 주제와 가장 관련이 높은 핵심어입니다.

얼음나라	여름	북극	고래	남극	육지	펭귄	바다

문제 개수 8 개
맞은 개수 개
틀린 개수 개

♥ 다음 보기를 이용해서 ❷~❸번 문제를 풀어 보세요.

보기		
① 바다	② 남극	③ 북극
④ 육지	⑤ 지구	⑥ 따뜻한 공기와 바닷물

다음은 위 글의 내용을 한눈에 볼 수 있도록 정리한 표입니다. 빈칸에 보기의 ①~⑥을 알맞게 넣어 표를 완성해 보세요.

문제 개수 3 개

맞은 개수 개

틀린 개수 개

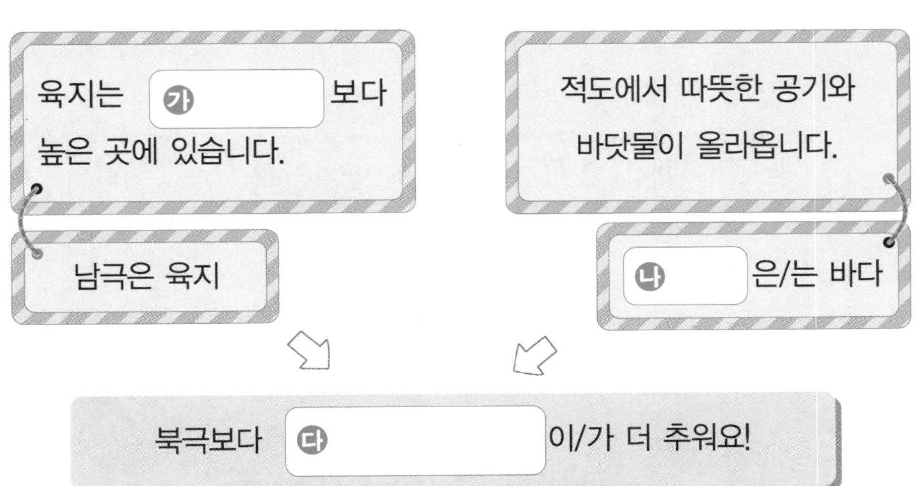

지구 끝과 끝의 얼음나라, 남극과 북극
육지는 ㉮ 보다 높은 곳에 있습니다.
남극은 육지
적도에서 따뜻한 공기와 바닷물이 올라옵니다.
㉯ 은/는 바다
북극보다 ㉰ 이/가 더 추워요!

다음은 위 글의 중심 내용을 요약한 것입니다. 빈칸에 보기의 ①~⑥을 알맞게 넣어 요약 글을 완성해 보세요.

문제 개수 2 개

맞은 개수 개

틀린 개수 개

지구의 끝과 끝에 자리한 얼음 나라, 남극과 북극은 모두 추운 곳이지만, 남극이 북극보다 훨씬 춥습니다. 남극은 산이 있는 ㉮ (이)므로 바다보다 위치가 높고, 북극은 적도의 ㉯ 이/가 바다로 흘러들어오기 때문입니다.

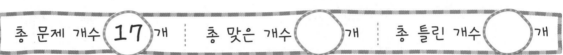

문제 개수 4 개

맞은 개수 개

틀린 개수 개

다음은 위 글의 제목 후보입니다. 먼저, 위 글의 제목으로 가장 알맞은 것을 골라 빈칸에 ○를 하세요. 그런 다음, 주어진 조건에 맞게 ×, △, □를 표시하세요. (단, ○는 딱 한 개만 고르세요.)

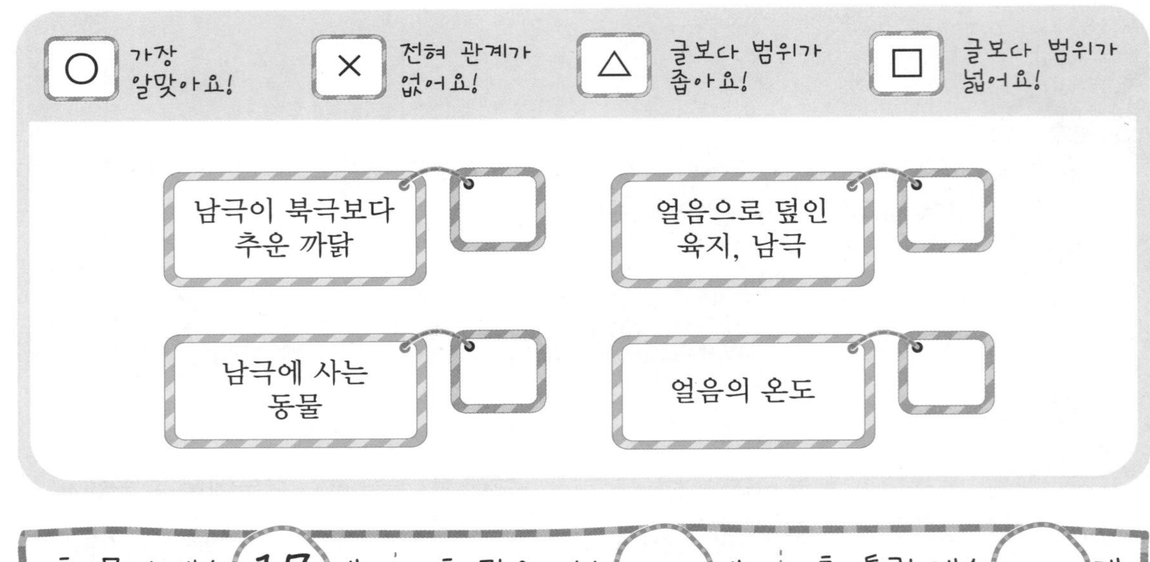

○ 가장 알맞아요!
× 전혀 관계가 없어요!
△ 글보다 범위가 좁아요!
□ 글보다 범위가 넓어요!
남극이 북극보다 추운 까닭
얼음으로 덮인 육지, 남극
남극에 사는 동물
얼음의 온도

총 문제 개수 17 개 | 총 맞은 개수 개 | 총 틀린 개수 개

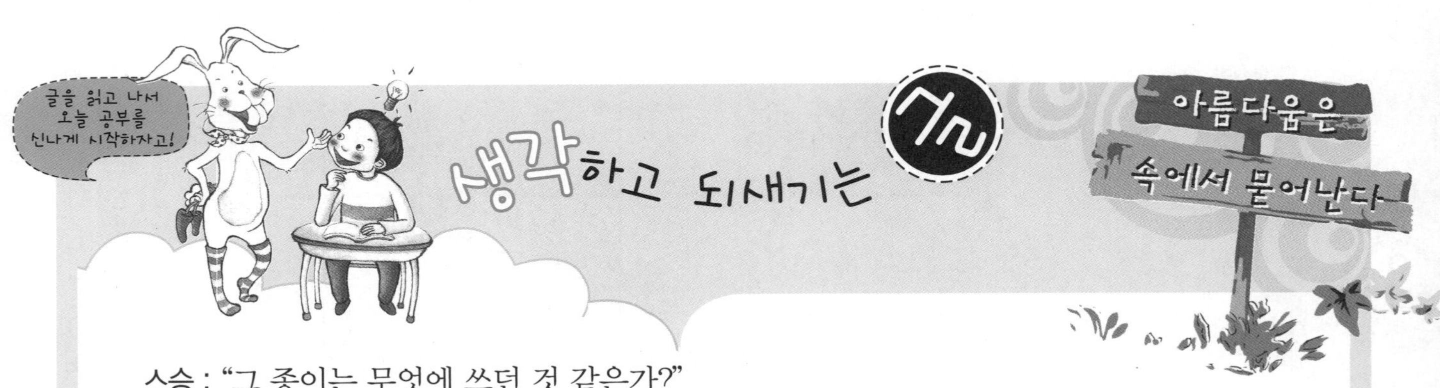

글을 읽고 나서 오늘 공부를 신나게 시작하자고!
생각하고 되새기는
아름다움은
속에서 묻어난다

스승 : "그 종이는 무엇에 쓰던 것 같은가?"

제자 : "종이에서 향 냄새가 나는 것을 보니 향을 쌌던 종이 같습니다."

스승 : "그 새끼줄은 어디에 쓰던 것 같으냐?"

제자 : "비린내가 나는 것으로 보아 생선을 묶었던 끈인가 봅니다."

스승 : "사람의 마음도 이와 같으니라. 향을 싼 종이에서 향기가 나고, 생선을 묶었던 줄에서는 비린내가 나듯, 어질고 착한 사람을 가까이 하면 그 사람도 선해지고, 어리석은 이를 곁에 두면 점점 닮아가게 된다. 그러나 점점 물들어 가면서도 정작 본인만 그것을 깨닫지 못하는 것이다."

22
회
공부를 시작할 때도
준비운동이 필요하다고!
하나둘 하나둘

머리 풀어주는

퍼즐

도전 시간		걸린 시간	
00 분	35 초	분	초

창의사고력 기초 다지기 연상추리력 

❶~❸ 중 어느 것을 접으면 보기의 주사위가 완성될지 찾아보세요.

문제 1

보기

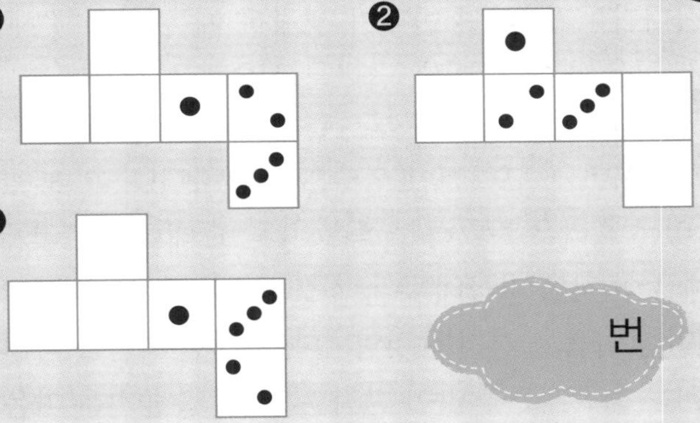

❶

❷

❸

번

문제 2

보기

2 3

❶

2

1 3 4

❷

4

3 2

1

❸

2

1 3

4

번

빠르고 정확하게 읽기

도전시간 5 분 20 초

걸린시간 분 초

● 오늘의 읽기 자료입니다. 잘 읽고 문제를 풀어 보세요.

우리가 화장실에서 똥을 누는 것을 배변이라고 합니다. 매일매일 화장실에서 시원하게 배변을 하는 것은 매우 중요한 일입니다. 배변을 규칙적으로 잘 하는 것은 우리 몸이 건강하다는 증거이기 때문입니다. 그런데 건강에 이상이 생기면 똥이 딱딱하게 굳어져서 배변이 매우 어렵거나, 똥의 양이 적어지고 자주 배변을 하지 못하게 되는 일이 생깁니다. 이렇게 똥이 너무 굳어져서 배변이 어렵거나 오랫동안 배변을 못하게 되는 것을 변비라고 합니다.

변비가 생기면 몸 안에 있는 독소들이 몸 밖으로 잘 나가지 못합니다. 그래서 몸 안에 독소가 쌓이게 됩니다. 몸 안에 독소가 쌓이게 되면 몸이 아프거나 피부가 안 좋아지고 기분도 불쾌해집니다. 그렇다면 변비가 생겼을 때는 어떻게 해야 할까요?

변비가 있을 때는 첫 번째, 올바른 식습관을 가져야 합니다. 하루 세 번 밥을 꼬박꼬박 챙겨 먹고 물을 많이 마십니다. 똥을 부드럽게 해 주는 음식인 시금치나 미역, 배추 등을 먹는 것도 도움이 됩니다. 두 번째, 규칙적인 운동을 해야 합니다. 온 몸을 움직일 수 있는 걷기 운동이나 배를 움직일 수 있는 훌라우프를 하면 좋습니다. 또 배를 부드럽게 마사지해 주어 장을 자극해 주는 것도 좋은 방법입니다. 세 번째, 편안한 마음을 가지는 것입니다. 편안한 마음을 가지기 위해서는 스트레스를 많이 받지 않고, 밝고 즐거운 마음으로 생활하려고 노력해야 합니다. "건강한 몸에 건강한 정신이 깃든다."라는 말처럼 즐겁고 밝은 마음을 가지고 생활해야 우리 몸도 건강해질 수 있기 때문입니다.

❶ 핵심어 찾기

다음 낱말들이 위 글에서 몇 번씩 나왔는지 개수를 세어 보세요. 많이 등장한 낱말일수록 글의 주제와 가장 관련이 깊은 핵심어입니다.

문제 개수 6 개

맞은 개수 개

틀린 개수 개

시금치	화장실	독소	변비	운동	배추

♥ 다음 보기를 이용해서 ❷~❸번 문제를 풀어 보세요.

보기
① 밝고 즐거운 마음을 가지려고 노력합니다.
② 물을 많이 마십니다.
③ 규칙적인 운동을 합니다.
④ 편안한 마음을 가집니다.
⑤ 하루 세 번 밥을 꼬박꼬박 챙겨 먹습니다.
⑥ 걷기 운동을 합니다.
⑦ 올바른 식습관을 가집니다.

다음은 위 글의 내용을 한눈에 볼 수 있도록 정리한 표입니다. 빈칸에 보기의 ①~⑦을 알맞게 넣어 표를 완성해 보세요.

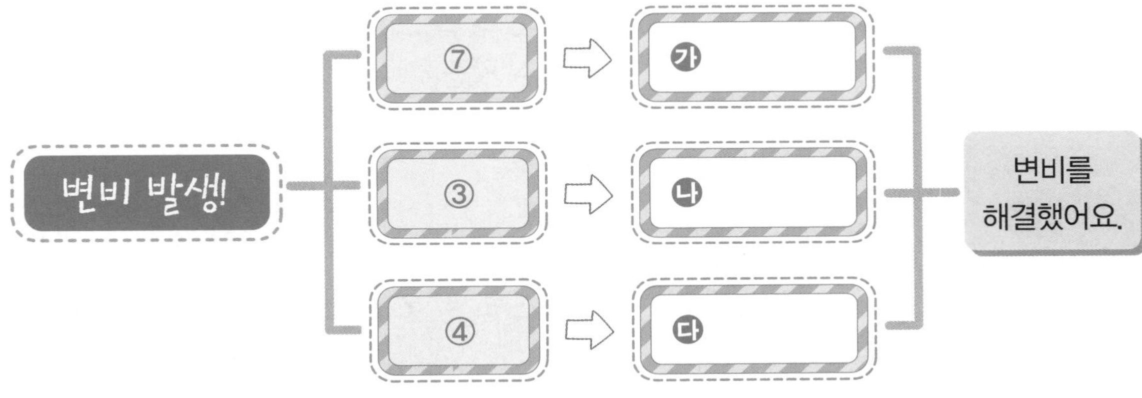

다음은 위 글의 중심 내용을 요약한 것입니다. 빈칸에 보기의 ①~⑦을 알맞게 넣어 요약 글을 완성해 보세요.

대변이 너무 굳어서 배변이 어렵거나 오랫동안 배변을 못하게 되는 것을 변비라고 합니다. 변비를 해결하기 위해 첫 번째, ㉮ ______. 두 번째, ㉯ ______. 세 번째, ㉰ ______.

문제 개수 4 개

맞은 개수 개

틀린 개수 개

다음은 위 글의 제목 후보입니다. 먼저, 위 글의 제목으로 가장 알맞은 것을 골라 빈칸에 ○를 하세요. 그런 다음, 주어진 조건에 맞게 ×, △, □를 표시하세요. (단, ○는 딱 한 개만 고르세요.)

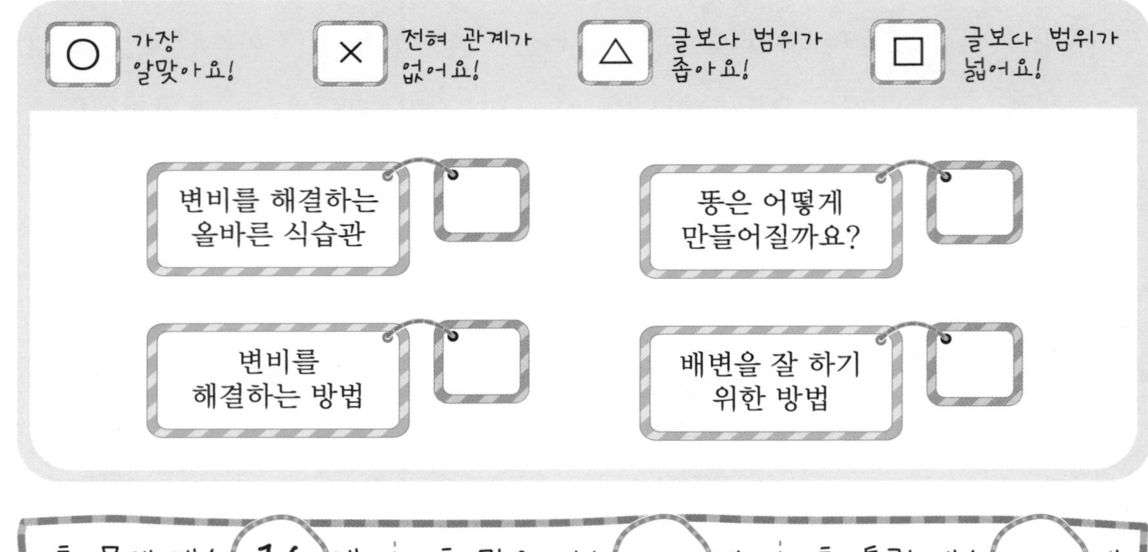

○ 가장 알맞아요!
× 전혀 관계가 없어요!
△ 글보다 범위가 좁아요!
□ 글보다 범위가 넓어요!
변비를 해결하는 올바른 식습관
똥은 어떻게 만들어질까요?
변비를 해결하는 방법
배변을 잘 하기 위한 방법

총 문제 개수 16 개 | 총 맞은 개수 개 | 총 틀린 개수 개

글을 읽고 나서 오늘 공부를 신나게 시작하자고!
좋은 습관 다지는
내 말에 상처 받았니?

우리말에 "말 한마디로 천 냥 빚을 갚는다."라는 말이 있습니다. 말이란 참 묘한 것이어서 같은 말을 하는데도 상대방은 '아' 다르고 '어' 다르게 느끼게 마련입니다. 그래서 상대방이 내 말에 어떻게 반응하고 있는지 생각을 하면서 말을 해야 합니다. 이왕이면 어른들께는 공손하게, 그리고 친구에게는 친절하고 다정하게 이야기를 하면 더 좋겠지요.

말은 습관이자 기술입니다. 그리고 마음의 표현입니다. 예쁜 새 옷을 입고 온 친구에게, "야, 너 옷 샀구나? 어디서 이런 옷을 샀니? 노란색은 너랑 진짜 안 어울려!"라고 한다면 그 친구의 마음이 몹시 속상하겠지요?

"예현아, 너 오늘 노란색 원피스가 참 잘 어울리는구나. 밝은 옷을 입으니까 네 얼굴이 더 환해 보여." 하고 말해 준다면 아마 그 친구의 얼굴에는 하루 종일 미소가 떠나지 않을 것입니다.

23회
공부를 시작할 때도
준비운동이 필요하다고!
하나둘 하나둘

퍼즐

머리 풀어주는 퍼즐

도전 시간		걸린 시간	
00 분	30 초	분	초

창의사고력 기초 다지기 판단 능력 쑥~

보기 처럼 ┻ ┳ ╋ ┣ 모양 안에 ○◍◍● 가 한 번씩만 들어가도록 묶어 보세요.

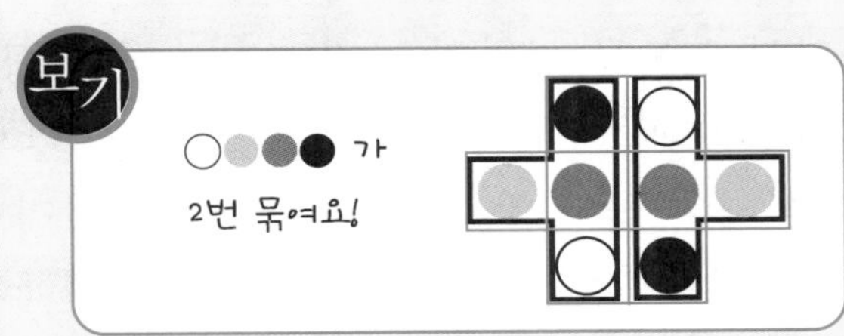
보기
○◍◍● 가
2번 묶여요!

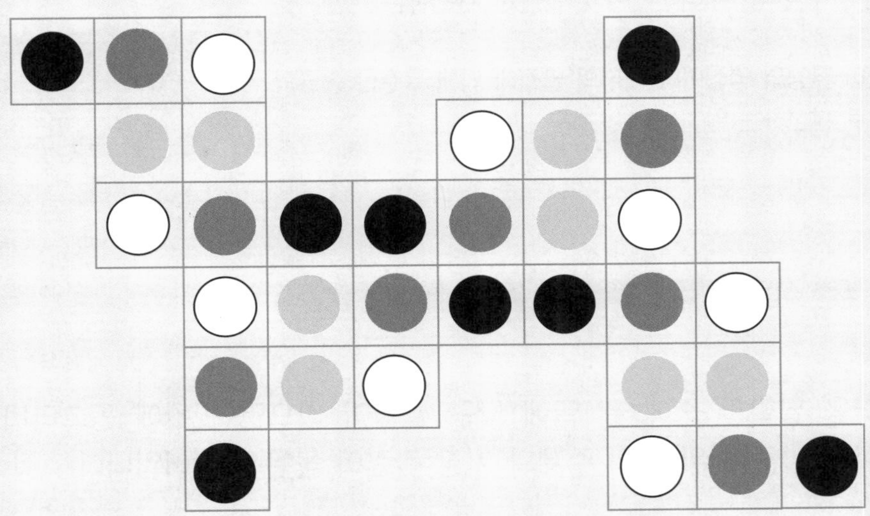

도움말 ○◍◍● 가 8번 묶여요!

빠르고 정확하게 읽기

도전시간 5 분 30 초

걸린시간 분 초

오늘의 읽기 자료입니다. 잘 읽고 문제를 풀어 보세요.

동화 〈이상한 나라의 앨리스〉에는 붉은 여왕이 다스리는 나라가 나옵니다. 붉은 여왕의 나라에서는 땅이 빠른 속도로 뒤로 움직이기 때문에, 가만히 있게 되면 금세 뒤처지고 맙니다. 그래서 붉은 여왕은 앞에 보이는 목적지에 가려면 적어도 땅이 움직이는 속도보다 두 배 정도 빨리 뛰어야 한다고 말합니다. 이 나라 백성들은 누구나 늘 바쁘게 뛰어다닙니다.

그런데 동물의 세계에서도 붉은 여왕의 나라와 비슷한 특징이 발견됩니다. 지구상에서 가장 빠른 포유류는 치타입니다. 치타가 처음부터 그렇게 잘 달린 것은 아닙니다. 치타는 먹잇감보다 빨라야 굶지 않기 때문에 빠르게 달리도록 진화*되어 왔습니다. 치타의 먹잇감이 되는 얼룩말도 마찬가지입니다. 치타에게 먹히지 않으려면 그들도 빨리 달려야 합니다. 결국 잡아먹히지 않으려면 적보다 빨리 달려야 한다는 점에서 붉은 여왕의 나라와 비슷한 것입니다.

진화 : 생물이 환경의 영향이나 내부의 발전에 의해 우수한 종류의 것으로 발전하는 일

❶ 핵심어 찾기

문제 개수 8 개

맞은 개수 ( ) 개

틀린 개수 ( ) 개

다음 낱말들 중에 위 글에 나온 낱말이 있으면 빈칸에 동그라미 하세요. 동그라미 한 낱말들이 위 글의 주제와 가장 관련이 높은 핵심어입니다.

땅	여왕 개미	붉은 여왕	기린	바다	얼룩말	황소	치타

♥ 다음 보기를 이용해서 ❷~❸번 문제를 풀어 보세요.

보기		
① 두 배	② 치타	③ 움직임
④ 목적지	⑤ 얼룩말	⑥ 붉은 여왕의 나라

다음은 위 글의 내용을 한눈에 볼 수 있도록 정리한 표입니다. 빈칸에 보기의 ①~⑥을 알맞게 넣어 표를 완성해 보세요.

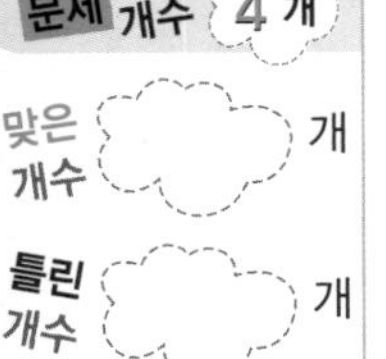

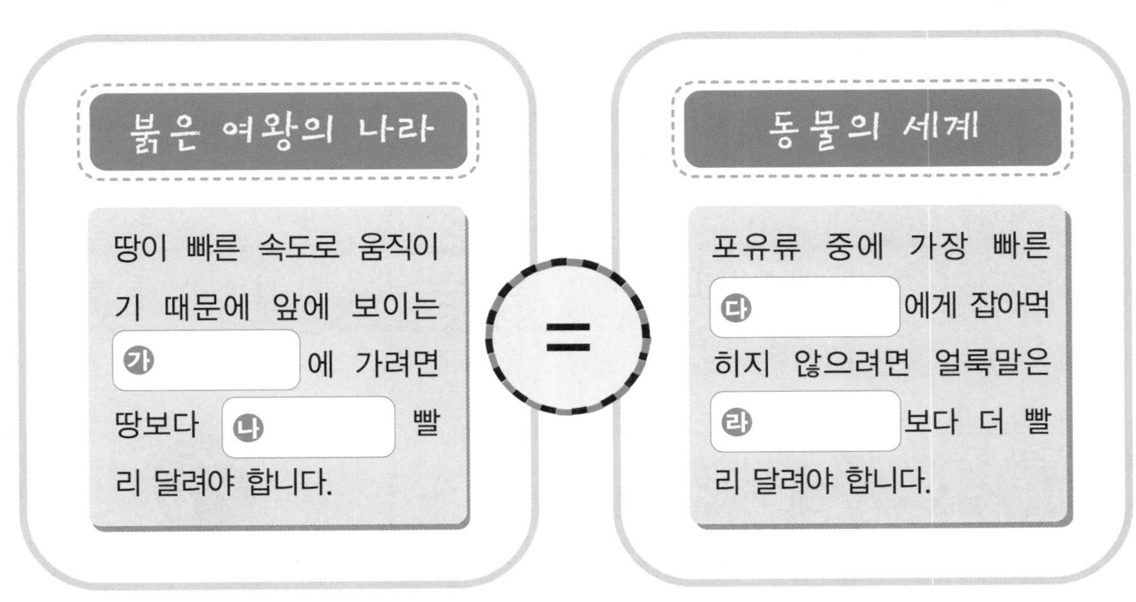

붉은 여왕의 나라
땅이 빠른 속도로 움직이기 때문에 앞에 보이는 ㉮ 에 가려면 땅보다 ㉯ 빨리 달려야 합니다.
=
동물의 세계
포유류 중에 가장 빠른 ㉰ 에게 잡아먹히지 않으려면 얼룩말은 ㉱ 보다 더 빨리 달려야 합니다.

다음은 위 글의 중심 내용을 요약한 것입니다. 빈칸에 보기의 ①~⑥을 알맞게 넣어 요약 글을 완성해 보세요.

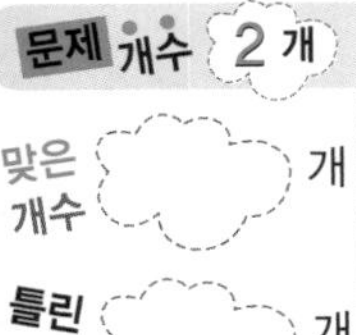

㉮ ______ 에서는 땅이 빠른 속도로 움직이기 때문에 목적지에 가려면 땅보다 두 배 빨리 달려야 합니다. 동물의 세계에서도 비슷한 경우가 있습니다. ㉯ ______ 은/는 치타에게 잡아먹히지 않기 위해 치타보다 더 빨리 달려야 합니다.

다음은 위 글의 제목 후보입니다. 먼저, 위 글의 제목으로 가장 알맞은 것을 골라 빈칸에 ○를 하세요. 그런 다음, 주어진 조건에 맞게 ×, △, □를 표시하세요. (단, ○는 딱 한 개만 고르세요.)

문제 개수 4 개

맞은 개수 ( ) 개

틀린 개수 ( ) 개

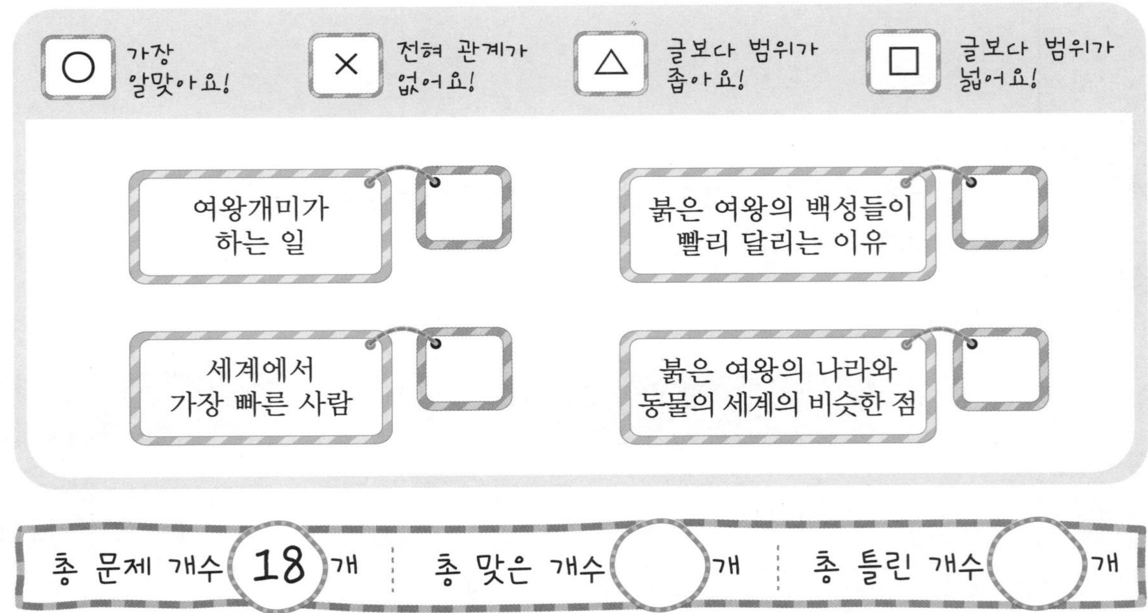

○ 가장 알맞아요!
× 전혀 관계가 없어요!
△ 글보다 범위가 좁아요!
□ 글보다 범위가 넓어요!
여왕개미가 하는 일
붉은 여왕의 백성들이 빨리 달리는 이유
세계에서 가장 빠른 사람
붉은 여왕의 나라와 동물의 세계의 비슷한 점

총 문제 개수 18 개 | 총 맞은 개수 ( ) 개 | 총 틀린 개수 ( ) 개

글을 읽고 나서 오늘 공부를 신나게 시작하자고!
좋은 습관 다지는
지킬수록
기분 좋은 전화 예절

요즈음은 누구나 휴대폰을 가지고 있어서 어디에서든 큰 소리로 통화하는 모습을 자주 볼 수 있습니다. 꼭 필요한 전화는 받아야 하겠지만, 때로는 전화 예절을 지키지 않는 사람들 때문에 다른 사람들의 기분이 상하는 경우가 있습니다.

어떤 친구는 여러 사람이 모인 곳에서 휴대폰으로 큰 소리로 떠들며 통화를 하기도 하고, 우물우물 음식을 먹으며 전화를 사용하기도 하지요. 꼭 전화로 하지 않아도 되는 말을 쓸데없이 늘어놓기도 합니다. 이런 습관은 전화 예절에서 크게 벗어나는 행동이랍니다.

통화를 할 때는 통화 음성을 알맞게 조절하고 공공장소에서는 되도록 조용한 곳으로 나가서 다른 사람에게 방해가 되지 않게 통화를 해야 합니다. 꼭 필요한 일이 아니라면 되도록 통화는 간단히 하고, 긴 이야기는 만나서 하는 것이 좋겠지요?

24회
공부를 시작할 때도
준비운동이 필요하다고!
하나둘 하나둘

머리 풀어주는 퍼즐

도전 시간		걸린 시간	
00 분	40 초	분	초

창의사고력 기초 다지기 정보처리능력 
쑥~

다음에서 보기 와 같은 모양을 찾아 동그라미로 묶어 보세요. 단, 가로 모양만 찾으세요.

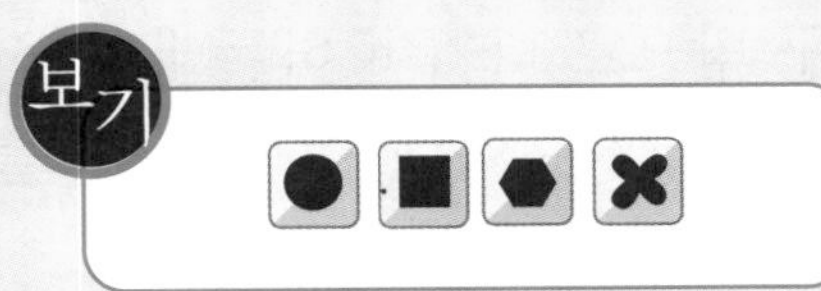

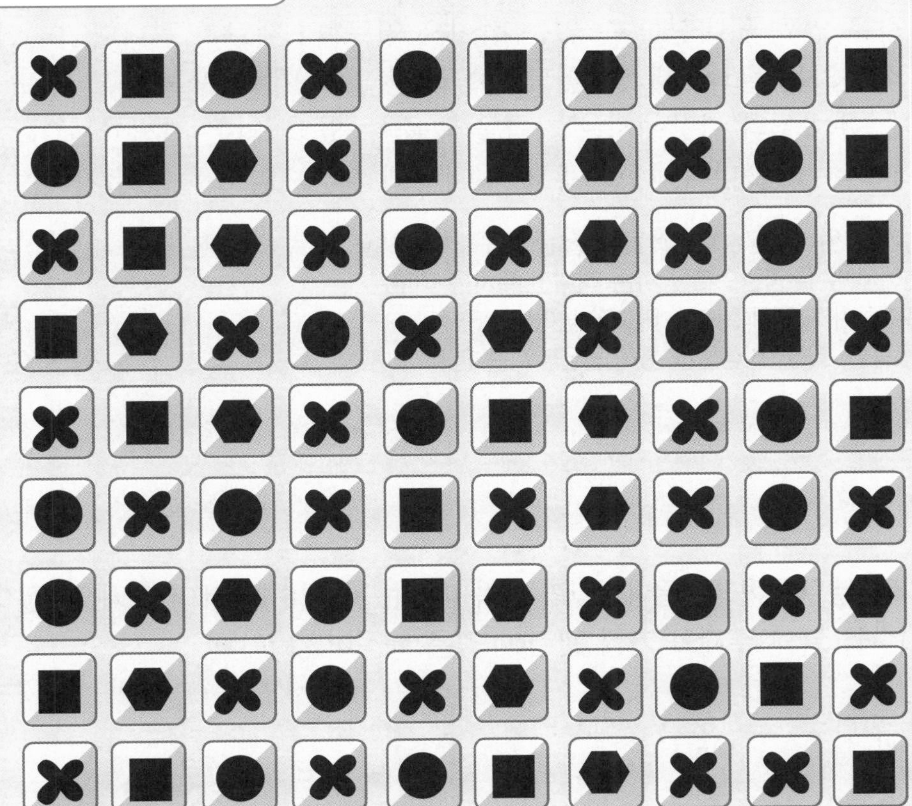

빠르고 정확하게 읽기

도전시간 5 분 30 초

걸린시간 분 초

오늘의 읽기 자료입니다. 잘 읽고 문제를 풀어 보세요.

아나운서 : "환경 파괴와 에너지 부족으로 위험에 빠진 지구, 유채꽃이 우리 지구를 치료하는 중요한 역할을 맡고 있다는데요, 자세히 알아보겠습니다. 김씩씩 기자!"

씩씩 기자 : "네. 여기는 유채꽃으로 가득한 제주도입니다. 봄에 노란 꽃을 피워 제주도를 노랗게 물들이는 유채꽃이 지구를 구할 희망이 될 수 있다고 합니다. 그 이유는 첫째, 유채꽃이 온실효과*를 줄일 수 있기 때문입니다. 인구와 공장이 늘어날수록 지구는 점점 더워집니다. 그 열기가 지구 밖으로 나가야 하는데, 이산화탄소는 열이 밖으로 나가는 것을 방해합니다. 유채꽃은 이런 이산화탄소를 흡수하기 때문에 온실효과를 줄일 수 있습니다. 둘째로 유채꽃은 석탄이나 석유 같은 연료를 대신할 수 있는 바이오 연료*의 재료가 됩니다. 이 연료는 석탄과 석유와는 달리, 대기오염도 일으키지 않고 계속 만들어 낼 수도 있습니다. 셋째, 유채꽃의 씨앗에서는 기름을 얻을 수 있고, 남은 찌꺼기는 가축 사료로도 이용할 수 있습니다. 버릴 게 없기 때문에 환경오염도 줄일 수가 있습니다."

온실효과 : 공기 중의 수증기, 이산화탄소, 오존 따위가 지구 표면에서 우주 공간으로 향하는 적외선 복사를 대부분 흡수하여 지구의 온도가 비교적 높아지는 현상

바이오 연료 : 동물, 식물, 미생물을 통해 만들어지는 연료

❶ 핵심어 찾기

다음 낱말들이 위 글에서 몇 번씩 나왔는지 개수를 세어 보세요. 많이 등장한 낱말일수록 글의 주제와 가장 관련이 깊은 핵심어입니다.

유채꽃	온실효과	기름

문제 개수 3 개

맞은 개수 개

틀린 개수 개

♥ 다음  를 이용해서 ❷~❸번 문제를 풀어 보세요.

보기
① 씨앗 ② 기름 ③ 석탄과 석유
④ 이산화탄소 ⑤ 가축 사료 ⑥ 바이오 연료

다음은 위 글의 내용을 한눈에 볼 수 있도록 정리한 표입니다. 빈칸에 보기 의 ①~⑥을 알맞게 넣어 표를 완성해 보세요.

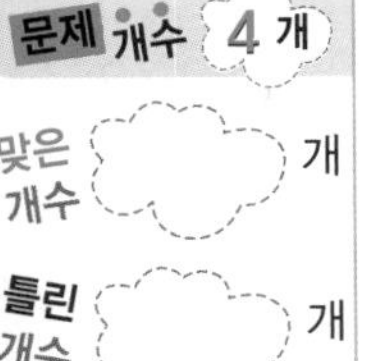

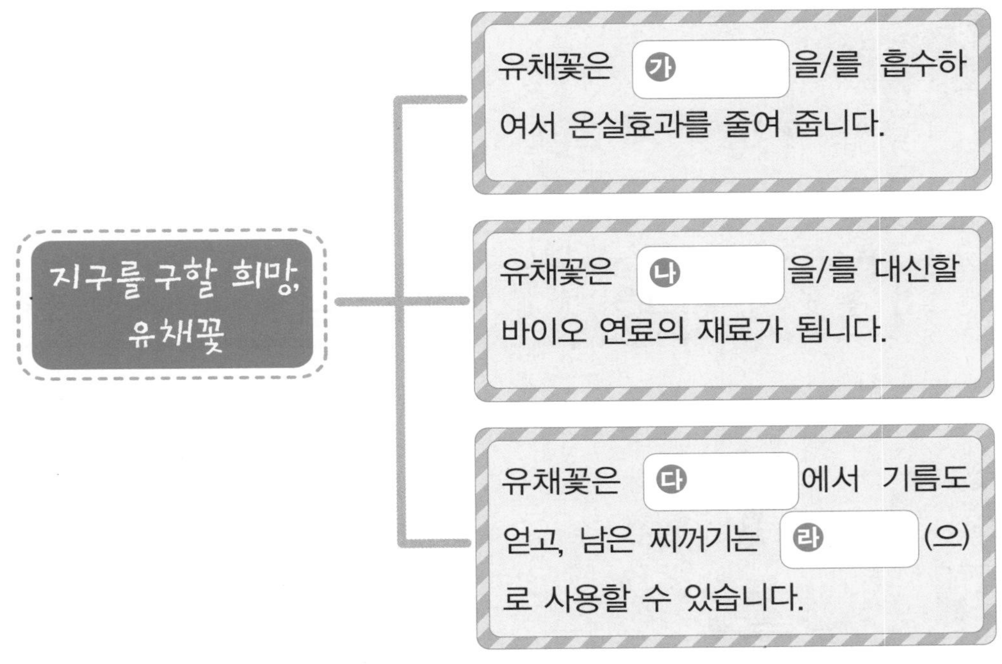

지구를 구할 희망, 유채꽃
유채꽃은 ㉮ 을/를 흡수하여서 온실효과를 줄여 줍니다.
유채꽃은 ㉯ 을/를 대신할 바이오 연료의 재료가 됩니다.
유채꽃은 ㉰ 에서 기름도 얻고, 남은 찌꺼기는 ㉱ (으)로 사용할 수 있습니다.

다음은 위 글의 중심 내용을 요약한 것입니다. 빈칸에 보기 의 ①~⑥을 알맞게 넣어 요약 글을 완성해 보세요.

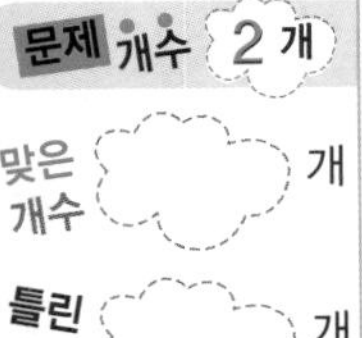

지구를 구할 희망으로 유채꽃이 주목받는 이유는 첫째, 온실효과의 원인인 이산화탄소를 흡수할 수 있고, 둘째, 오염을 일으키는 석탄과 석유를 대신할 ㉮ ______ 의 재료가 되며, 셋째, 씨앗에서 ㉯ ______ 을/를 얻고 남은 찌꺼기는 가축 사료로 사용할 수 있기 때문입니다.

문제 개수 4 개

맞은 개수 개

틀린 개수 개

다음은 위 글의 제목 후보입니다. 먼저, 위 글의 제목으로 가장 알맞은 것을 골라 빈칸에 ○를 하세요. 그런 다음, 주어진 조건에 맞게 ×, △, □를 표시하세요. (단, ○는 딱 한 개만 고르세요.)

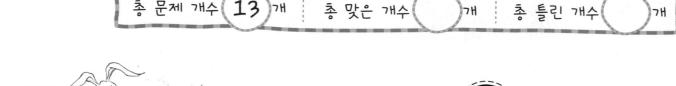

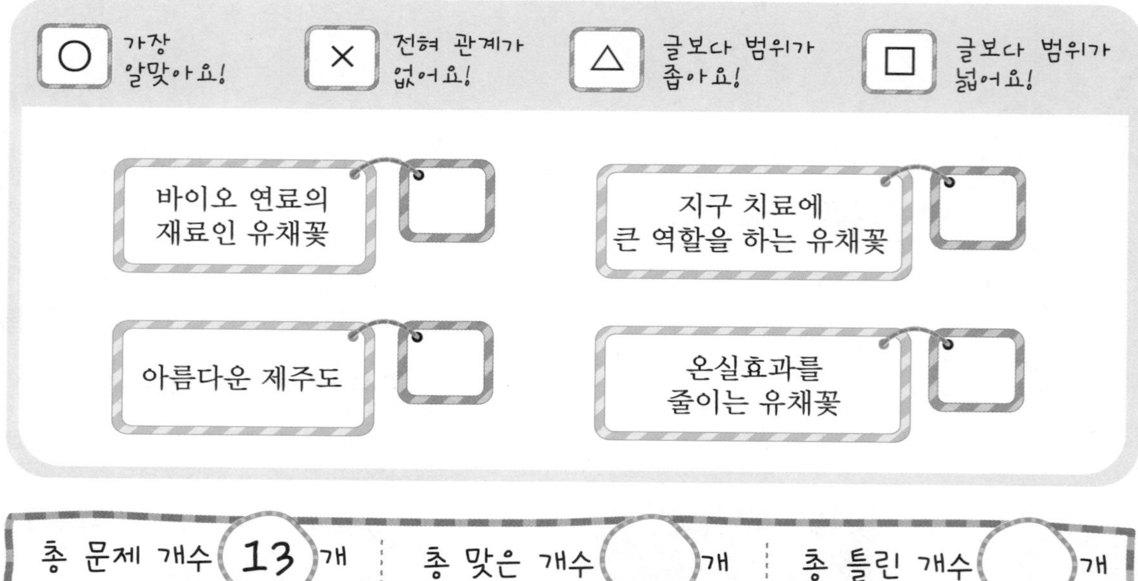

총 문제 개수 13 개 | 총 맞은 개수 개 | 총 틀린 개수 개

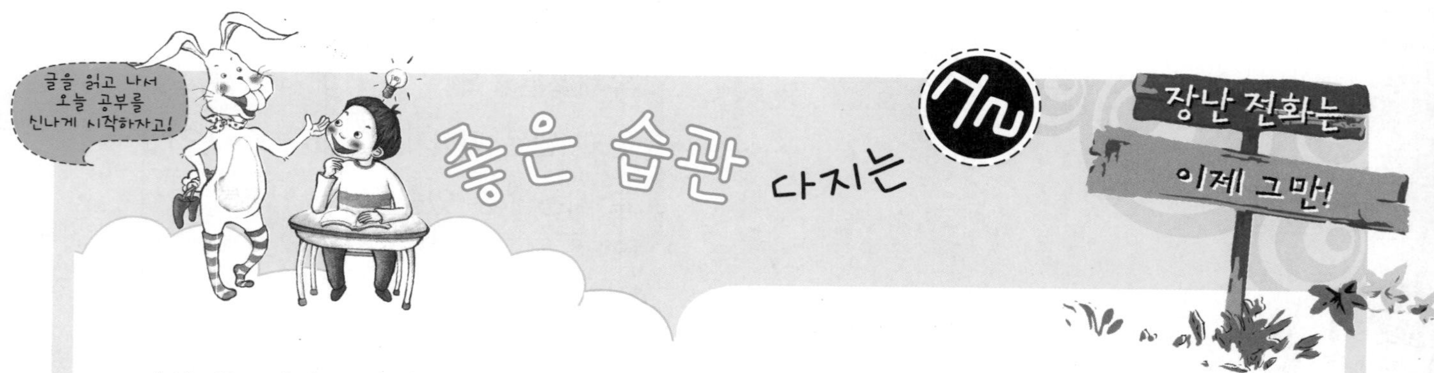

글을 읽고 나서 오늘 공부를 신나게 시작하자고!
좋은 습관 다지는
12
장난 전화는 이제 그만!

진영이는 어제 몹시 혼쭐이 났습니다. 재미삼아 소방서에 걸었던 장난 전화 때문이지요. 심심했던 진영이는 119에 전화를 걸어 "큰일났어요. 우리 집에 큰일이 났어요." 하고 거짓말을 했답니다. 곧이어 요란한 사이렌 소리와 함께 구급차와 소방관 아저씨들이 집으로 달려오셨어요. 하루 24시간 위급한 사람들을 찾아다니느라 바쁜 아저씨들께서 이런 장난 전화에 얼마나 허탈하고 화가 나셨을지는 여러분이 짐작을 하고도 남겠지요?

119 안전신고센터의 발표에 따르면 하루에도 몇 번씩 걸려오는 이런 장난 전화 때문에 구급 활동에 무척 어려움이 많다고 합니다. 특히 4월 1일 만우절에는 이런 장난 전화 때문에 업무가 마비될 지경이라고 해요. 누군가의 작은 장난으로 인해 구급대원들이 정작 중요한 구급 활동을 펴지 못한다면 큰일이겠지요?

25회 머리 풀어주는 퍼즐

도전 시간		걸린 시간	
00 분	30 초	분	초

창의사고력 기초 다지기 계산능력 

사다리를 타고 내려가면서, 같은 모양끼리 계산이 이루어지도록 빈칸을 채워 보세요.

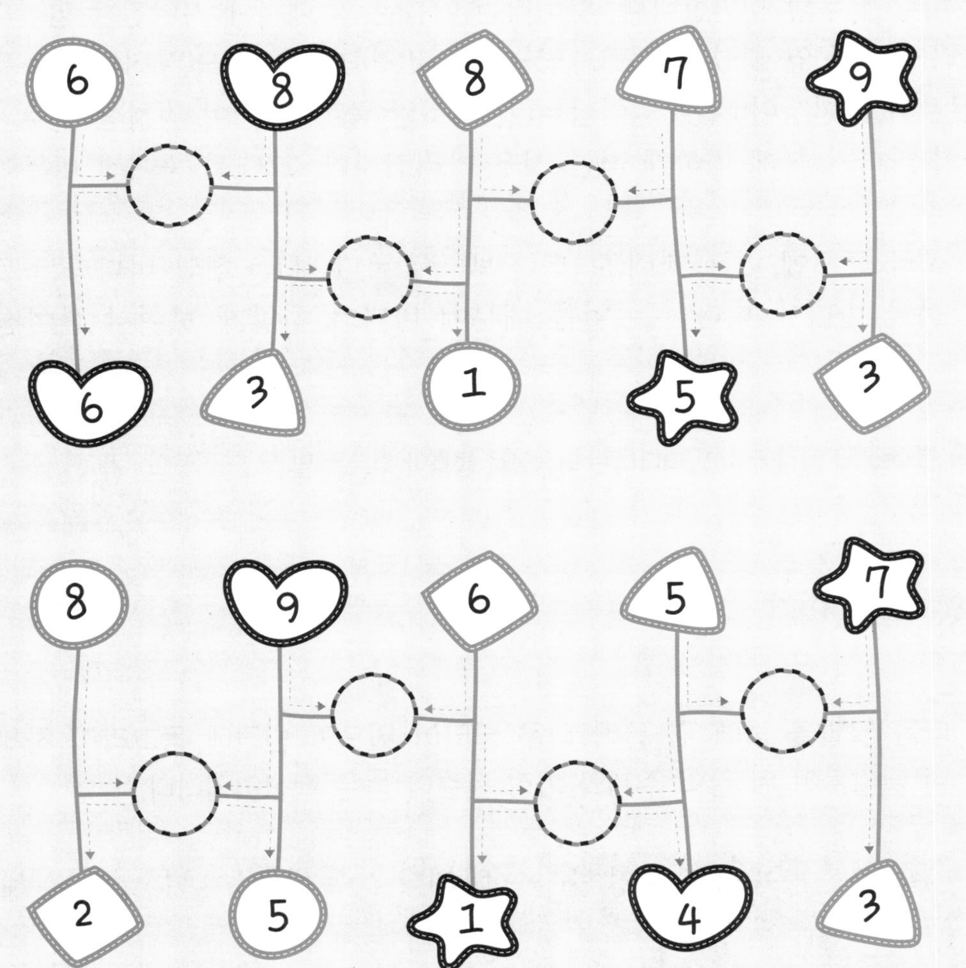

빠르고 정확하게 읽기

도전시간

5 분	00 초

걸린시간

분	초

● 오늘의 읽기 자료입니다. 잘 읽고 문제를 풀어 보세요.

바다는 무슨 색깔인가요? 아마 여러분은 파란색이라고 대답할 것입니다. 그런데 지구상에는 특이한 색깔을 가지고 있는 바다들이 있습니다. 자세히 살펴봅시다.

우리나라의 서해를 황해라고도 부르는데, 황해(黃:누렇다 황, 海:바다 해)는 누런 바다라는 뜻입니다. 비가 많이 내리면 누런 흙과 모래가 바다로 흘러 들어갑니다. 이 때문에 바다가 누렇게 변합니다. 황해라는 이름은 그 때문에 지어진 것입니다.

아프리카 대륙 옆에 있는 홍해(紅:붉다 홍, 海:바다 해)는 붉은 바다라는 뜻입니다. 홍해에는 적조 현상이 자주 일어납니다. 적조란 플랑크톤*이 엄청난 수로 갑작스레 늘어나서 바다가 붉게 변하게 하는 것을 가리킵니다. 그래서 붙여진 이름이라고 합니다.

또한 북극 근처에 있는 백해(白:희다 백, 海:바다 해)는 하얀 바다라는 뜻입니다. 이것은 북극 바다에 떠다니는 얼음 때문에 바다가 하얗게 보여서 붙여진 이름입니다.

플랑크톤 : 물 속에서 물결에 따라 떠다니는 미생물을 통틀어 부르는 말

문제 개수 8 개

맞은 개수 (　　) 개

틀린 개수 (　　) 개

다음 낱말들 중에 위 글에 나온 낱말이 있으면 빈칸에 동그라미 하세요. 동그라미 한 낱말들이 위 글의 주제와 가장 관련이 높은 핵심어입니다.

흑해	육지	황해	백해	동해	바다	홍해	남해

♥ 다음 보기를 이용해서 ❷~❸번 문제를 풀어 보세요.

보기
① 백해 ② 붉은 바다 ③ 적조 현상
④ 누런 바다 ⑤ 얼음 ⑥ 플랑크톤

문제 개수 4 개
맞은 개수 ( ) 개
틀린 개수 ( ) 개

다음은 위 글의 내용을 한눈에 볼 수 있도록 정리한 표입니다. 빈칸에 보기의 ①~⑥을 알맞게 넣어 표를 완성해 보세요.

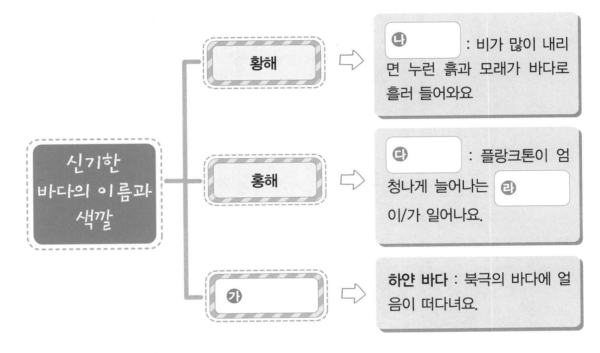

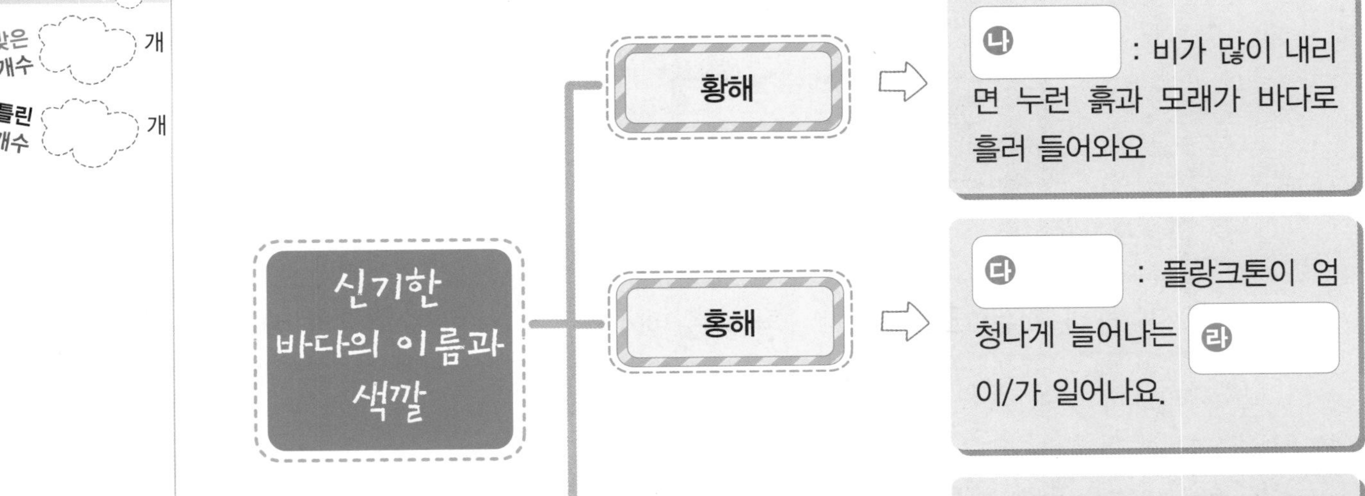

신기한 바다의 이름과 색깔
황해
나 [ ] : 비가 많이 내리면 누런 흙과 모래가 바다로 흘러 들어와요.
홍해
다 [ ] : 플랑크톤이 엄청나게 늘어나는 라 [ ] 이/가 일어나요.
가 [ ]
하얀 바다 : 북극의 바다에 얼음이 떠다녀요.

❸ 요약 하기

문제 개수 2 개
맞은 개수 ( ) 개
틀린 개수 ( ) 개

다음은 위 글의 중심 내용을 요약한 것입니다. 빈칸에 보기의 ①~⑥을 알맞게 넣어 요약 글을 완성해 보세요.

특이한 색깔 때문에 이름이 붙여진 바다들이 있습니다. 황해는 비가 많이 내려 누런 흙이 흘러 들어와 바다가 누렇게 변해 붙여진 이름입니다. 홍해는 가 [ ] 이/가 엄청나게 늘어나 바다가 붉게 보이기 때문에 붙여진 이름이며, 백해는 나 [ ] 이/가 떠다녀 바다가 하얗게 보여서 붙여진 이름이랍니다.

문제 개수 4 개

맞은 개수 개

틀린 개수 개

다음은 위 글의 제목 후보입니다. 먼저, 위 글의 제목으로 가장 알맞은 것을 골라 빈칸에 ○를 하세요. 그런 다음, 주어진 조건에 맞게 ×, △, □를 표시하세요. (단, ○는 딱 한 개만 고르세요.)

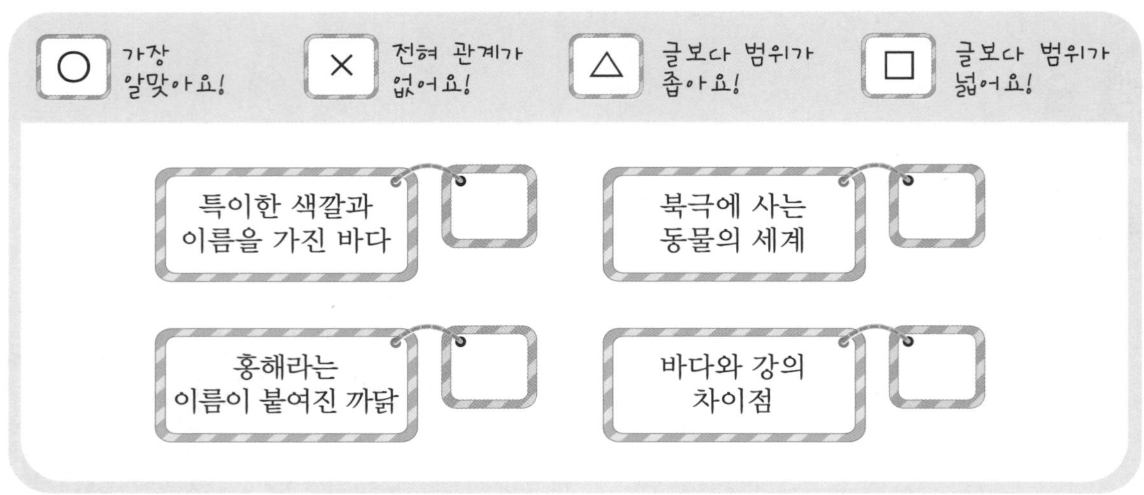

○ 가장 알맞아요!
× 전혀 관계가 없어요!
△ 글보다 범위가 좁아요!
□ 글보다 범위가 넓어요!
특이한 색깔과 이름을 가진 바다
북극에 사는 동물의 세계
홍해라는 이름이 붙여진 까닭
바다와 강의 차이점

글을 읽고 나서 오늘 공부를 신나게 시작하자고!
공부 의욕 다지는 글
맛있는 우리말 나들이

한국어를 배우는 외국인들은 우리말에 색깔을 나타내는 낱말이 너무 많아 헛갈린다고 해요.

예를 들어 '파랗다' 는 색깔을 나타내는 낱말은 '파랗다, 새파랗다, 시퍼렇다, 푸르다, 푸르스름하다, 퍼렇다, 푸르딩딩하다……' 등이 있지요. 노란색을 나타내는 낱말은 '노리끼리하다, 누리끼리하다, 샛노랗다, 싯누렇다, 노르스름하다, 노릿노릿하다……' 등 셀 수 없이 많고, 국어사전에 나오는 붉은 색을 나타내는 낱말만도 16가지나 된다고 해요. 그러니 우리말을 처음 배우는 외국인들은 당황할 만도 하지요?

우리 민족은 본래 풍류를 좋아하고 정서와 감정이 풍부해서 이런 특징이 우리말에도 고스란히 녹아 있어요. 색깔을 나타내는 낱말뿐 아니라 맛이나 감각을 나타내는 낱말도 많이 발달되어 있어요. 여러분은 이런 맛있는 우리말을 얼마나 알고 있는지요? 우리말과 친해져야 국어 실력도 쑥쑥 늘게 된답니다.

공부를 시작할 때도
준비운동이 필요하다고!
하나둘 하나둘

26회 머리 풀어주는 퍼즐

도전 시간		걸린 시간	
00 분	30 초	분	초

창의사고력 기초 다지기 주의집중력 쑥~

보기 와 같은 그림을 모두 찾아 동그라미 하세요.

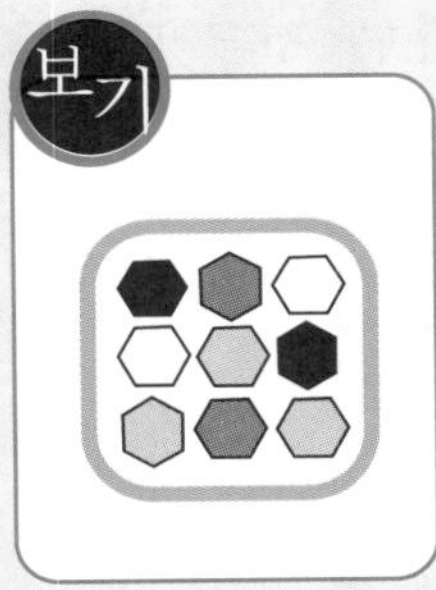

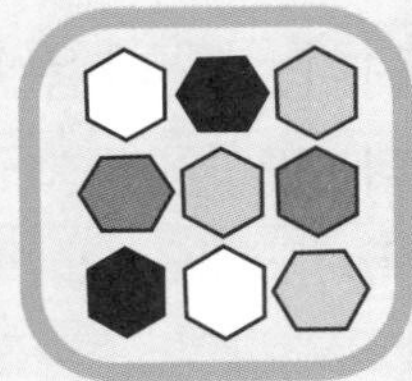 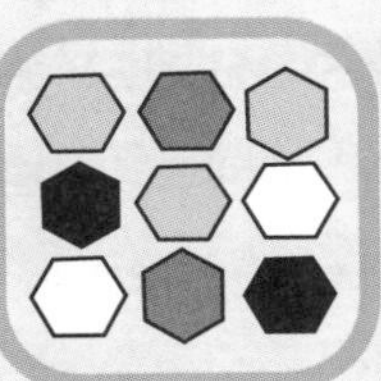 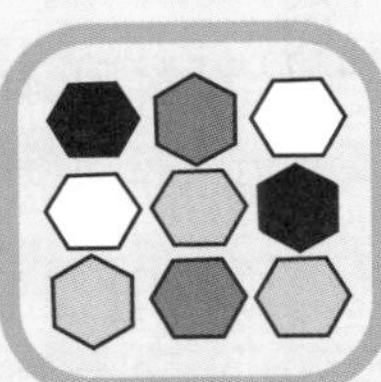 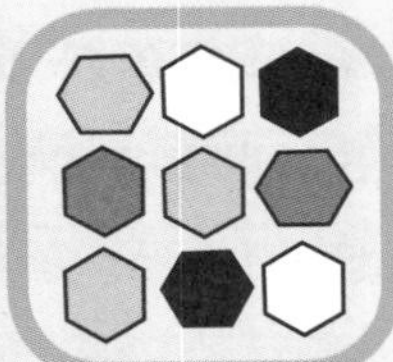

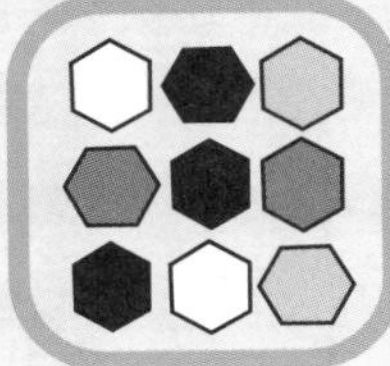 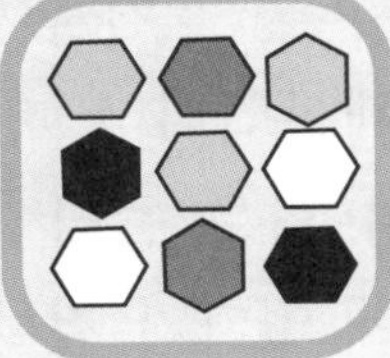 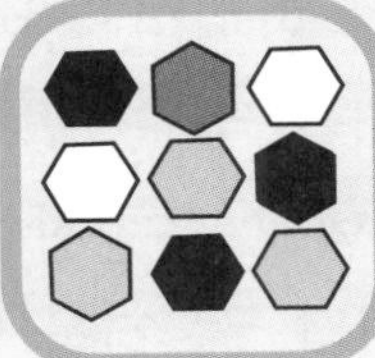 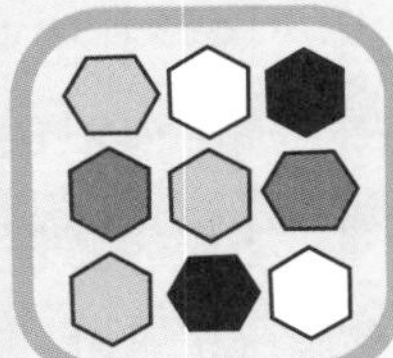

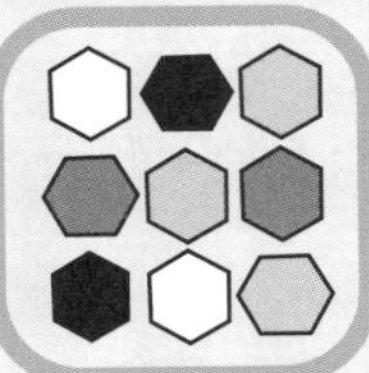 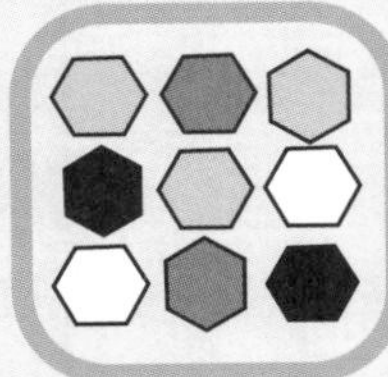 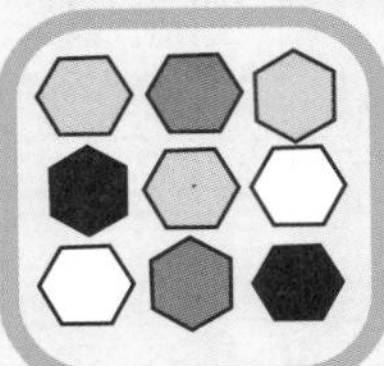 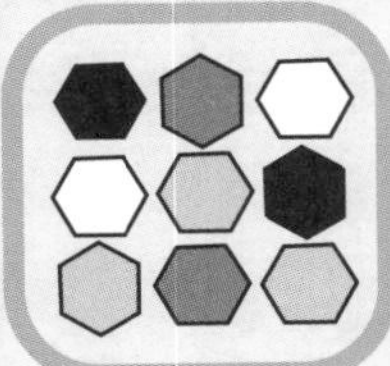

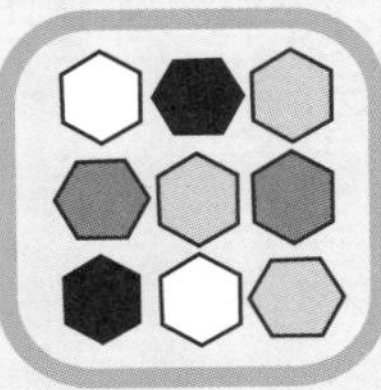 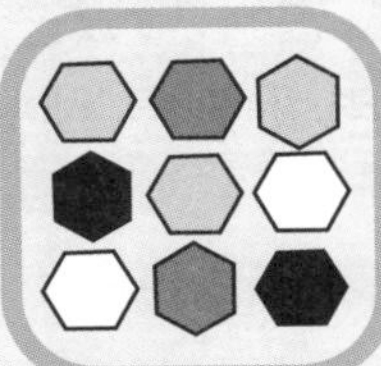 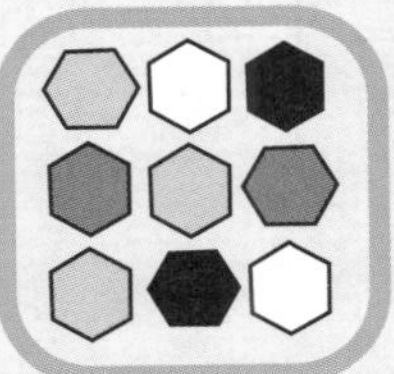 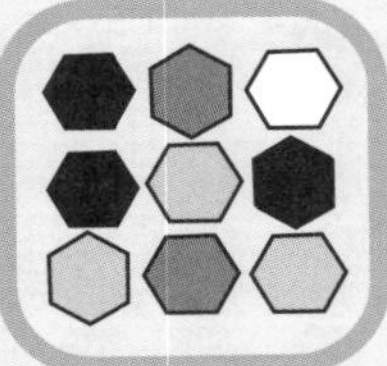

빠르고 정확하게 읽기

도전시간 4 분 40 초

걸린시간 분 초

● 오늘의 읽기 자료입니다. 잘 읽고 문제를 풀어 보세요.

지진은 무엇일까요? 지진은 지구의 겉을 이루고 있는 단단한 부분이 갈라지는 충격으로 땅이 흔들리는 현상을 말합니다. 지진은 지구의 깊숙한 곳에서 나오는 힘에 의해 바위가 부서지면서 일어나거나 화산이 폭발하면서 일어나기도 합니다. 큰 지진이 일어나면 건물이 부서지고 산사태가 일어나기도 합니다. 또 땅이 갈라지고 흔들려서 도로나 다리가 망가지기도 합니다.

그럼 지진이 일어났을 때에는 어떻게 해야 할까요? 먼저 제일 중요한 것은 당황하거나 무서워하지 말고 침착한 마음을 가지는 것입니다. 그 다음으로는 안전한 곳으로 피해야 합니다. 건물 안에 있을 때에는 식탁이나 책상 아래에 숨거나 화장실이 안전합니다. 하지만 물건이 매달려 있거나 흔들리는 가구, 거울, 유리창에서는 멀리 떨어져 있어야 합니다. 땅이 흔들려 거울이나 유리창이 깨지면 다칠 수도 있기 때문입니다. 건물 밖에 있을 때에는 학교 운동장이나 넓은 공터 같은 곳으로 피해야 합니다. 큰 건물 옆에 있다가 건물이 무너지면 다칠 수도 있기 때문입니다.

❶ 핵심어 찾기

다음 낱말들이 위 글에서 몇 번씩 나왔는지 개수를 세어 보세요. 많이 등장한 낱말일수록 글의 주제와 가장 관련이 깊은 핵심어입니다.

식탁	화장실	산사태	지진	지구	화산

문제 개수 6 개

맞은 개수 개

틀린 개수 개

♥ 다음 보기를 이용해서 ❷~❸번 문제를 풀어 보세요.

보기
① 울면서 소리 지릅니다.
② 침착한 마음을 갖습니다.
③ 큰 건물 옆에 숨습니다.
④ 식탁이나 책상 아래에 숨습니다.
⑤ 거울이나 유리창 옆에 붙어 있습니다.
⑥ 학교 운동장이나 넓은 공터 같은 곳으로 피합니다.

다음은 위 글의 내용을 한눈에 볼 수 있도록 정리한 표입니다. 빈칸에 보기의 ①~⑥을 알맞게 넣어 표를 완성해 보세요.

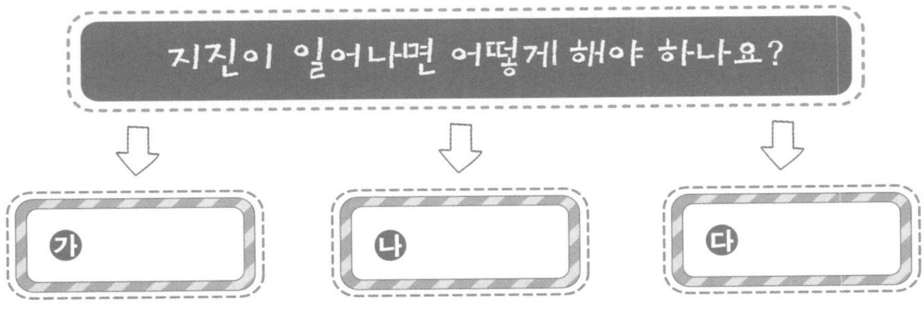

다음은 위 글의 중심 내용을 요약한 것입니다. 빈칸에 보기의 ①~⑥을 알맞게 넣어 요약 글을 완성해 보세요.

문제 개수 3 개

맞은 개수 개

틀린 개수 개

지진이 발생했을 때는, 먼저 당황하지 않고 가 ______. 건물 안에 있을 때는 나 ______. 그리고 건물 밖에 있을 때에는 다 ______.

❹
제목
달기

문제 개수 4 개

맞은 개수 개

틀린 개수 개

다음은 위 글의 제목 후보입니다. 먼저, 위 글의 제목으로 가장 알맞은 것을 골라 빈칸에 ○를 하세요. 그런 다음, 주어진 조건에 맞게 ×, △, □를 표시하세요. (단, ○는 딱 한 개만 고르세요.)

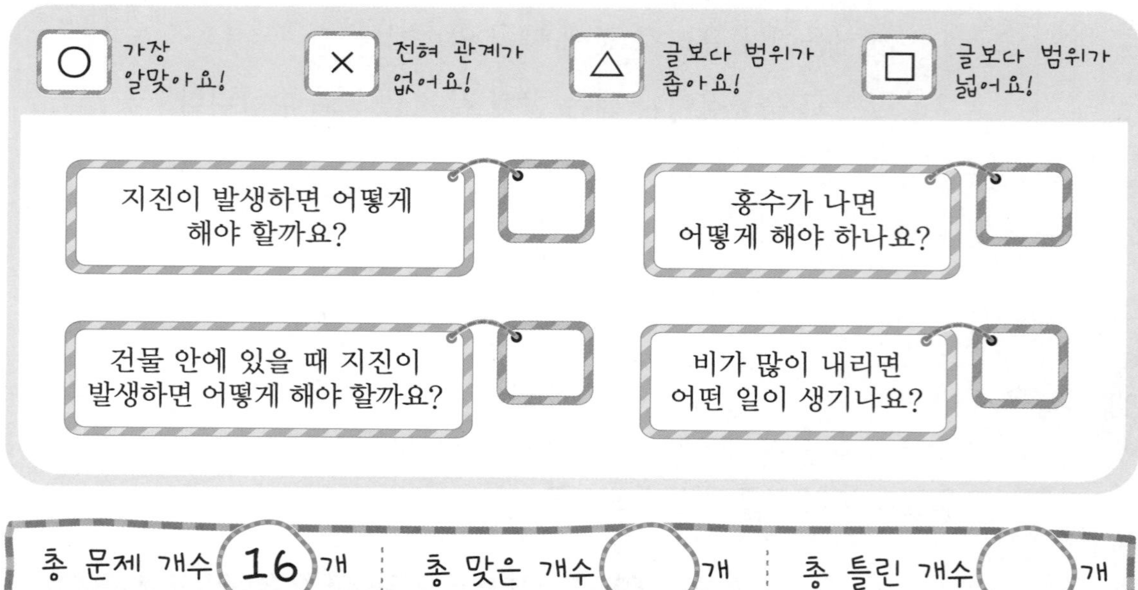

○ 가장 알맞아요!
× 전혀 관계가 없어요!
△ 글보다 범위가 좁아요!
□ 글보다 범위가 넓어요!
지진이 발생하면 어떻게 해야 할까요?
홍수가 나면 어떻게 해야 하나요?
건물 안에 있을 때 지진이 발생하면 어떻게 해야 할까요?
비가 많이 내리면 어떤 일이 생기나요?

총 문제 개수 16 개 | 총 맞은 개수 개 | 총 틀린 개수 개

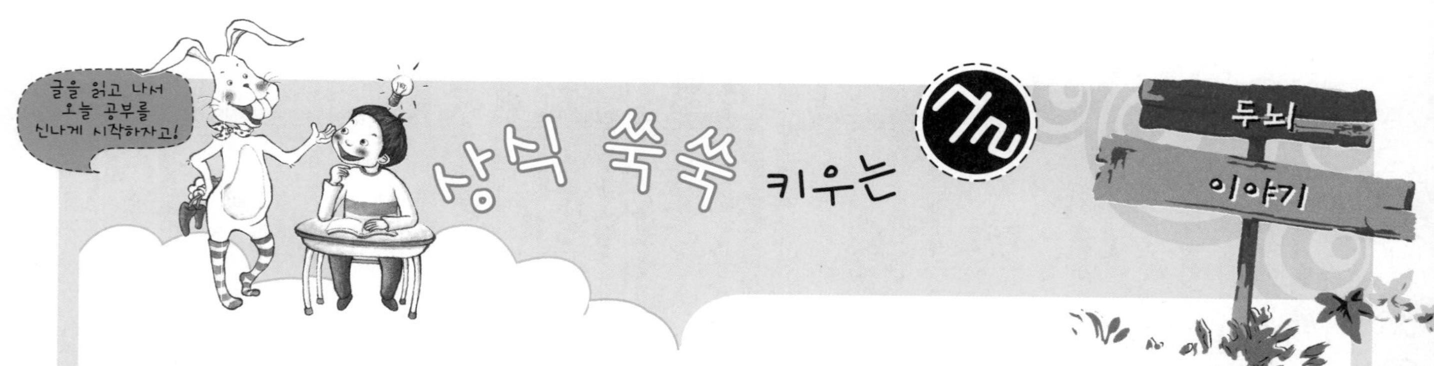

글을 읽고 나서 오늘 공부를 신나게 시작하자고!
상식 쑥쑥 키우는
두뇌
이야기

사람의 뇌는 크게 좌뇌와 우뇌로 나뉘는데, 좌뇌와 우뇌는 하는 일이 달라요. 그래서 함께 발달하면 좋지만, 대개의 경우 한쪽이 조금 더 우세하게 발달하곤 하지요.

좌뇌는 언어, 수학, 논리, 사실 등 인지적인 감각과 관련이 있어요. 좌뇌가 주로 발달한 사람은 논리적이고 분석적입니다. 새로운 친구를 만나면 이름을 먼저 기억하고, 대화를 할 때 풍부한 단어를 사용하지요.

우뇌는 감각, 예술, 창의력 등 감정적인 감각과 관련이 있어요. 우뇌가 주로 발달한 사람은 친구의 이름보다는 얼굴을 먼저 기억하고, 대화를 할 때 다양한 신체 표현을 즐깁니다. 주로 예술가나 음악가들은 우뇌가 발달한 경우가 많지요.

공부를 시작할 때도
준비운동이 필요하다고!
하나둘 하나둘

27회 머리 풀어주는 퍼즐

도전 시간		걸린 시간	
00 분	25 초	분	초

창의사고력 기초 다지기 연상추리력 쑥~

숫자의 개수만큼 위, 아래, 옆, 대각선에 폭탄이 숨겨져 있습니다. 폭탄이 있는 칸에 ×표 하세요.

보기

8개의 폭탄이 숨어 있어요.

0		×	×
		4	×
×	5	×	
×	×	×	2

문제 1

7개의 폭탄이 숨어 있어요.

0				
		5		
		4		
3		3		1

문제 2

6개의 폭탄이 숨어 있어요.

		1		0
3	5			
	4		2	0
2				

빠르고 정확하게 읽기

도전시간 4 분 40 초

걸린시간 분 초

● 오늘의 읽기 자료입니다. 잘 읽고 문제를 풀어 보세요.

여러분은 화가 날 때 어떻게 행동하나요? 소리를 지르는 사람도 있고, 그냥 꾹 참는 사람도 있을 것입니다. 전문가들은 화를 꾹 참는 것보다는 겉으로 표현하는 것이 더 좋다고 합니다. 어떻게 표현하는 것이 좋을지, 화를 제대로 내는 방법을 알아봅시다.

화를 제대로 내라는 것은 시도 때도 없이 화를 많이 내는 '버럭쟁이'가 되라는 말이 아닙니다. 먼저 화가 폭발로 번지는 것을 막아야 합니다. 폭발하기 직전의 화를 다스리는 가장 좋은 방법은 놀랍게도 심호흡*이라는 연구 결과가 있습니다. 심호흡은 긴장을 완화하고 스트레스를 줄여 줍니다. 그 다음으로 화가 난 원인을 해결할 수 있도록 대화를 하면 좋습니다. 이런 방법으로 우리 마음에 숨어 있는 있는 화를 다스릴 수 있습니다.

심호흡 : 의식적으로 허파 속에 공기가 많이 드나들도록 숨쉬는 방법

❶ 핵심어 찾기

다음 낱말들 중에 위 글에 나온 낱말이 있으면 빈칸에 동그라미 하세요. 동그라미 한 낱말들이 위 글의 주제와 가장 관련이 높은 핵심어입니다.

문제 개수 8 개

맞은 개수 개

틀린 개수 개

친구	화	심호흡	영화	스트레스	놀라움	공포	대화

♥ 다음 보기를 이용해서 ❷~❸번 문제를 풀어 보세요.

보기

① 폭발	② 심호흡	③ 대화
④ 스트레스	⑤ 화가 난 원인	⑥ 제대로 화냅시다.

다음은 위 글의 내용을 한눈에 볼 수 있도록 정리한 표입니다. 빈칸에 보기의 ①~⑥을 알맞게 넣어 표를 완성해 보세요.

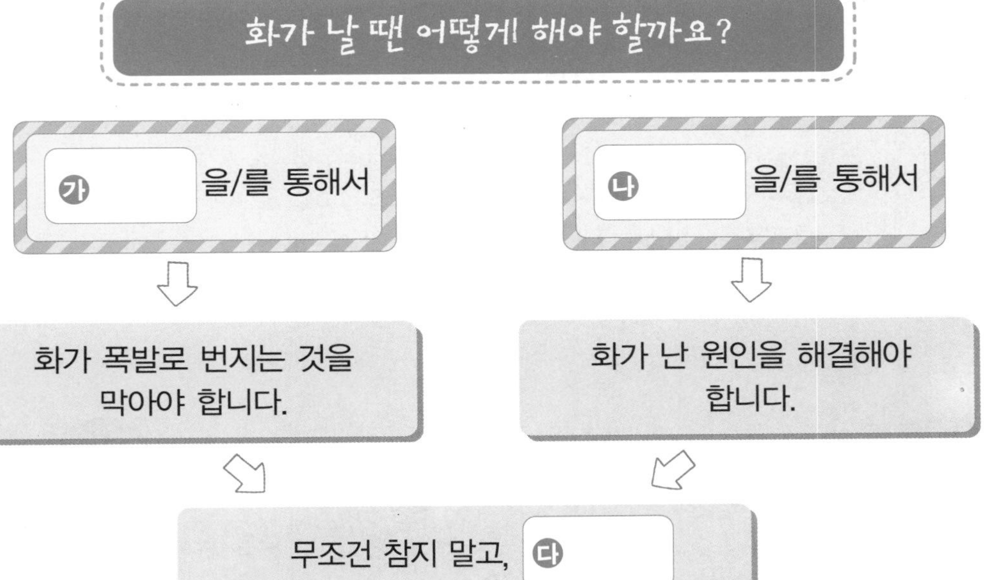

문제 개수 2 개

맞은 개수 개

틀린 개수 개

다음은 위 글의 중심 내용을 요약한 것입니다. 빈칸에 보기의 ①~⑥을 알맞게 넣어 요약 글을 완성해 보세요.

화가 날 때 무조건 참는 것은 좋지 않습니다. 먼저 심호흡을 통해서 화가 ㉮ (으)로 번지는 것을 막아야 합니다. 또한 대화를 통해서 ㉯ 을/를 해결해야 합니다.

문제 개수 4 개

맞은 개수 개

틀린 개수 개

다음은 위 글의 제목 후보입니다. 먼저, 위 글의 제목으로 가장 알맞은 것을 골라 빈칸에 ○를 하세요. 그런 다음, 주어진 조건에 맞게 ×, △, □를 표시하세요. (단, ○는 딱 한 개만 고르세요.)

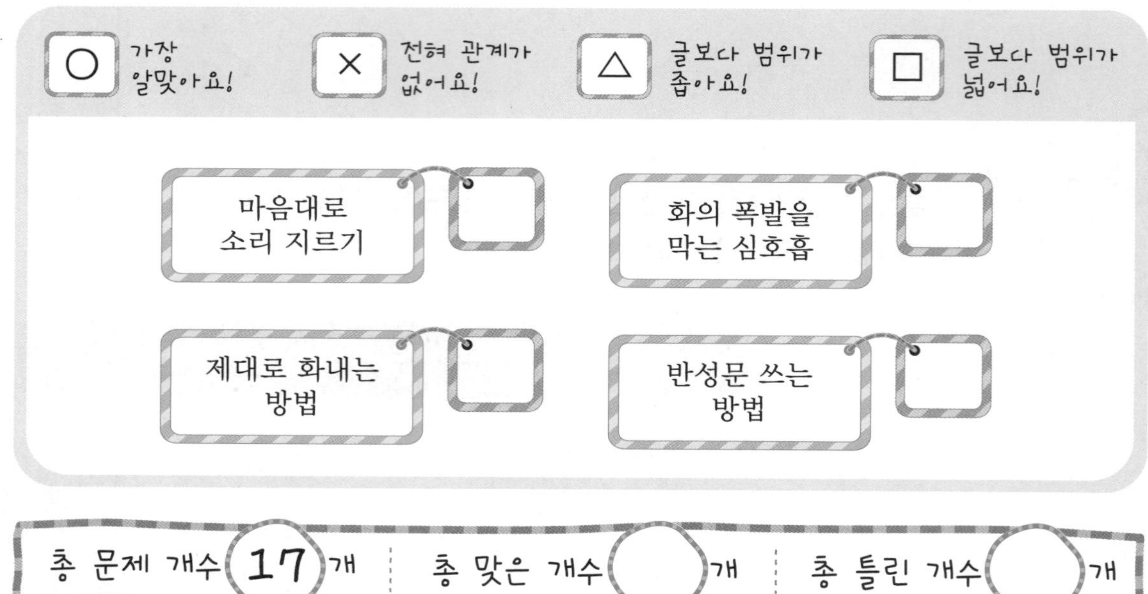

○ 가장 알맞아요!
× 전혀 관계가 없어요!
△ 글보다 범위가 좁아요!
□ 글보다 범위가 넓어요!
마음대로 소리 지르기
화의 폭발을 막는 심호흡
제대로 화내는 방법
반성문 쓰는 방법

총 문제 개수 17 개 | 총 맞은 개수 개 | 총 틀린 개수 개

글을 읽고 나서 오늘 공부를 신나게 시작하자고!
좋은 습관 다지는 4교
손 운동으로
집중력 높이기

평소에도 손을 많이 움직여서 뇌세포의 활동을 자극하면 머리가 좋아진답니다.

그중에서도 집중력 향상에 좋은 손 운동 두 가지를 소개할게요. 먼저 두 손의 손가락 끝이 맞닿게 치는 손끝박수입니다. 손끝의 감각을 지속적으로 자극하면 그 부분과 연결된 신경들이 뇌까지 연결되어 집중력을 높여 주거든요. 두 번째 방법은 한쪽 손으로 다른 쪽의 손가락을 위쪽으로 힘 있게 들어 올리며 자극하는 것입니다. 평소에 손가락을 많이 움직이는 활동을 하는 사람들은 건망증에 잘 걸리지 않는다고 해요. 기억력이 떨어졌을 때 혼자서도 쉽게 할 수 있는 이 손가락 운동을 자주 해 주면 집중력이 좋아져서 빠른 시간에 많은 공부를 할 수 있게 된답니다.

28회
공부를 시작할 때도
준비운동이 필요하다고!
하나둘 하나둘

머리 풀어주는 

도전 시간	걸린 시간
00 분 25 초	분 초

창의사고력 기초 다지기 판단능력 쑥~

보기를 참고하여 칸을 나누어 5개의 사각형을 만들어 보세요. 한 칸도 남아서는 안 됩니다.

보기

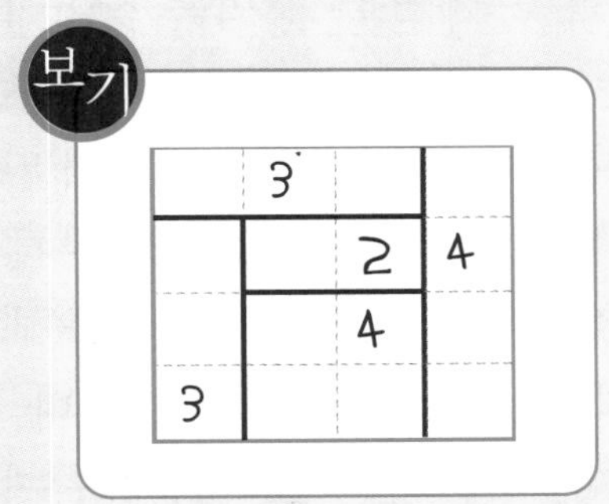

문제 1

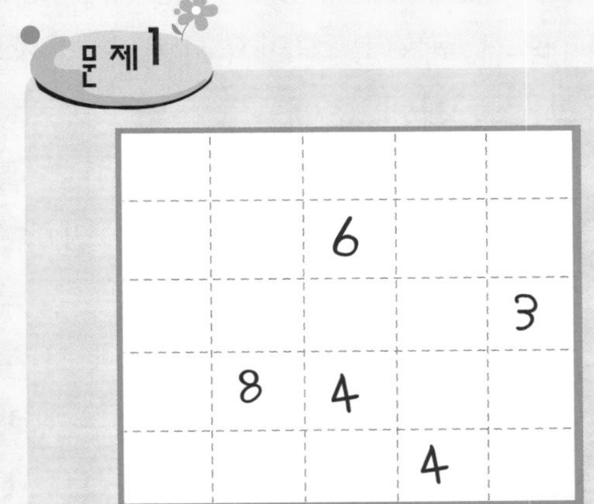

문제 2

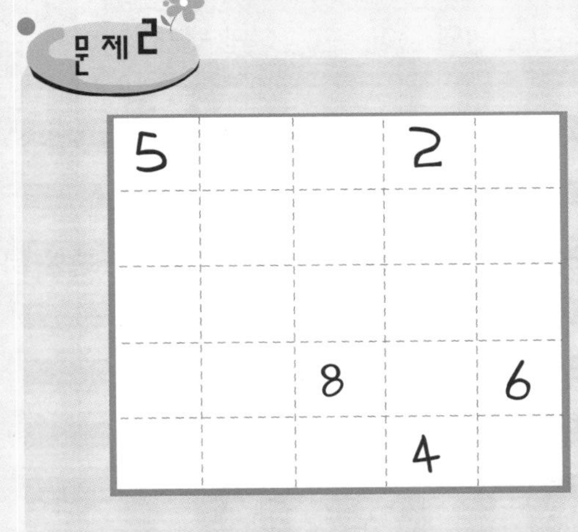

문제 3

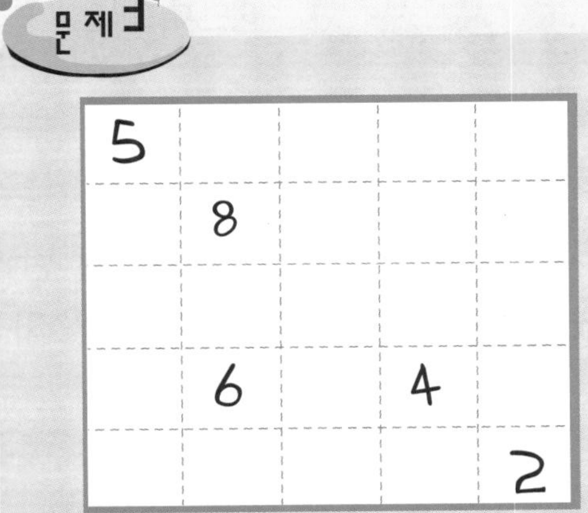

빠르고 정확하게 읽기

도전시간 5 분 00 초

걸린시간 분 초

오늘의 읽기 자료입니다. 잘 읽고 문제를 풀어 보세요.

한 사람이 평생 쓰는 종이의 양은 높이 18m, 지름 22cm의 소나무 87그루를 베어야 만들 수 있는 양이라고 합니다. 우리는 종이를 점점 많이 사용하고 있고, 나무는 그만큼 점점 줄어들고 있습니다. 나무가 줄어들면 지구의 환경 역시 위험해집니다. 나무를 지키는 것은 갈수록 파괴되고 있는 지구를 구할 수 있는 좋은 방법 중 하나입니다.

종이를 무조건 쓰지 말자고 할 수는 없어요. 대신 종이를 아껴 쓰는 방법을 찾아야 합니다. 우선 폐지를 재활용하거나 재생용지를 이용하는 방법이 있습니다. 〈해리포터〉 시리즈의 작가 조앤 K. 롤링은 "캐나다에서 출간되는 해리포터 책들은 오래된 숲에 해를 주지 않는 종이로 출판되기 때문에 아름다운 숲을 보호하는 데 도움이 됩니다."라고 말했습니다. 〈해리포터〉 시리즈의 완결판인 〈해리포터와 죽음의 성도들〉은 미국에서도 재생용지로 만들어졌습니다.

이면지*를 활용하는 방법도 있습니다. 우리가 생활하면서 쉽게 지킬 수 있는 방법이지요. 그냥 버려지는 이면지를 차곡차곡 모아 집게로 고정하거나 실로 꿰어서 노트나 수첩으로 사용하는 것은 어떨까요?

이면지 : 바깥에 드러나지 아니한 뒷면의 종이. 즉, 종이의 뒷면

다음 낱말들이 위 글에서 몇 번씩 나왔는지 개수를 세어 보세요. 많이 등장한 낱말일수록 글의 주제와 가장 관련이 깊은 핵심어입니다.

종이	재생용지	지구

문제 개수 3 개

맞은 개수 개

틀린 개수 개

♥ 다음 보기를 이용해서 ❷~❸번 문제를 풀어 보세요.

보기

① 수첩	② 이면지	③ 재생용지
④ 조앤 K. 롤링	⑤ 〈해리포터〉	⑥ 미국

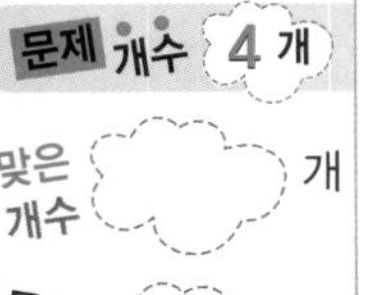

다음은 위 글의 내용을 한눈에 볼 수 있도록 정리한 표입니다. 빈칸에 보기의 ①~⑥을 알맞게 넣어 표를 완성해 보세요.

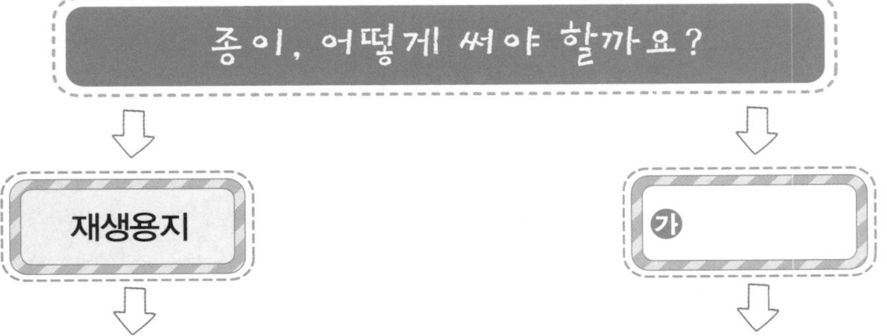

작가 ㉯ ( ) 이/가 지은 〈해리포터〉 시리즈는 캐나다와 ㉰ ( ) 에서 재생용지로 출판되었습니다.

일상생활에서는 이면지를 집게로 고정하거나 구멍을 뚫어 노트나 ㉱ ( ) 을/를 만들어 쓸 수 있습니다.

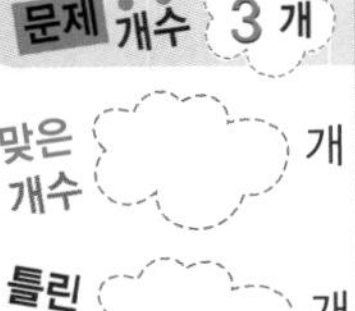

다음은 위 글의 중심 내용을 요약한 것입니다. 빈칸에 보기의 ①~⑥을 알맞게 넣어 요약 글을 완성해 보세요.

갈수록 늘어나는 종이 사용량을 줄일 수 없다면 ㉮ ( ) 을/를 이용하거나 이면지를 사용하는 것이 지구를 살릴 수 있는 방법입니다. 조앤 K. 롤링이 지은 ㉯ ( ) 시리즈는 캐나다와 ㉰ ( ) 에서 재생용지로 출간되었고, 우리는 평소에 이면지로 수첩을 만들어 쓸 수 있습니다.

문제 개수 4 개

맞은 개수 개

틀린 개수 개

다음은 위 글의 제목 후보입니다. 먼저, 위 글의 제목으로 가장 알맞은 것을 골라 빈칸에 ○를 하세요. 그런 다음, 주어진 조건에 맞게 ×, △, □를 표시하세요. (단, ○는 딱 한 개만 고르세요.)

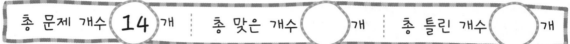

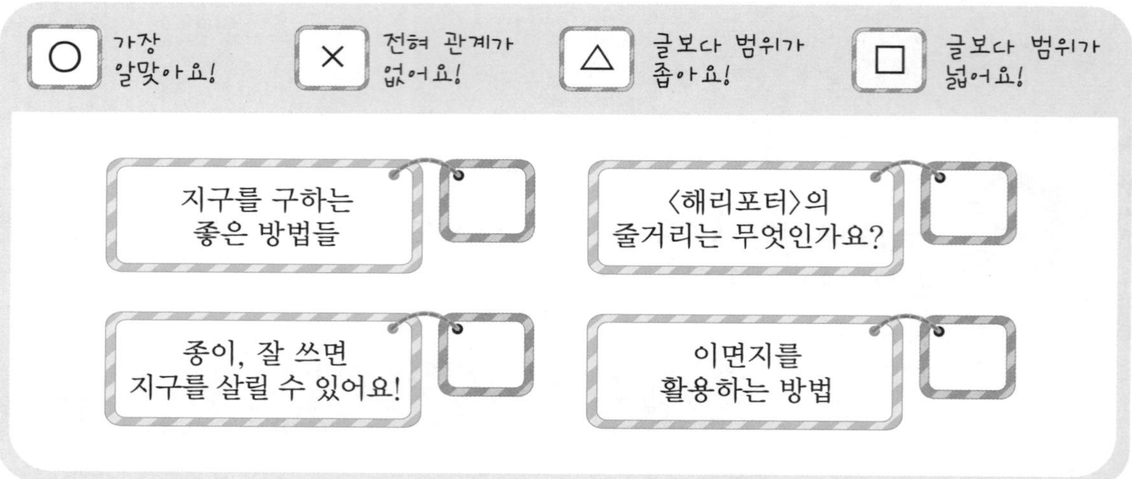

○ 가장 알맞아요!
× 전혀 관계가 없어요!
△ 글보다 범위가 좁아요!
□ 글보다 범위가 넓어요!
지구를 구하는 좋은 방법들
〈해리포터〉의 줄거리는 무엇인가요?
종이, 잘 쓰면 지구를 살릴 수 있어요!
이면지를 활용하는 방법

총 문제 개수 14 개 | 총 맞은 개수 개 | 총 틀린 개수 개

머리가 좋아지기 위해서는 모든 음식을 골고루 먹는 것이 중요하지만, 그중에서도 이런 음식을 잘 먹으면 두뇌 활동에 더 많은 도움을 줍니다.

- **꽁치, 고등어, 정어리 같은 등푸른 생선** : 뇌세포막을 구성하는 성분인 DHA가 많아서 뇌의 작용을 원활하게 해 주고 기억력과 학습력을 높여 줘요.
- **잣, 호두, 호박씨 등 견과류** : 뇌의 발달을 돕는 오메가3 지방산의 흡수율을 높여 주며, 비타민 E가 뇌의 혈액 흐름을 원활하게 해 줍니다.
- **우유, 콩, 육류 등 단백질 식품** : 단백질은 뇌세포의 재료가 되는 신경세포를 발달시킵니다.
- **신선한 과일과 채소류** : 신선한 비타민 C가 면역력을 높여 주고 뇌의 활동을 원활히 하며, 스트레스를 완화해 주고 뇌혈관을 튼튼하게 도와줘요.

29 회
공부를 시작할 때도
준비운동이 필요하다고!
하나둘 하나둘

머리 풀어주는 퍼즐

도전 시간		걸린 시간	
00 분	25 초	분	초

창의사고력 기초 다지기 정보처리능력 쑥~

보기 와 같이 ▙▄▄을 움직여 다음 모양을 채워 보세요.

보기

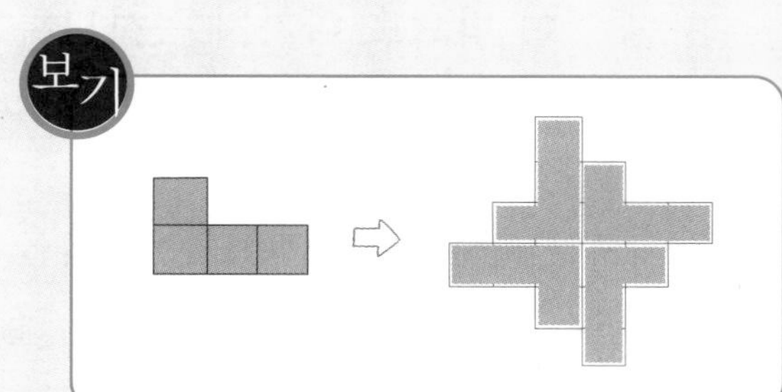

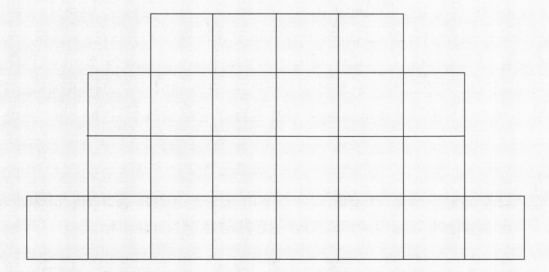

빠르고 **정확**하게

도전시간 5 분 40 초

걸린시간 분 초

오늘의 읽기 자료입니다. 잘 읽고 문제를 풀어 보세요.

세계 여러 나라들의 기후는 나라들의 수만큼이나 다양하고 독특합니다. 일 년 내내 추운 나라도 있고 일 년 내내 더운 나라도 있습니다. 또 우리나라와 같이 봄, 여름, 가을, 겨울의 사계절이 뚜렷한 나라도 있습니다. 기후가 다르면 사람들이 사는 집의 구조도 달라집니다.

추운 나라에서는 바람이 잘 통하지 않는 구조로 집을 지어 추운 바람이 들어오지 못하도록 합니다. 또 에스키모의 집인 이글루처럼 열이 밖으로 나가지 못하도록 집을 짓기도 합니다. 이글루는 눈과 얼음을 가지고 만든 집인데, 집에 물을 뿌리면 물이 얼면서 열을 내보내기 때문에 집안이 따뜻해집니다.

더운 나라에서는 땅 위에서 올라오는 열을 피해서 시원한 물 위에 수상 가옥을 짓거나 나무 위에 집을 짓습니다. 또 나무를 재료로 한 집을 짓기도 하는데, 나무집이 바람이 잘 통하기 때문입니다. 또 집 주위에 나무를 많이 심어 그늘을 만들어 시원하게 생활합니다.

우리나라는 사계절이 뚜렷하고 지역에 따라 기후 차가 큽니다. 그래서 지역마다 집을 다르게 짓습니다. 우리나라에서 기후의 영향을 많이 받은 집은 제주도와 울릉도에서 볼 수 있습니다. 눈이 많이 내리는 울릉도에서는 눈 때문에 집이 무너지는 것을 막기 위해서 지붕의 처마를 짧게 만듭니다. 바람이 많이 부는 제주도에서는 돌담을 쌓고 지붕이 날아가지 않도록 지붕 위에 돌과 그물을 얹어 둡니다.

1 핵심어 찾기

다음 낱말들 중에 위 글에 나온 낱말이 있으면 빈칸에 동그라미 하세요. 동그라미 한 낱말들이 위 글의 주제와 가장 관련이 높은 핵심어입니다.

문제 개수 8 개

맞은 개수 개

틀린 개수 개

기후	부엌	더운 나라	집의 구조	구름	먼 나라	추운 나라	이웃 나라

♥ 다음 보기를 이용해서 ❷~❸번 문제를 풀어 보세요.

보기
① 추운 나라
② 더운 나라
③ 사계절이 뚜렷한 우리나라
④ 물 위나 나무 위에 짓습니다.
⑤ 바람이 잘 통하지 않는 구조로 짓습니다.
⑥ 지역에 따라 기후 차가 커서 지역에 따라 집을 다르게 짓습니다.

다음은 위 글의 내용을 한눈에 볼 수 있도록 정리한 표입니다. 빈칸에 보기의 ①~⑥을 알맞게 넣어 표를 완성해 보세요.

문제 개수 4 개

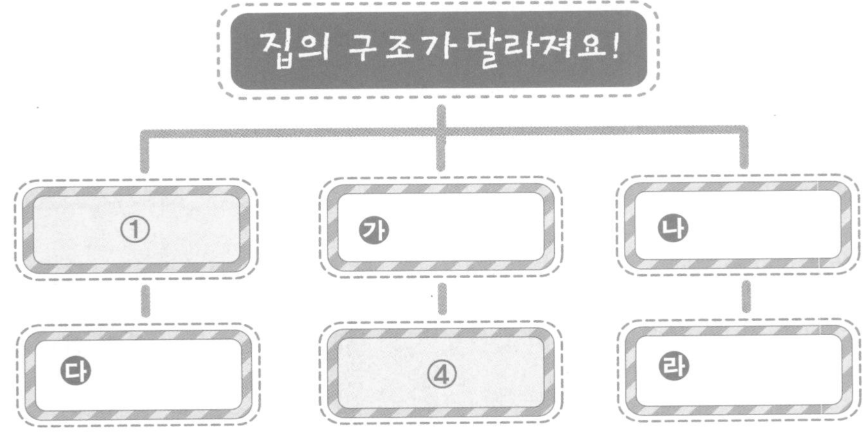

다음은 위 글의 중심 내용을 요약한 것입니다. 빈칸에 보기의 ①~⑥을 알맞게 넣어 요약 글을 완성해 보세요.

문제 개수 2 개

맞은 개수 개

틀린 개수 개

기후에 따라서 사람들이 사는 집의 구조가 달라집니다. 추운 나라에서는 집을 (가 ______). 반면 더운 나라에서는 집을 (나 ______). 사계절이 뚜렷한 우리나라의 경우에는 지역에 따라 기후 차가 커서 지역마다 집을 다르게 짓습니다.

문제 개수 4 개

맞은 개수 (   ) 개

틀린 개수 (   ) 개

다음은 위 글의 제목 후보입니다. 먼저, 위 글의 제목으로 가장 알맞은 것을 골라 빈칸에 ○를 하세요. 그런 다음, 주어진 조건에 맞게 ×, △, □를 표시하세요. (단, ○는 딱 한 개만 고르세요.)

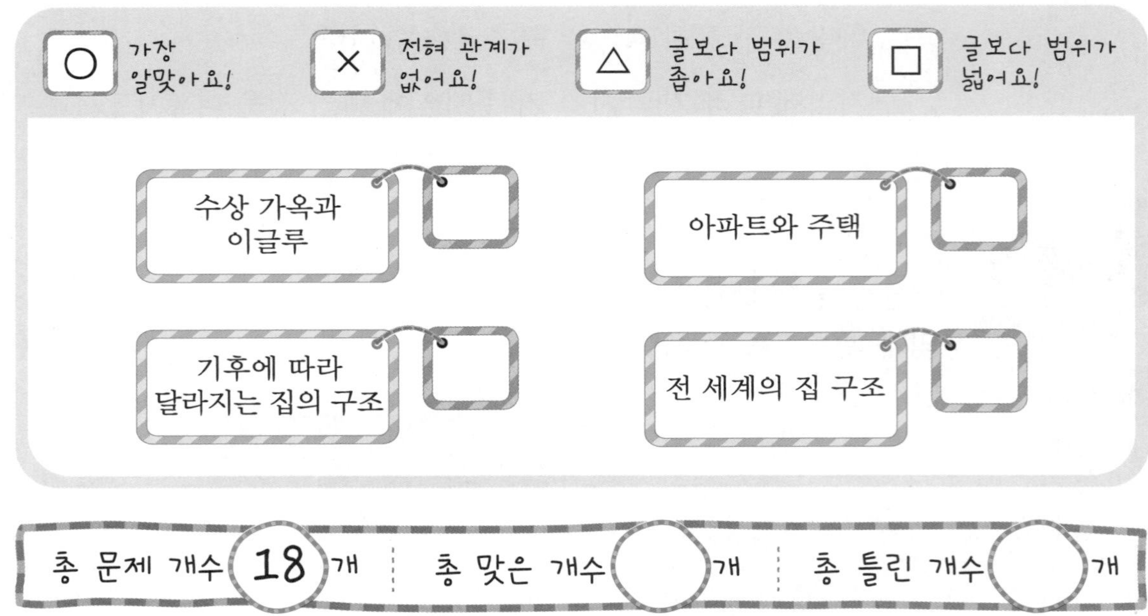

○ 가장 알맞아요!
× 전혀 관계가 없어요!
△ 글보다 범위가 좁아요!
□ 글보다 범위가 넓어요!
수상 가옥과 이글루
아파트와 주택
기후에 따라 달라지는 집의 구조
전 세계의 집 구조

총 문제 개수 18 개 | 총 맞은 개수 (   ) 개 | 총 틀린 개수 (   ) 개

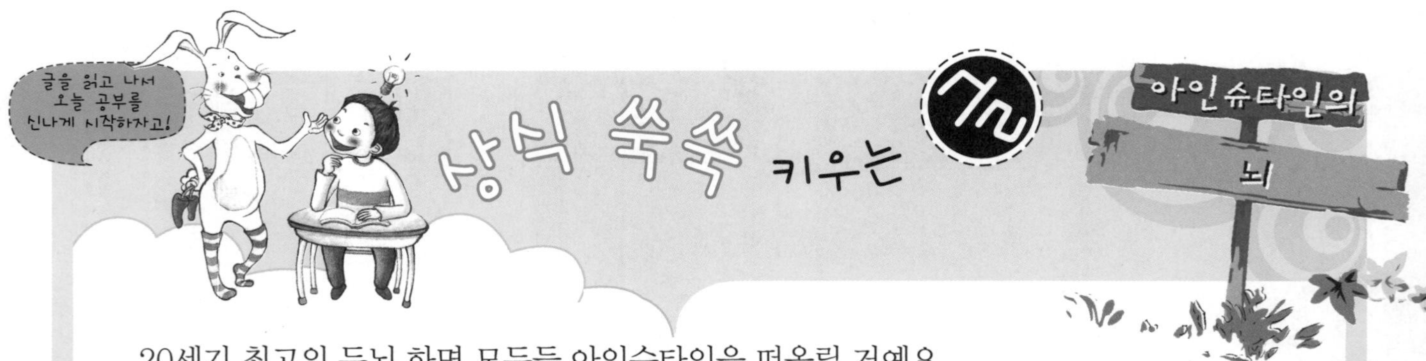

글을 읽고 나서 오늘 공부를 신나게 시작하자고!
상식 쑥쑥 키우는 글
아인슈타인의
뇌

20세기 최고의 두뇌 하면 모두들 아인슈타인을 떠올릴 거예요.

실제로 아인슈타인의 뇌는 많은 사람들의 관심거리가 되었죠. 그의 시신은 그가 죽은 후 화장이 되었지만, 아인슈타인의 뇌는 240개로 나뉘어 지금까지 보관되고 있습니다. 그렇다면 이런 천재적 두뇌의 소유자, 아인슈타인의 뇌에는 어떤 특별한 점이 있을까요?

아직도 뇌 과학계에서 연구가 진행 중이지만, 지금까지 밝혀진 바로는 보통 사람의 두뇌와 크기 면에서 다를 것이 없다고 합니다. 다만, 그의 뇌에는 보통 사람보다 아교 세포가 많아 지적 호기심이 왕성했으며, 수리 능력을 담당하는 두정엽이 보통 사람보다 15퍼센트 정도 더 발달해 있고, 뇌의 주름이 더 많았다고 합니다. 사물과 현상에 대한 끊임없는 호기심, 그것이 바로 아인슈타인의 뇌를 특별하게 만든 원동력이 아니었을까요.

30회 머리 풀어주는 퍼즐

도전 시간		걸린 시간	
00 분	30 초	분	초

창의사고력 기초 다지기 계산능력 쑥~

사다리를 타고 내려가면서, 같은 모양끼리 계산이 이루어지도록 빈칸을 채워 보세요.

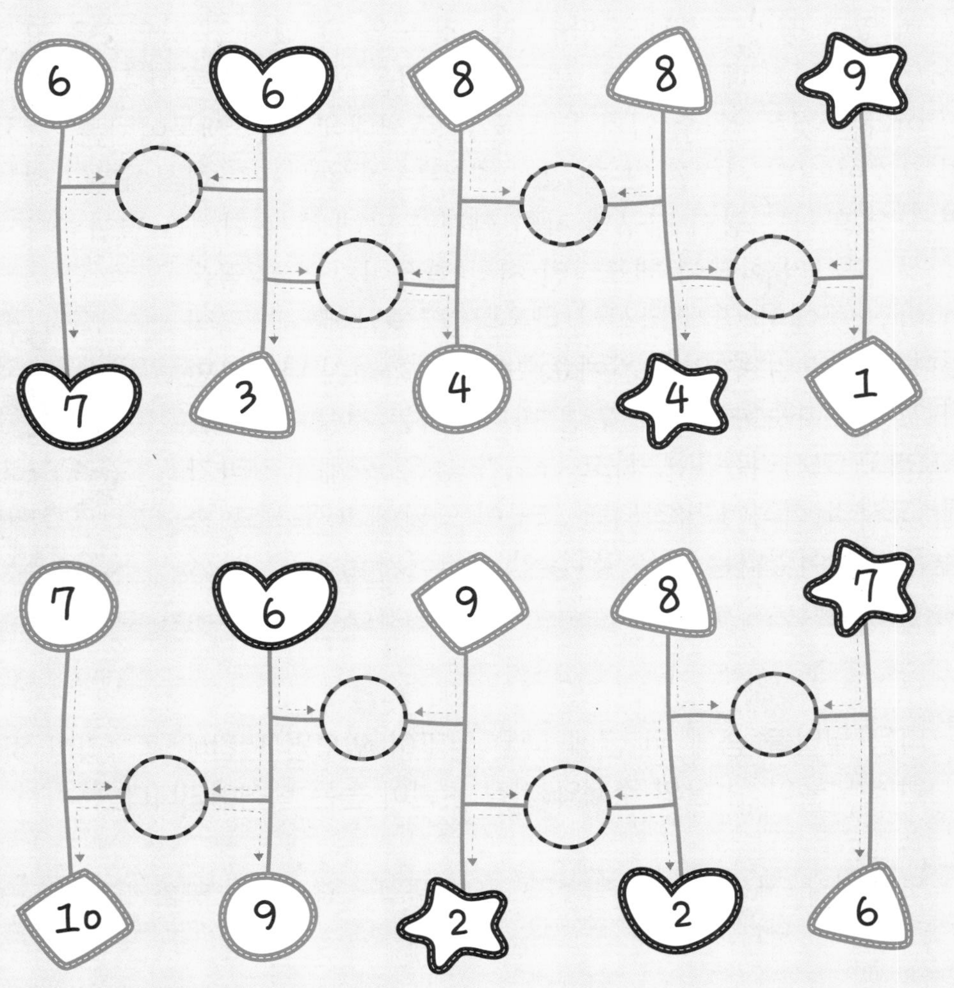

빠르고 정확하게 읽기

도전시간 5 분 50 초

걸린시간 분 초

오늘의 읽기 자료입니다. 잘 읽고 문제를 풀어 보세요.

화석은 단단한 돌입니다. 하지만 그냥 돌이 아니라, 그 속에 아주 옛날에 살았던 생물들의 흔적이 남아 있는 소중한 돌이에요. 화석은 '표준 화석'과 '시상 화석'으로 나눌 수 있습니다.

표준 화석은 시대를 구분하는 기준이 되는 화석이에요. 사람들이 살지 않던 아주 옛날을 '고생대', '중생대', '신생대' 등의 이름으로 나눕니다. 삼엽충 화석을 보면 그 화석이 묻혀 있던 땅이 고생대의 땅이라는 것을 알 수 있어요. 삼엽충은 고생대라는 시대에 살던 생물이기 때문이에요. 또 공룡 화석을 보면 그 화석이 묻혀 있던 땅이 중생대의 땅이라는 것을 알 수 있지요. 공룡은 중생대에 살던 생물이거든요. 삼엽충과 공룡처럼 그것이 살던 시대를 알 수 있게 해 주는 화석을 표준 화석이라고 하는 거예요.

한편 시상 화석은 당시 지구의 자연 환경을 말해 주는 화석을 말합니다. 조개 화석, 산호 화석, 고사리 화석이 대표적인 시상 화석이지요. 지금은 바다가 아닌 곳에서 조개 화석이 나온다면, 옛날에는 그곳이 바다였다는 것을 알 수 있는 거예요. 또 산호 화석이 나온다면 그곳이 옛날엔 따뜻하고 아주 얕은 바다였다는 것을 알 수 있어요. 그리고 고사리는 따뜻하고 습도가 높은 곳에서 자라기 때문에, 고사리 화석이 발견되면 그곳이 옛날에 따뜻하고 습도가 높은 지역이었다는 것을 알 수 있는 것이지요.

다음 낱말들 중에 위 글에 나온 낱말이 있으면 빈칸에 동그라미 하세요. 동그라미 한 낱말들이 위 글의 주제와 가장 관련이 높은 핵심어입니다.

문제 개수 8 개

맞은 개수 개

틀린 개수 개

조선 시대	시상 화석	박쥐	조개 화석	원숭이	불가사리	표준 화석	공룡

♥ 다음 보기를 이용해서 ❷~❸번 문제를 풀어 보세요.

보기
① 공룡 화석 ② 산호 화석 ③ 고사리 화석
④ 표준 화석 ⑤ 시상 화석 ⑥ 조개 화석
⑦ 시대를 구분하는 기준

다음은 위 글의 내용을 한눈에 볼 수 있도록 정리한 표입니다. 빈칸에 보기의 ①~⑦을 알맞게 넣어 표를 완성해 보세요.

문제 개수 4 개
맞은 개수 ( ) 개
틀린 개수 ( ) 개

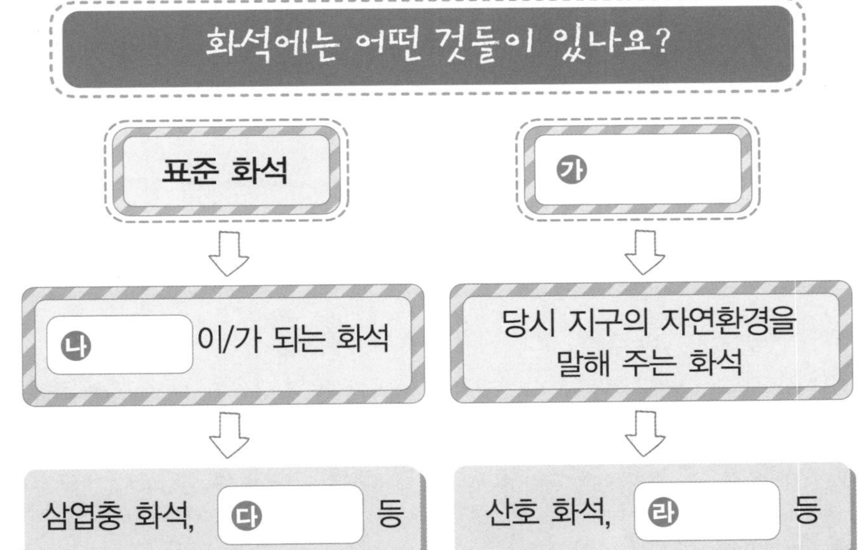

화석에는 어떤 것들이 있나요?
표준 화석
㉮
㉯ 이/가 되는 화석
당시 지구의 자연환경을 말해 주는 화석
삼엽충 화석, ㉰ 등
산호 화석, ㉱ 등

❸ 요약하기

다음은 위 글의 중심 내용을 요약한 것입니다. 빈칸에 보기의 ①~⑦을 알맞게 넣어 요약 글을 완성해 보세요.

문제 개수 2 개
맞은 개수 ( ) 개
틀린 개수 ( ) 개

화석에는 표준 화석과 시상 화석이 있습니다. ㉮ ( ) 은/는 시대를 구분하는 기준이 되는 화석으로, 삼엽충 화석이나 공룡 화석 등이 있습니다. 시상 화석은 당시 지구의 자연환경을 말해 주는 화석으로, 조개 화석, ㉯ ( ), 고사리 화석 등이 있습니다.

문제 개수 4 개

맞은 개수 ( ) 개

틀린 개수 ( ) 개

다음은 위 글의 제목 후보입니다. 먼저, 위 글의 제목으로 가장 알맞은 것을 골라 빈칸에 ○를 하세요. 그런 다음, 주어진 조건에 맞게 ×, △, □를 표시하세요. (단, ○는 딱 한 개만 고르세요.)

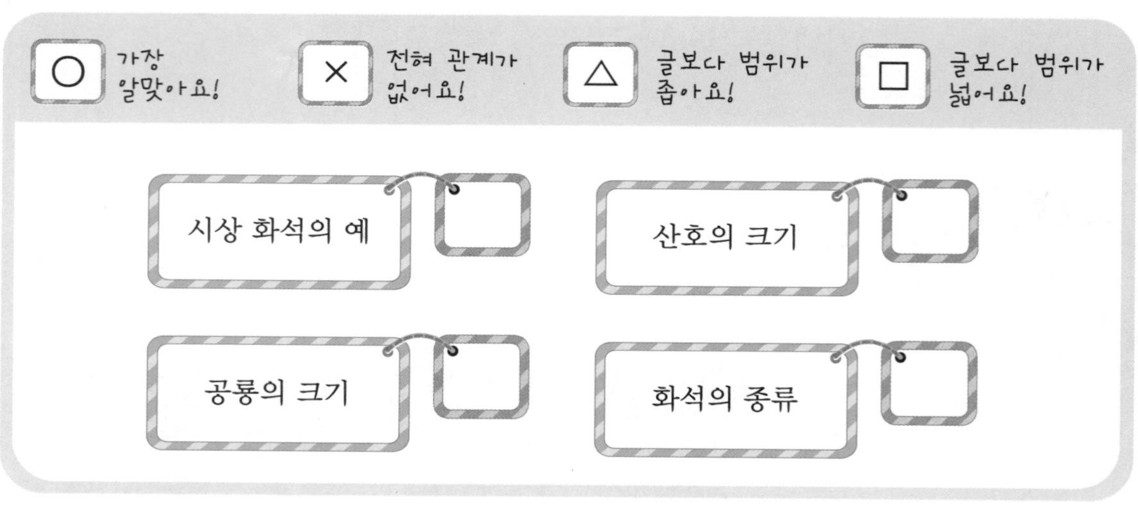

○ 가장 알맞아요!
× 전혀 관계가 없어요!
△ 글보다 범위가 좁아요!
□ 글보다 범위가 넓어요!
시상 화석의 예
산호의 크기
공룡의 크기
화석의 종류

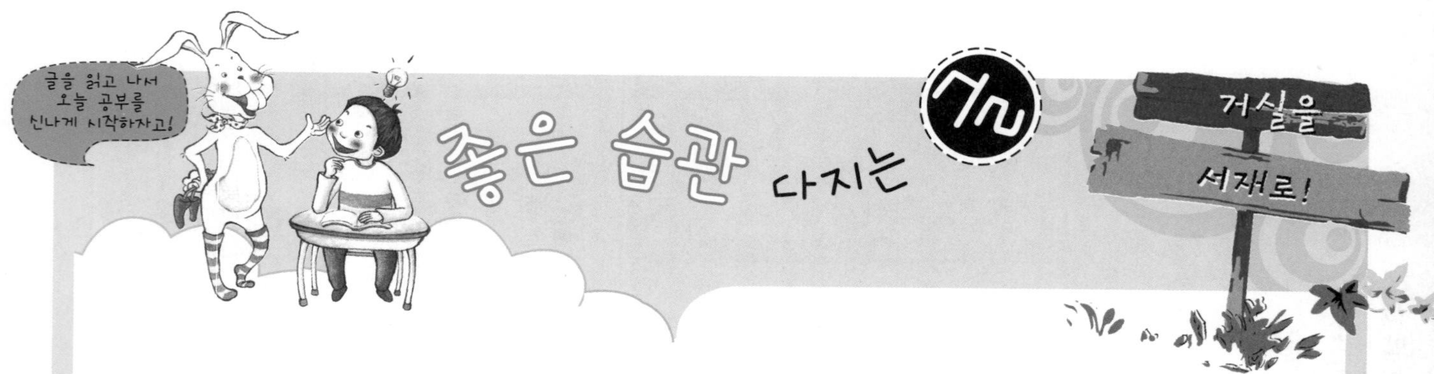

글을 읽고 나서 오늘 공부를 신나게 시작하자고!
좋은 습관 다지는 12
거실을 서재로!

"거실을 서재로"라는 말은 한 신문사에서 열고 있는 캠페인이랍니다. 대부분의 집에는 거실에서 가장 보기 좋은 곳에 텔레비전이 놓여 있지요. 하지만 텔레비전이나 컴퓨터에 빼앗기는 시간이 너무 많은 것은 아닌지 한번쯤 생각해 본 적 있나요?

거실 한가운데에 텔레비전이 아닌 책장이 놓여 있고, 그 책장에는 흥미진진한 책들로 가득하다면 당장이라도 조용히 책보기에 열중할 수 있겠지요. 그만큼 책을 많이 읽기 위해서는 책을 볼 수 있는 환경도 중요합니다. 시끌벅적한 가운데 책에 집중할 수는 없을 테니까요.

컴퓨터 게임기를 사 달라고 어머니를 조르는 대신, 여러분 집의 거실을 서재로 꾸며 달라고 말씀드려 보세요. 어머니는 함박 웃음을 지으시며 당장 멋진 서재를 꾸며 주실 거예요.

3·4학년

기본I

정답

일러두기

1. 답안과 다른 해결 방법을 가진 퍼즐 문제도 있습니다. 자유롭고 창의적으로 문제를 해결해 보세요.
2. 정답과 해설은 위에서 아래, 왼쪽에서 오른쪽의 순서로 배치되었으니 채점할 때 참고하세요.
3. 제시문의 내용 순서대로 답을 쓰도록 지도해 주세요.

01회 13쪽~16쪽

퍼즐

새 : 7장　　강아지 : 8장
바나나 : 7장　　꽃 : 13장
자동차 : 8장　　나비 : 6장

정답

① 핵심어 찾기 ○, ○, ○, ×, ○, ×, ×, ○

② 글의 짜임 그리기 ㉮③, ㉯②, ㉰⑤, ㉱⑥

③ 요약 하기 ㉮③, ㉯⑥

④ 제목 달기 ×, △, □, ○

해설

제시문 정리하기

제시문은 사람을 돕는 개의 종류와 역할에 대한 글입니다. 사람을 돕는 개에는 인명구조견, 눈썰매견, 마약탐지견, 시각장애인 도우미견 등이 있습니다. 인명구조견에는 독일 세퍼드와 세인트 버나드가, 눈썰매견에는 시베리안 허스키와 알래스칸 말라뮤트가 적격입니다. 마약탐지견에는 비글과 코커스패니얼이, 시각장애인 도우미견에는 래브라도 리트리버가 적합합니다.

④ 제목 달기

▶ **고양이 앞에 쥐** : 제시문에 나와 있지 않은 내용이므로 이 제목은 글의 내용과 전혀 관계가 없습니다. '고양이 앞에 쥐'란 무서운 사람 앞에서 설설 기면서 꼼짝 못한다는 속담입니다.

▶ **눈썰매견과 마약탐지견** : 제시문은 사람을 돕는 개들의 종류로 '인명구조견, 눈썰매견, 마약탐지견, 시각장애인 도우미견'의 네 가지를 말하고 있습니다. 이것은 인명구조견과 시각장애인 도우미견은 포함하지 못하기 때문에, 범위가 좁은 제목입니다.

▶ **우리 주위의 친숙한 동물들** : 우리 주위의 친숙한 동물들에는 개 외에도 고양이, 새 등의 동물들이 있습니다. 제시문에는 '개'에 관한 내용만 나오기 때문에 이것은 범위가 넓은 제목입니다.

▶ **사람을 돕는 고마운 개들** : 제시문은 사람을 돕는 개들의 종류와 역할에 대한 내용이므로, 이것이 가장 알맞은 제목입니다.

02회 17쪽~20쪽

퍼즐

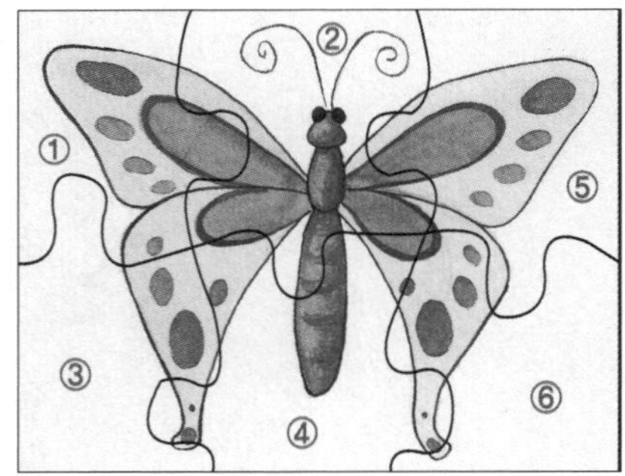

정답

① 핵심어 찾기 ×, ○, ○, ×, ×, ×

② 글의 짜임 그리기 ㉮⑤, ㉯③, ㉰②

③ 요약 하기 ㉮④, ㉯①

④ 제목 달기 △, ○, ×, ×

해설

제시문 정리하기

제시문은 휴대폰 튜닝 방법을 순서대로 설명한 글입니다. 휴대폰을 튜닝하는 순서는 '첫 번째, 투명 케이스와 물감과 붓, 투명 매니큐어, 드라이어를 준비한다. 두 번째, 준비한 투명 케이스에 붓을 이용하여 원하는 색의 물감을 칠한다. 세 번째, 색칠한 케이스 위에 좋아하는 사진이나 스티커를 붙인다. 네 번째, 투명 매니큐어로 덧칠한다. 마지막으로, 완전히 말린 케이스에 휴대폰을 넣는다.' 입니다.

④ 제목 달기

▶ **휴대폰 튜닝에 필요한 도구** : 이것은 휴대폰 튜닝의 방법을 포함하지 못하기 때문에, 범위가 좁은 제목입니다.

▶ **휴대폰 튜닝 방법** : 제시문은 휴대폰을 튜닝하는 방법을 순서대로 설명한 글이므로, 이것이 가장 알맞은 제목입니다.

▶ **세상에서 제일 비싼 휴대폰** : 제시문에 나와 있지 않은 내용이므로 이 제목은 글의 내용과 전혀 관계가 없습니다.

▶ **휴대폰 싸게 사는 방법** : 제시문에 나와 있지 않은 내용이므로 이 제목은 글의 내용과 전혀 관계가 없습니다.

03회 21쪽~24쪽

퍼즐

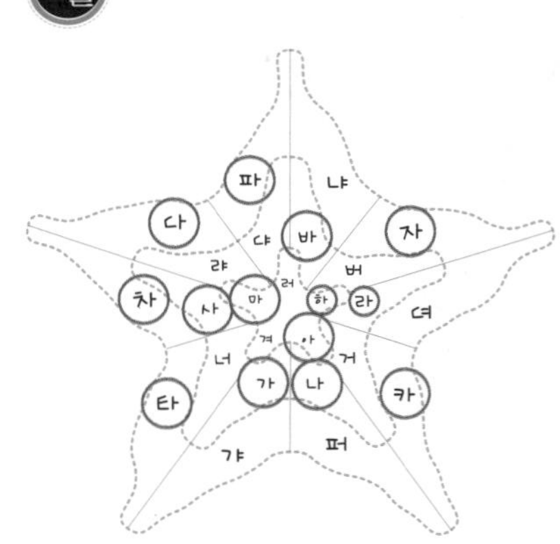

정답

① 핵심어 찾기 1, 1, 2, 9, 1, 2

② 글의 짜임 그리기 ㉮⑤, ㉯①, ㉰④

③ 요약 하기 ㉮①, ㉯④

4 제목 달기 ×, ○, ×, △

제시문 정리하기

제시문은 해외 여행을 알차고 즐겁게 보내는 방법에 관한 글입니다. 방법은 '첫째, 여행지에 대해 미리 공부하고 간다. 둘째, 현지 인사말을 배워 간다. 셋째, 여행지에서 느낀 것과 생각들을 메모한다.' 입니다.

4 제목 달기

- **내가 가 보고 싶은 나라, 칠레** : 제시문에 나와 있지 않은 내용이므로 이 제목은 글의 내용과 전혀 관계가 없습니다.
- **즐겁고 알찬 해외 여행을 하는 방법** : 제시문은 해외 여행을 알차고 즐겁게 보내는 세 가지 방법에 관한 글이므로 이것이 가장 알맞은 제목입니다.
- **배낭을 잘 꾸리는 방법** : 제시문에 나와 있지 않은 내용이므로 이 제목은 글의 내용과 전혀 관계가 없습니다.
- **여행지에서 느낀 점 메모하기** : 네 번째 단락에 나와 있는 내용이지만 알차고 즐거운 해외 여행을 위한 여러 방법 중 하나이기 때문에 범위가 좁은 제목입니다.

퍼즐

1 핵심어 찾기 11, 2, 2, 1, 1, 1

2 글의 짜임 그리기 가①, 나③, 다②,

3 요약 하기 가③, 나⑤

4 제목 달기 △, ×, ○, ×

제시문 정리하기

제시문은 공룡이 지구에서 어떻게 멸종된 것인지에 대해 육하원칙으로 구성된 글입니다. '누가' = 공룡, '언제' = 6000만 년 전, '어디서' = 지구, '왜' = 운석과 지구의 충돌로 생긴 큰 먼지가 태양을 가리게 되어 지구의 온도가 갑자기 내려가서, '어떻게' = 공룡들이 얼어 죽거나 굶어 죽었다.

4 제목 달기

- **지구와 운석의 충돌** : 이것은 세 번째 단락에 나와 있습니다. 그러나 이것은 공룡이 사라진 원인이긴 하지만 그에 따른 결과 등의 전체 내용을 포함하지 못하기 때문에 범위가 좁은 제목입니다.
- **우리의 친구, 킹콩** : 제시문에 나와 있지 않은 내용이므로 이 제목은 글의 내용과 전혀 관계가 없습니다.
- **공룡의 멸종 이유** : 제시문은 공룡이 멸종하게 된 이유를 육하원칙에 따라 설명하는 글이므로, 이것이 가장 알맞은 제목입니다.
- **영화 〈쥬라기 공원〉에 나온 배우들** : 제시문에 나와 있지 않은 내용이므로 이 제목은 글의 내용과 전혀 관계가 없습니다.

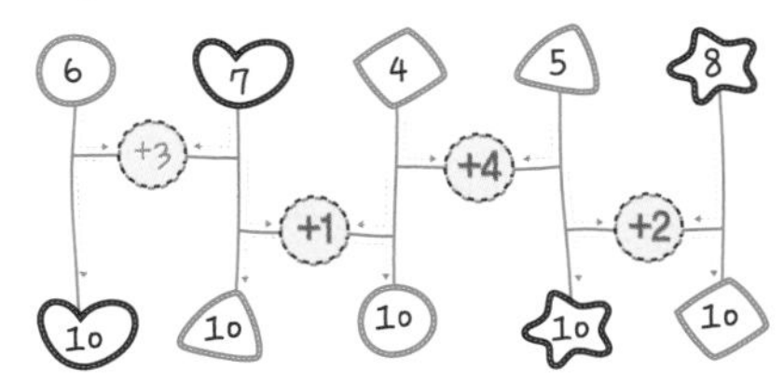

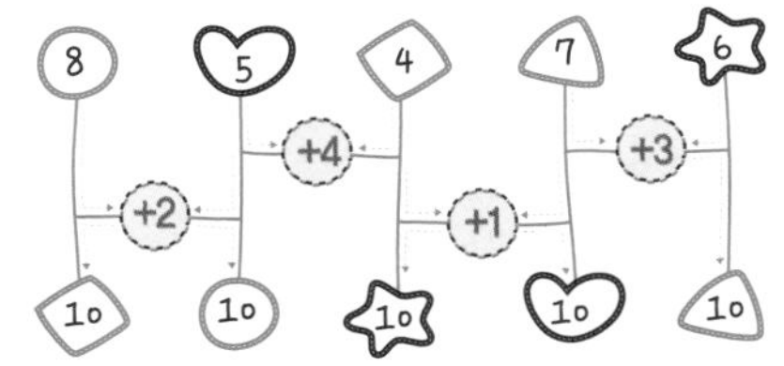

1 핵심어 찾기 ○, ×, ○, ×, ○, ×, ×, ○

2 글의 짜임 그리기 가②, 나①

3 요약 하기 가①, 나⑤, 다③

4 제목 달기 ×, ○, △, △

제시문 정리하기

제시문은 로봇의 종류에 관한 글입니다. 로봇의 종류에는 '직접조종 로봇', '사이보그', '휴머노이드', '엔터테인먼트 로봇' 등이 있습니다. 직접조종 로봇은 물건을 만들고 나르는 로봇이고, 사이보그는 기계나 전기장치를 몸에 붙여 개조한 사람입니다. 휴머노이드는 사람과 같이 팔과 다리가 있는 로봇이고, 엔터테인먼트 로봇은 강아지와 고양이 로봇과 같은 애완 로봇을 말합니다.

4 제목 달기

- **미래소년 아톰** : 제시문에 나와 있지 않은 내용이므로 이 제목은 글의 내용과 전혀 관계가 없습니다.
- **로봇의 종류** : 제시문은 '휴머노이드', '엔터테인먼트 로봇', '직접조종 로봇', '사이보그' 등 네 가지 종류의 로봇의 특징에 대한 내용이므로, 이것이 가장 알맞은 제목입니다.
- **사이보그와 휴머노이드** : 이것은 제시문에 나타난 '직접조종 로봇'과 '엔터테인먼트 로봇'을 포함하지 못하기 때문에, 범위가 좁은 제목입니다.
- **전쟁 로봇** : 제시문에 전쟁 로봇은 직접조종 로봇에 속한다는 내용이 나와 있습니다. 그러나 이것은 로봇의 다른 종류인 '휴머노이드', '엔터테인먼트 로봇', '사이보그' 등을 포함하지 못하므로 범위가 좁은 제목입니다.

20개

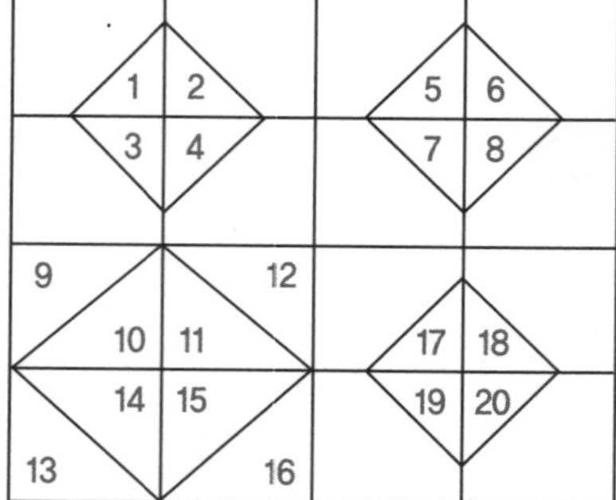

① 핵심어 찾기 1, 10, 1

② 글의 짜임 그리기 ㉮③, ㉯④, ㉰⑤

③ 요약 하기 ㉮①, ㉯⑤, ㉰⑥

④ 제목 달기 △, ×, ×, ○

제시문 정리하기

제시문은 소중한 자원인 동굴이 점점 오염되고 있다는 내용의 글입니다. 최근 동굴이 급격히 망가지고 오염되는 까닭은 관람객의 체온으로 동굴의 온도가 올라가, 석순과 종유석이 제대로 자라지 못하기 때문입니다. 또한 관람객이 석순과 종유석을 잘라가기도 하며, 동굴 벽에 낙서를 하거나 동굴 안에 쓰레기를 버리기 때문입니다.

④ 제목 달기

▶ **석순이 제대로 자라지 못하는 이유** :동굴을 구경하는 사람들의 체온 때문에 동굴의 온도가 올라가서 석순과 종유석이 제대로 자라지 못한다는 내용이 나와 있기는 하지만, 동굴이 오염되고 있다는 내용 중의 일부이므로 글의 범위가 좁은 제목입니다.

▶ **어디로 소풍 갈까요?** : 제시문에 나와 있지 않은 내용이므로 이 제목은 글의 내용과 전혀 관계가 없습니다.

▶ **김똑똑 기자의 바쁜 하루** : 김똑똑 기자가 내용을 전해 주고 있지만, 김똑똑 기자의 하루를 설명하는 글이 아니므로, 이 제목은 글의 내용과 전혀 관계가 없습니다.

▶ **동굴이 아파요!** : 제시문은 소중한 자원인 동굴이 오염되고 있는 까닭에 대해 설명하고 있는 글이므로 이것이 가장 알맞은 제목입니다.

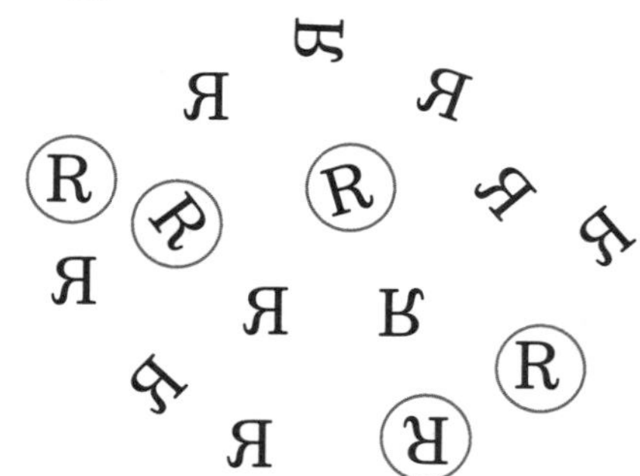

① 핵심어 찾기 ○, ○, ×, ×, ×, ○

② 글의 짜임 그리기 ㉮②, ㉯③, ㉰①, ㉱⑦, ㉲⑥, ㉳④, ㉴⑤

③ 요약 하기 ㉮③, ㉯①, ㉰⑦

④ 제목 달기 △, ×, ×, ○

제시문 정리하기

제시문은 요일마다 정해진 색깔이 있는 태국에 관한 글입니다. 월요일은 노란색, 화요일은 분홍색, 수요일은 녹색, 목요일은 귤색, 금요일은 파란색, 토요일은 보라색, 일요일은 빨간색으로 많은 태국 사람들은 요일에 따라 정해진 색깔에 맞추어 옷을 입곤 합니다.

④ 제목 달기

▶ **태국의 국왕이 태어난 요일의 색깔** : 제시문에서 월요일의 색은 노란색이며, 월요일은 국왕이 태어난 요일이기도 하므로 많은 사람들이 노란색 옷을 즐겨 입는다고 나와 있습니다. 그러나, 이것은 월요일을 제외한 다른 요일의 색깔을 포함하지 못하며, 핵심 내용인 "태국은 요일마다 정해진 색깔이 있다."라는 내용도 포함하지 못하기 때문에 범위가 좁은 제목입니다.

▶ **달마다 정해진 노래가 있는 중국** : 제시문에 나와 있지 않은 내용이므로 이 제목은 글의 내용과 전혀 관계가 없습니다.

▶ **태국의 유명한 관광지** : 제시문에 나와 있지 않은 내용이므로 이 제목은 글의 내용과 전혀 관계가 없습니다.

▶ **요일마다 정해진 색깔이 있는 태국** : 제시문은 태국이 요일마다 정해진 색깔이 있으며, 그 색깔이 무엇인지 설명하는 글이므로, 이것이 가장 알맞은 제목입니다.

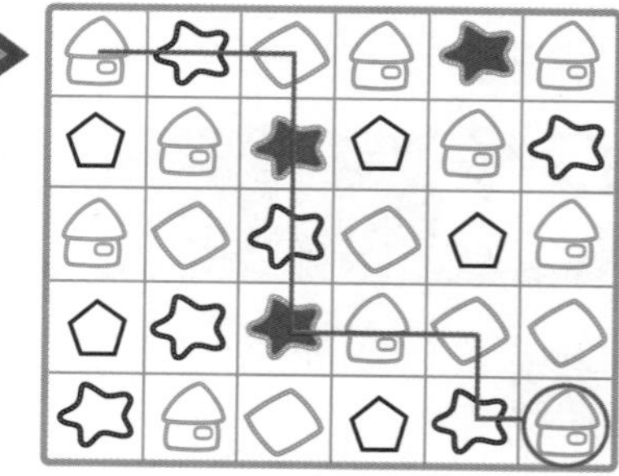

① 핵심어 찾기 1, 3, 5

② 글의 짜임 그리기 ㉮⑤, ㉯③, ㉰④

③ 요약 하기 ㉮⑥, ㉯②

④ 제목 달기 △, ○, △, ×

제시문 정리하기

제시문은 비만을 예방하는 방법에 대한 글입니다. 어린이의 건강을 해치는 비만을 해결하기 위해서는 첫째로 학교와 가정에서 건강에 좋은 음식을 먹어야 합니다. 둘째로 체육 시간을 늘려야 합니다. 셋째로 자주 걷는 습관을 들여야 합니다.

④ **제목 달기**

- **건강에 좋은 음식을 먹어요!** : 비만을 예방하기 위해 제안한 방법 중 하나이지만, 내용 전체를 담고 있지 않아 범위가 좁은 제목입니다.
- **비만 예방, 이렇게 해요!** : 제시문은 건강을 해치는 비만을 예방하는 방법을 소개하는 글이므로, 이것이 가장 알맞은 제목입니다.
- **자주 걷는 습관을 가져요!** : 비만을 예방하기 위해 제안한 방법 중 하나이지만, 내용 전체를 담고 있지 않아 범위가 좁은 제목입니다.
- **어린이가 좋아하는 음식** : 제시문에 나와 있지 않은 내용이므로 이 제목은 글의 내용과 전혀 관계가 없습니다.

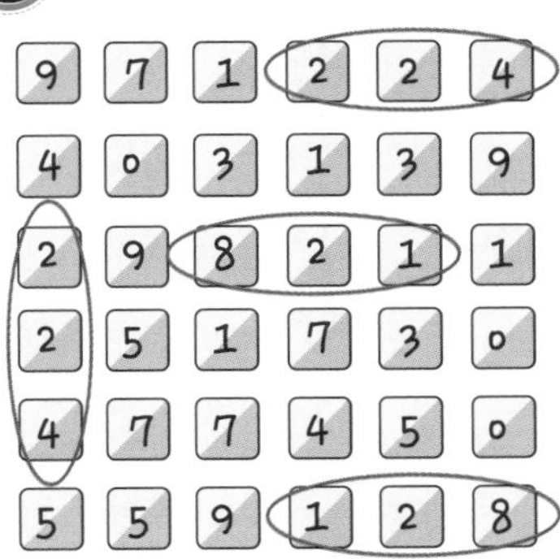

① **핵심어 찾기** 1, 4, 2, 2, 1, 1

② **글의 짜임 그리기** ㉮④, ㉯③, ㉰②, ㉱①, ㉲⑤, ㉳⑥

③ **요약 하기** ㉮⑥, ㉯④

④ **제목 달기** ×, ○, ×, △

제시문 정리하기

제시문은 '기차를 언제 어디서 누가 만들었는지'에 대하여 육하원칙으로 구성한 글입니다. 육하원칙에 따라 내용을 살펴보면 '누가 = 조지 스티븐슨, 언제 = 1825년, 어디서 = 영국, 무엇을 =기차, 어떻게 = 만들었다, 왜 = 마차보다 더 빠르고 좋은 교통수단이 필요해서'로 정리할 수 있습니다.

④ **제목 달기**

- **우리나라의 기차** : 제시문에는 우리나라의 기차에 대한 내용이 나오지 않습니다. 그러므로 이 제목은 글의 내용과 전혀 관계가 없습니다.
- **기차의 탄생** : 제시문은 기차가 언제, 누구에 의해, 어떻게, 왜 만들어졌는지 설명하는 글이므로, 이것이 가장 알맞은 제목입니다.
- **비행기 여행** : 제시문에 나와 있지 않은 내용이므로 이 제목은 글의 내용과 전혀 관계가 없습니다.
- **기차를 만든 사람** : 이것은 육하원칙 중 '누구'에 해당하는 것으로 육하원칙의 나머지 내용은 포함하지 못하기 때문에, 범위가 좁은 제목입니다.

퍼즐

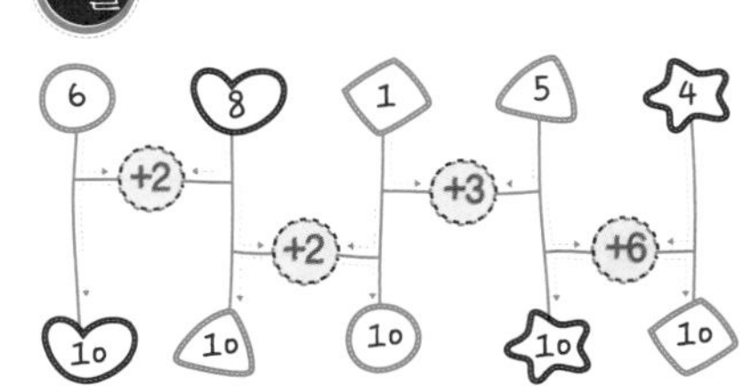

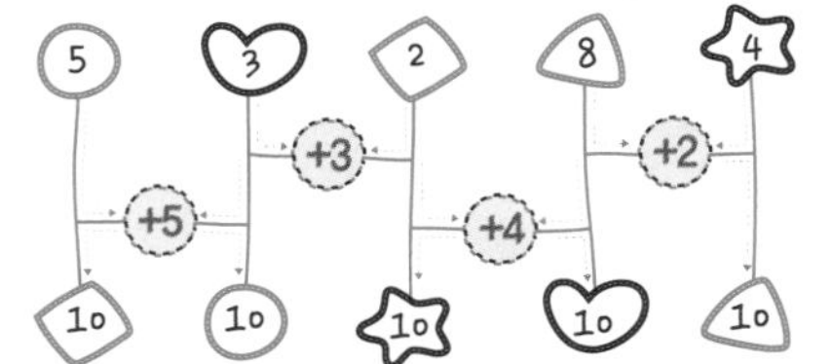

① **핵심어 찾기** 3, 2, 1, 1, 6, 2

② **글의 짜임 그리기** ㉮⑤, ㉯②, ㉰①

③ **요약 하기** ㉮②, ㉯①, ㉰④

④ **제목 달기** ○, △, ×, △

제시문 정리하기

제시문은 충치가 생겼을 때 이를 해결하는 방법에 관한 글입니다. 본문의 내용에서 제시한 순서대로 그림을 그리면 ❷번의 빈칸에는 ⑤②①이 순서대로 왼쪽부터 들어가게 됩니다.

④ **제목 달기**

- **충치 해결 방법** : 제시문은 충치 해결 방법에 대한 글이므로, 이것이 가장 알맞은 제목입니다.
- **불소 섭취의 중요성** : 이를 단단하게 하기 위해 불소 섭취를 하는 것이 좋습니다. 그러나 이것은 다른 해결 방법은 포함하지 못하기 때문에 범위가 좁은 제목입니다.
- **입 안의 구조** : 제시문에 나와 있지 않은 내용이므로 이 제목은 글의 내용과 전혀 관계가 없습니다.
- **이를 튼튼하게 해 주는 칼슘** : 이것은 이를 튼튼하게 해 주는 영양소가 들어 있는 음식을 골고루 섭취해야 한다는 두 번째 해결 방법의 내용입니다. 그러나 이것은 다른 해결 방법은 포함하지 못하기 때문에 범위가 좁은 제목입니다.

❷

문제2 ❶

① 핵심어 찾기 ○, ○, ×, ×, ×, ×, ○, ○

② 글의 짜임 그리기 ㉮③, ㉯⑥, ㉰⑤, ㉱②

③ 요약 하기 ㉮①, ㉯②

④ 제목 달기 ×, △, ○, ×

제시문 정리하기

제시문은 성격에 따라 악기 고르는 방법에 대한 글입니다. 배울 악기를 선택할 때에는 자신의 성격을 고려하여 골라야 합니다. 집중을 잘 하지 못하는 사람은 피아노를, 참을성이 강한 사람은 바이올린을, 성격이 날카로운 사람은 첼로를 고르는 것이 좋습니다.

④ 제목 달기

▶ **피아노 연주하는 방법** : 제시문에 나와 있지 않은 내용이므로 이 제목은 글의 내용과 전혀 관계가 없습니다.

▶ **참을성 많은 사람에게 어울리는 악기** : 참을성이 많은 사람에게는 바이올린이 어울린다고 설명하고 있지만, 내용 전체를 담지 못하므로 범위가 좁은 제목입니다.

▶ **성격에 어울리는 악기 고르기** : 제시문은 성격에 따라서 어떤 악기를 고르는 것이 좋을지를 설명하는 글입니다. 그러므로 이것이 가장 알맞은 제목입니다.

▶ **음악 감상의 효과** : 제시문에 나와 있지 않은 내용이므로 이 제목은 글의 내용과 전혀 관계가 없습니다.

퍼즐

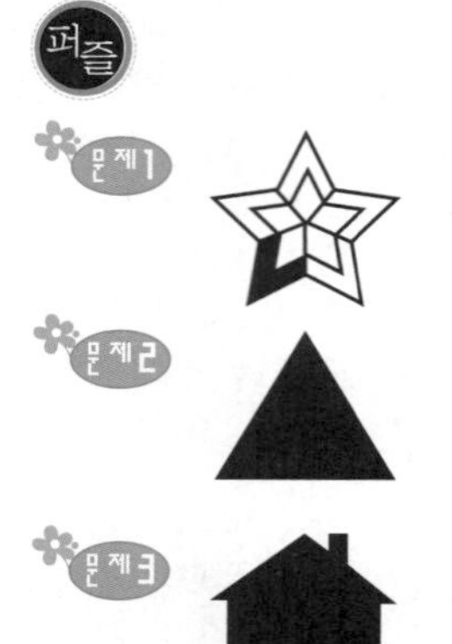

① 핵심어 찾기 1, 1, 11, 1, 1, 3

② 글의 짜임 그리기 ㉮④, ㉯⑤, ㉰⑥, ㉱②

③ 요약 하기 ㉮③, ㉯④

④ 제목 달기 ○, ×, ×, △

제시문 정리하기

제시문은 우리가 갯벌을 소중히 지켜야 한다는 주장을 내세우는 글입니다. 그 주장의 근거는 '첫 번째, 육지보다 훨씬 높은 생산성을 가지고 있다. 두 번째, 바다가 오염되는 것을 줄여 준다. 세 번째, 홍수, 태풍, 해일의 피해를 줄여 준다. 네 번째, 많은 체험을 할 수 있고, 관광자원으로도 도움을 준다.' 입니다.

④ 제목 달기

▶ **우리가 갯벌을 지켜야 하는 이유** : 제시문은 갯벌의 중요성을 근거로 우리가 갯벌을 소중히 여기고 지켜야 한다는 주장을 내세우는 글이므로, 이것이 가장 알맞은 제목입니다.

▶ **갯벌에서 하기 쉬운 놀이** : 제시문에 나와 있지 않은 내용이므로 이 제목은 글의 내용과 전혀 관계가 없습니다.

▶ **일본 갯벌의 특성** : 제시문에 나와 있지 않은 내용이므로 이 제목은 글의 내용과 전혀 관계가 없습니다.

▶ **갯벌의 역할** : 이것은 제시문의 두 번째 단락에서 설명되고 있으나, 위 글의 핵심 내용인 갯벌을 지켜야 하는 이유를 포함하지 않기 때문에 범위가 좁은 제목입니다.

① 핵심어 찾기 1, 1, 1, 3, 1, 9

② 글의 짜임 그리기 ㉮②, ㉯⑤, ㉰①

③ 요약 하기 ㉮④, ㉯②, ㉰①

④ 제목 달기 □, ×, △, ○

제시문 정리하기

제시문은 비단이 만들어지는 과정에 대한 글입니다. 비단을 만드는 순서는 첫 번째, 뽕나무와 누에를 준비하여 뽕나무 잎으로 누에가 실을 토해 내서 고치를 만들 때까지 키웁니다. 두 번째, 누에고치를 거두어들입니다. 세 번째, 거두어들인 누에고치는 뜨거운 물에 1분 정도 삶았다 식힙니다. 네 번째, 삶았다 식힌 누에고치를 물레에 걸어서 실을 뽑아냅니다. 마지막으로 명주실을 베틀에 걸고 짜면 비단이 완성됩니다.

④ 제목 달기

▶ **우리나라의 옷감** : 우리나라의 옷감에는 삼베, 모시, 무명, 비단 등이 있습니다.

제시문은 이 중에서 비단에 초점을 맞추어 설명하고 있으므로 이것은 범위가 넓은 제목입니다.

▶ **악마는 비단을 입는다** : 제시문에 나와 있지 않은 내용이므로 이 제목은 글의 내용과 전혀 관계가 없습니다.

▶ **비단의 재료** : 비단의 재료인 누에와 뽕나무를 활용해 비단을 만드는 과정을 설명하는 글이기 때문에 이것은 범위가 좁은 제목입니다.

▶ **비단은 어떻게 만들어지나요?** : 제시문은 비단이 만들어지는 과정을 순서대로 설명한 글이므로 이것이 가장 알맞은 제목입니다.

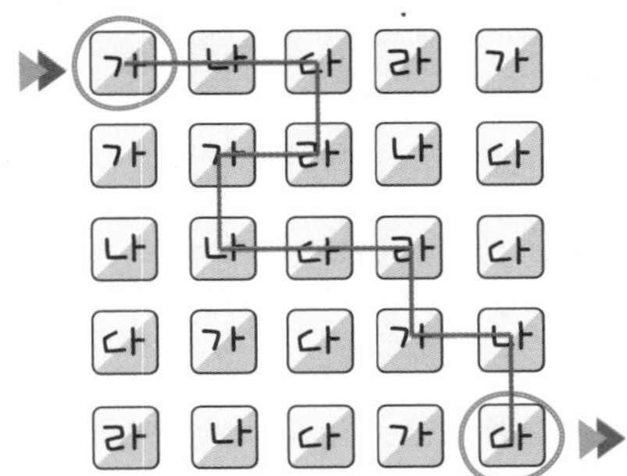

1 핵심어 찾기 1, 1, 6, 2, 5, 1

2 글의 짜임 그리기 ㉮④②, ㉯⑤⑥⑦③

3 요약 하기 ㉮④, ㉯⑤

4 제목 달기 ×, ○, △, △

제시문 정리하기

제시문은 구석기 시대와 신석기 시대의 공통점과 차이점에 대한 글입니다. 구석기 시대에는 주로 옮겨 다니며 생활했고, 돌을 깨뜨려 사용했으며, 열매나 뿌리를 채취하고 물고기와 짐승을 잡아먹었습니다. 반면, 신석기 시대에는 한곳에 머물러 살면서 돌을 갈아서 도구로 사용하고, 뼈바늘로 옷을 지어 입었으며 농사도 짓고 살았습니다.

4 제목 달기

▶ **다양한 돌의 종류** : 제시문에 나와 있지 않은 내용이므로 이 제목은 글의 내용과 전혀 관계가 없습니다. 간석기와 뗀석기는 돌의 종류를 설명하는 것이 아니라 돌의 사용 방법을 설명한 내용입니다.

▶ **구석기 시대와 신석기 시대** : 제시문은 구석기 시대와 신석기 시대의 공통점과 차이점을 설명하는 글이므로 이것이 가장 알맞은 제목입니다.

▶ **신석기 시대의 특징** : 이것은 구석기 시대의 특징은 포함하지 못하기 때문에 범위가 좁은 제목입니다.

▶ **구석기 시대 사람들이 사는 방법** : 이것은 신석기 시대의 다른 특징은 포함하지 못하기 때문에 범위가 좁은 제목입니다.

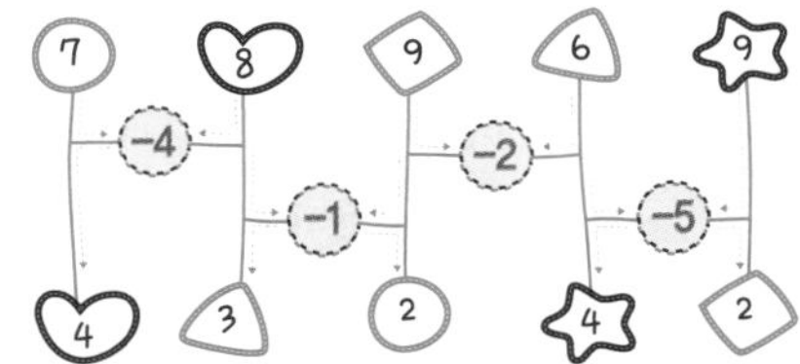

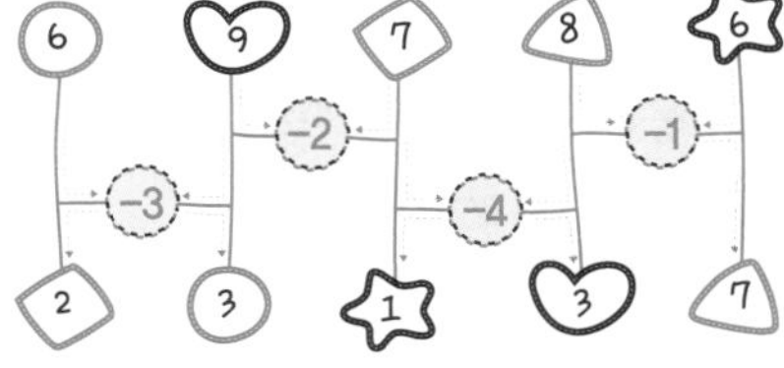

1 핵심어 찾기 1, 10, 3, 2, 1, 9

2 글의 짜임 그리기 ㉮③, ㉯⑥, ㉰④

3 요약 하기 ㉮①③⑥④, ㉯⑤②

4 제목 달기 ○, ×, ×, △

제시문 정리하기

제시문은 '쌀'과 '밀가루'가 우리 몸에 미치는 영향에 관한 글입니다. '쌀'은 '밀가루'보다 소화 흡수가 잘 되고, 몸을 따뜻하게 해 줍니다. 또 알레르기를 일으키지 않는 안전한 식품이며, 지방이 적어 비만을 예방해 줍니다. 따라서 쌀은 밀가루보다 우리 건강에 좋습니다. ①③④⑥은 쌀의 성질이고, ②⑤는 밀가루의 성질입니다. 따라서 ❷번 문제의 빈칸에는 쌀의 성질(장점)인 ①③④⑥이 ①③⑥④의 순서로 들어가야 합니다.

4 제목 달기

▶ **우리 몸에 좋은 쌀** : 제시문은 쌀과 밀가루를 비교하여 쌀이 밀가루보다 우리 몸에 좋다는 주장을 내세우는 글이므로 이것이 가장 알맞은 제목입니다.

▶ **건강에 좋은 보리와 콩** : 제시문에 나와 있지 않은 내용이므로 이 제목은 글의 내용과 전혀 관계가 없습니다.

▶ **맛있는 밥을 짓는 방법** : 제시문에 나와 있지 않은 내용이므로 이 제목은 글의 내용과 전혀 관계가 없습니다.

▶ **밀가루의 성질** : 제시문의 두 번째 단락에서 밀가루의 성질을 설명한 것은, 쌀과 밀가루를 비교하여 쌀이 밀가루보다 건강에 좋다는 것을 말하기 위한 것입니다. 이것은 쌀의 장점에 관한 내용은 포함하지 못하기 때문에 범위가 좁은 제목입니다.

❷

❸

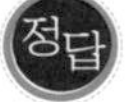

1 핵심어 찾기 ○, ○, ×, ○, ×, ×, ○, ×

② 글의 짜임 그리기 ㉮⑤, ㉯③, ㉰②

③ 요약 하기 ㉮④, ㉯⑥, ㉰①

④ 제목 달기 □, ○, ×, △

제시문 정리하기

제시문은 조선 시대의 위대한 예술가였던 신사임당에 관한 글입니다. 신사임당은 1504년 북평에서 태어났습니다. 어려서부터 글씨와 그림에 소질이 있던 그녀는 19세에 이원수와 결혼했습니다. 22세에 맏아들 선을 낳았고, 33세에는 이율곡을 낳았습니다. 예술 활동도 계속하여 38세에는 〈친정을 바라보며〉, 〈어머니 그리워〉 등의 시를 짓기도 했습니다. 그녀는 48세의 나이로 세상을 떠났습니다.

④ 제목 달기

▶ **조선 시대의 유명한 예술가들** : 신사임당은 조선 시대의 유명한 예술가 중 한 사람입니다. 다른 예술가들의 일생은 이 글에 드러나지 않기 때문에 범위가 너무 넓은 제목입니다.

▶ **신사임당의 생애** : 제시문은 조선 시대의 예술가였던 신사임당의 삶을 순서대로 설명하고 있습니다. 그러므로 이것이 가장 알맞은 제목입니다.

▶ **신사임당의 어머니** : 제시문에 나와 있지 않은 내용이므로 이 제목은 글의 내용과 전혀 관계가 없습니다.

▶ **시인 신사임당** : 신사임당은 화가이자 시인이었습니다. 내용 전체를 담지 못하므로, 범위가 좁은 제목입니다.

 8

 3

① 핵심어 찾기 ○, ○, ○, ×, ○, ×, ×, ○

② 글의 짜임 그리기 ㉮⑤①, ㉯⑥④

③ 요약 하기 ㉮③, ㉯①, ㉰④

④ 제목 달기 ○, ×, △, □

제시문 정리하기

제시문은 우리나라의 도자기의 종류에 대한 글입니다. 우리나라 도자기 중, 옹기는 고구려 때부터 전해지는 우리 고유의 자연 친화적인 그릇입니다. 청자는 고려 시대를 대표하는 그릇으로 화려한 무늬가 특징이고, 백자는 조선 시대를 대표하는 그릇으로 맑고 수수하고 깨끗한 것이 특징입니다.

④ 제목 달기

▶ **옹기, 청자, 백자의 특징** : 제시문은 우리나라 도자기 중에서도 특히 '옹기, 청자, 백자의 특징'을 설명하는 것이므로, 이것이 가장 알맞은 제목입니다.

▶ **쓸모가 많은 유리** : 제시문에 나와 있지 않은 내용이므로 이 제목은 글의 내용과 전혀 관계가 없습니다.

▶ **청자와 백자** : 제시문은 '옹기, 청자, 백자'에 대해 설명하고 있으나 이것은 옹기를 포함하지 못하기 때문에 범위가 좁은 제목입니다.

▶ **우리나라의 도자기** : 우리나라의 도자기는 옹기, 백자, 청자 외에도 분청사기 등 그 종류가 많습니다. 그러므로 이것은 범위가 너무 넓은 제목입니다.

① 핵심어 찾기 1, 3, 1, 7, 1, 1

② 글의 짜임 그리기 ㉮①, ㉯⑤⑥, ㉰④

③ 요약 하기 ㉮⑤, ㉯⑥, ㉰④, ㉱⑦

④ 제목 달기 △, ×, ○, △

제시문 정리하기

제시문은 환경오염을 줄이고 자연을 지키는 방법에 관한 글입니다. 환경오염을 줄이기 위해서는 국가, 기업, 개인이 모두 함께 노력해야 합니다. 먼저, 국가는 환경오염에 관한 법을 더 강하게 만들고, 사람들이 법을 잘 지키는지 감시해야 합니다. 기업은 오염 물질이 강이나 바다로 흘러나가지 않도록 오염을 정화하는 장치를 마련해야 합니다. 우리들 각자는 자연을 소중히 여기는 마음을 가지고 자연 사랑을 실천해야 합니다.

④ 제목 달기

▶ **환경오염이란 무엇인가요?** : '환경오염이란 무엇인가요?'에 대한 답은 제시문의 첫째 단락에서 알 수 있습니다. 그러나, '환경오염을 줄이기 위한 방법'이 핵심 내용이므로 이것은 범위가 좁은 제목입니다.

▶ **세계에서 제일 아름다운 나라** : 제시문

에 나와 있지 않은 내용이므로 이 제목은 글의 내용과 전혀 관계가 없습니다.

▶ **환경오염을 줄이는 방법** : 제시문은 환경오염을 줄이고 자연을 지키는 방법을 국가, 기업, 개인으로 나누어 설명하고 있는 글이므로, 이것이 가장 알맞은 제목입니다.

▶ **환경오염을 줄이기 위해 기업이 해야 할 일** : '환경오염을 줄이기 위해 기업이 해야 할 일'에 대한 답은 제시문의 두 번째 단락에 나와 있습니다. 그러나 글의 주제는 '환경오염을 줄이기 위한 국가, 기업, 개인이 할 수 있는 방법'이므로 이것은 범위가 좁은 제목입니다.

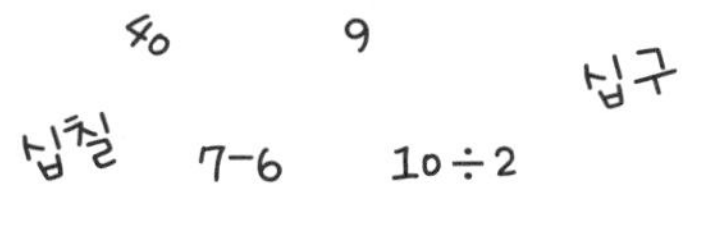

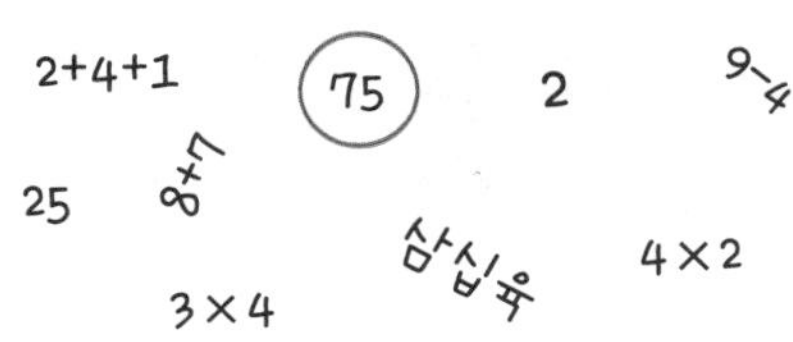

① 핵심어 찾기 3, 5, 2

② 글의 짜임 그리기 ㉮④, ㉯③

③ 요약 하기 ㉮①, ㉯②, ㉰⑥

④ 제목 달기 △, X, ○, X

제시문 정리하기

제시문은 전 세계적으로 유행하고 있는, 프리 허그가 기분 좋은 이유에 대한 글입니다. 누군가 나를 안아 주면, 피부의 느낌이 뇌에 전달되어 옥시토신이라는 호르몬이 나옵니다. 옥시토신은 사람 사이의 친밀감과 좋은 기분을 느끼게 해 줍니다. 이 때문에 프리 허그를 경험한 사람들이 기분이 좋았다고 말하는 것입니다.

④ 제목 달기

▶ **프리 허그의 뜻** : 프리 허그의 뜻은 첫 번째 단락에 나오지만, 제시문의 핵심은 프리 허그가 어떻게 사람을 기분 좋게 만드는지에 대한 것이기 때문에 이것은 범위가 좁은 제목입니다.

▶ **추위를 피하는 방법** : 제시문에 나와 있지 않은 내용이므로 이 제목은 글의 내용과 전혀 관계가 없습니다.

▶ **프리 허그가 기분 좋은 이유** : 제시문은 프리 허그가 기분 좋은 이유에 대해 설명하고 있는 글이므로 이것이 가장 알맞은 제목입니다.

▶ **피부가 거칠어졌어요!** : 제시문에 나와 있지 않은 내용이므로 이 제목은 글의 내용과 전혀 관계가 없습니다.

퍼즐

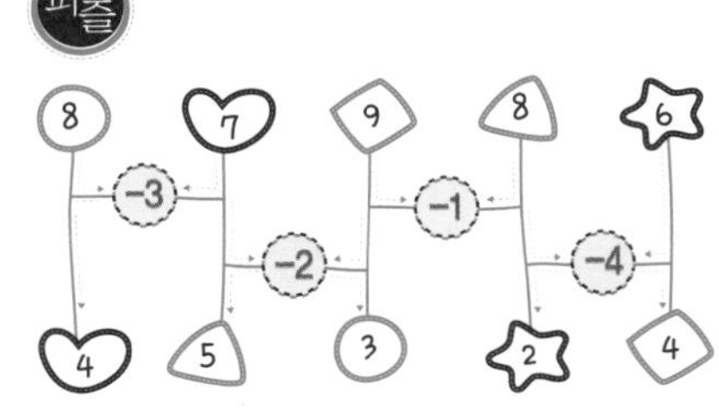

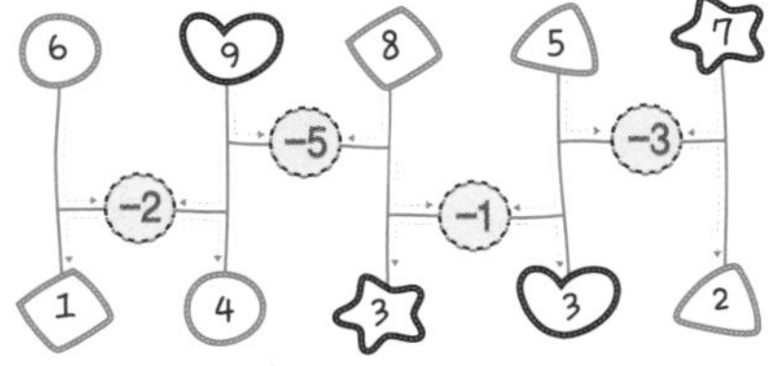

① 핵심어 찾기 ×, ×, ×, ○, ○, ○, ○, ×

② 글의 짜임 그리기 ㉮①, ㉯⑤, ㉰⑥, ㉱②

③ 요약 하기 ㉮①, ㉯④

④ 제목 달기 ○, △, ×, □

제시문 정리하기

제시문은 전 세계인이 가 보고 싶은 도시, 프랑스 파리(Paris)를 소개하는 글입니다. 파리에는 구경거리가 많습니다. 특히 파리의 상징물인 에펠탑과, 세계 3대 박물관 중 하나라는 루브르 박물관이 유명합니다. 또한 파리 예술의 낭만을 느낄 수 있는 몽마르트 언덕도 아주 유명합니다.

④ 제목 달기

▶ **가장 가 보고 싶은 도시, 파리(Paris)** : 전 세계인들이 가 보고 싶어하는 도시인 파리의 볼거리가 제시문의 가장 핵심적인 내용이므로 이것이 가장 알맞은 제목입니다.

▶ **파리의 대표 볼거리, 에펠탑** : 파리의 볼거리 중 하나로 에펠탑이 소개되어 있습니다. 그러나 이것은 내용 전체를 담지 못하므로 범위가 좁은 제목입니다.

▶ **로마(Rome)에 있는 박물관** : 제시문에 나와 있지 않은 내용이므로 이 제목은 글의 내용과 전혀 관계가 없습니다.

▶ **한국인이 가 보고 싶어하는 도시** : 한국인이 가 보고 싶어하는 도시에는 파리, 시드니, 도쿄, 뉴욕 등이 있습니다. 한국인이 가 보고 싶어하는 도시는 파리 외에도 많이 있기 때문에 이것은 범위가 넓은 제목입니다.

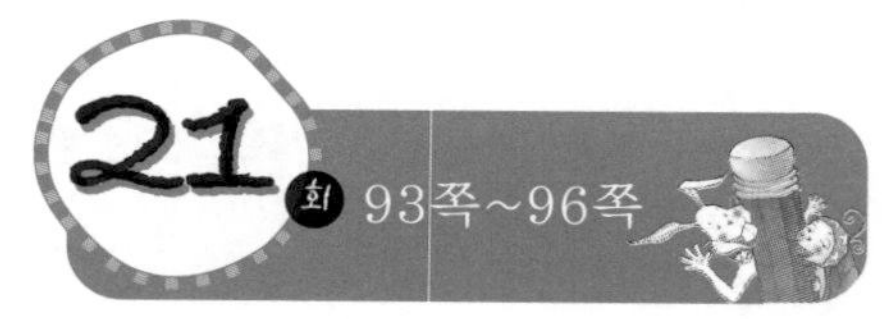

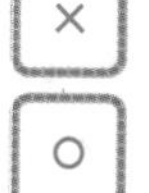

×
×
○
×
×
○
○

① 핵심어 찾기 ○, ×, ○, ×, ○, ○, ×, ○

② 글의 짜임 그리기 ㉮①, ㉯③, ㉰②

③ 요약 하기 ㉮④, ㉯⑥

④ 제목 달기 ○, △, ×, ×

제시문 정리하기

제시문은 얼음 나라인 남극과 북극에 대한 글입니다. 남극과 북극은 모두 추운 곳이지만, 남극이 북극보다 훨씬 춥습니다. 왜냐하면 남극은 산이 있는 육지이므로 바다보다 위치가 높고, 북극은 적도의 따뜻한 공기와 바닷물이 바다로 흘러들어오기 때문입니다.

④ 제목 달기

▶ **남극이 북극보다 추운 까닭** : 제시문은 남극과 북극이 모두 얼음 나라인데도 남극이 북극보다 더 추운 이유를 설명하고 있습니다. 그러므로 이것이 가장 알맞은 제목입니다.

▶ **얼음으로 덮인 육지, 남극** : 남극이 얼음으로 덮인 육지라는 내용이 제시문에 등장합니다. 그러나 북극에 대한 내용은 담지 못하므로, 범위가 좁은 제목입니다.

▶ **남극에 사는 동물** : 제시문에 나와 있지 않은 내용이므로 이 제목은 글의 내용과 전혀 관계가 없습니다.

▶ **얼음의 온도** : 제시문에 나와 있지 않은 내용이므로 이 제목은 글의 내용과 전혀 관계가 없습니다.

문제1 ❸

문제2 ❸

① 핵심어 찾기 1, 2, 3, 4, 2, 1

② 글의 짜임 그리기 ㉮⑤②, ㉯⑥, ㉰①

③ 요약 하기 ㉮⑦, ㉯③, ㉰④

④ 제목 달기 △, ×, ○, □

제시문 정리하기

제시문은 변비를 해결하기 위한 방법에 대한 글입니다. 변비는 장 속의 대변이 너무 굳어서 배변이 어렵거나 오랫동안 배변을 못하게 되는 것을 말합니다. 변비가 생겼을 때는 몸속의 독소들이 몸 밖으로 배출되지 못하기 때문에 두통이나 복통, 피부 트러블, 불쾌감 등 여러 가지 증상이 나타나게 됩니다. 변비를 해결하기 위해서는 먼저, 물을 많이 마시고 하루 세 번 밥을 꼬박꼬박 챙겨 먹는 올바른 식습관을 가져야 합니다. 다음으로, 걷기 운동 등의 규칙적인 운동을 해야 합니다. 또한, 편안한 마음을 가지는 것이 매우 중요하므로 밝고 즐거운 마음을 가지려고 노력해야 합니다.

④ 제목 달기

▶ **변비을 해결하는 올바른 식습관** : 제시문에서 변비에 좋은 음식으로 시금치, 미역, 배추 등을 예로 들고 있는 것은, 바로 올바른 식습관에 대한 이야기를 하고 있는 것입니다. 그러나 이것은 이 글의 주제인 '변비를 해결하는 방법' 중 규칙적인 운동과 편안한 마음가짐에 대한 내용은 포함하지 못하고 있기 때문에 범위가 좁은 제목입니다.

▶ **똥은 어떻게 만들어질까요?** : 제시문에 나와 있지 않은 내용이므로 이 제목은 글의 내용과 전혀 관계가 없습니다.

▶ **변비를 해결하는 방법** : 제시문은 변비를 해결하는 방법으로 올바른 식습관, 규칙적인 운동, 편안한 마음가짐의 세 가지를 제시하고 있으므로, 이것이 가장 알맞은 제목입니다.

▶ **배변을 잘 하기 위한 방법** : 제시문에서는 '변비'를 해결하는 방법에 대해서만 다루고, 배변 전체를 다루지는 않습니다. 그렇기 때문에 이것은 글의 내용보다 범위가 넓습니다. 이것이 제목이 되게 하려면 제시문에 변비를 해결하는 방법 외에 설사를 해결하는 방법, 배변을 잘 하는 방법 등에 대한 설명이 더 있어야 합니다.

퍼즐

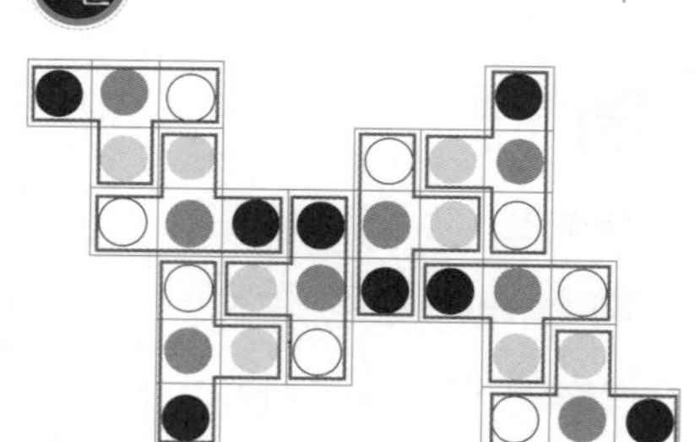

① 핵심어 찾기 ○, ×, ○, ×, ×, ○, ×, ○

② 글의 짜임 그리기 ㉮④, ㉯①, ㉰②, ㉱②

③ 요약 하기 ㉮⑥, ㉯⑤

④ 제목 달기 ×, △, ×, ○

제시문 정리하기

제시문은 붉은 여왕이 다스리는 나라와 동물의 세계에 대한 글입니다. 붉은 여왕의 나라에선 땅이 빠른 속도로 움직이기 때문에 목적지에 가려면 땅보다 두 배 빨리 달려야 합니다. 동물의 세계에서도 비슷한 경우가 있습니다. 얼룩말은 치타에게 잡아먹히지 않기 위해 치타보다 더 빨리 달려야 합니다.

④ **제목 달기**

▶ **여왕개미가 하는 일** : 제시문에 나와 있지 않은 내용이므로 이 제목은 글의 내용과 전혀 관계가 없습니다.

▶ **붉은 여왕의 백성들이 빨리 달리는 이유** : 붉은 여왕의 나라에 사는 백성들이 왜 그렇게 빨리 달리는지에 대한 이야기가 제시문에 나와 있습니다. 그러나 동물의 세계에 대한 내용은 빠져 있기 때문에 범위가 좁은 제목입니다.

▶ **세계에서 가장 빠른 사람** : 제시문에 나와 있지 않은 내용이므로 이 제목은 글의 내용과 전혀 관계가 없습니다.

▶ **붉은 여왕의 나라와 동물의 세계의 비슷한 점** : 제시문은 붉은 여왕의 나라와 동물의 세계의 유사한 특징이 핵심적인 내용이므로 이것이 가장 알맞은 제목입니다.

① **핵심어 찾기** 7, 2, 1

② **글의 짜임 그리기** ㉮④, ㉯③, ㉰①, ㉱⑤

③ **요약 하기** ㉮⑥, ㉯②

④ **제목 달기** △, ○, ×, △

제시문 정리하기

제시문은 노란 유채꽃이 지구를 구할 희망이 될 것이라는 내용의 글입니다. 지구를 구할 희망으로 유채꽃이 주목받는 이유는 첫째, 온실효과의 원인인 이산화탄소를 흡수하고, 둘째, 오염을 일으키는 석탄과 석유를 대신할 바이오 연료의 재료가 되기 때문입니다. 그리고 셋째, 씨앗에서는 기름을 얻을 수 있고 남은 찌꺼기는 가축 사료로 사용할 수 있기 때문입니다.

④ **제목 달기**

▶ **바이오 연료의 재료인 유채꽃** : 제시문에는 유채꽃이 바이오 연료의 재료가 된다는 내용이 포함되어 있습니다. 그러나 유채꽃이 지구에 어떤 영향을 주는지에 대한 전체 내용의 일부에 불과하므로, 범위가 좁은 제목입니다.

▶ **지구 치료에 큰 역할을 하는 유채꽃** : 제시문은 유채꽃이 지구를 구할 희망이 될 수 있다는 주장이 핵심적인 내용이므로 이것이 가장 알맞은 제목입니다.

▶ **아름다운 제주도** : 유채꽃이 핀 제주도가 등장하지만 제주도의 아름다움을 설명하고 있는 글이 아니므로, 이 제목은 글의 내용과 전혀 관계가 없습니다.

▶ **온실효과를 줄이는 유채꽃** : 제시문에는 유채꽃이 이산화탄소를 흡수하여 온실효과를 줄이는 데 큰 역할을 한다는 내용이 포함되어 있습니다. 그러나 유채꽃이 지구에 어떤 영향을 주는지에 대한 전체 내용의 일부에 불과하므로, 범위가 좁은 제목입니다.

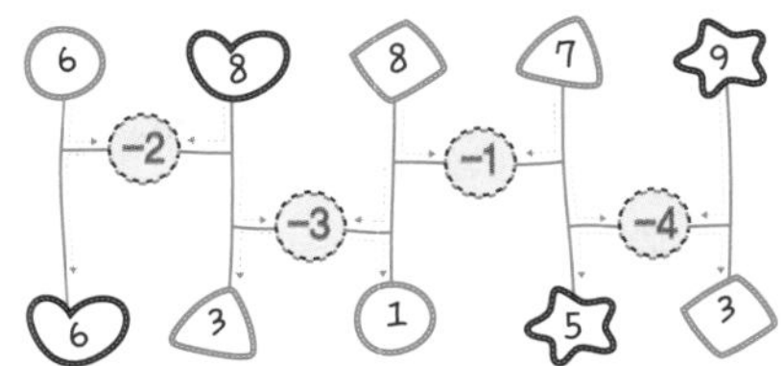

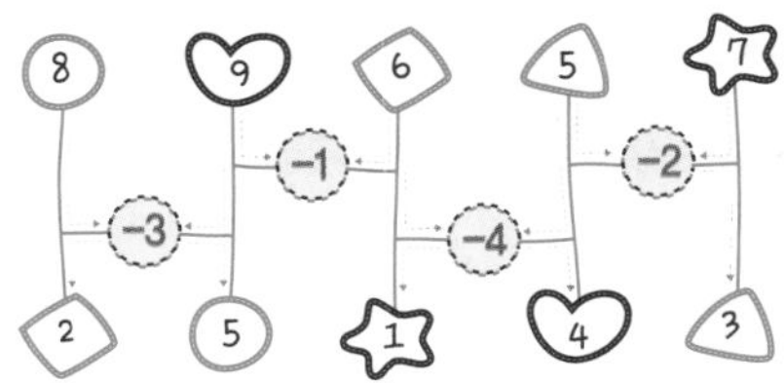

① **핵심어 찾기** ×, ×, ○, ○, ×, ○, ○, ×

② **글의 짜임 그리기** ㉮①, ㉯④, ㉰②, ㉱③

③ **요약 하기** ㉮⑥, ㉯⑤

④ **제목 달기** ○, ×, △, ×

제시문 정리하기

제시문은 신기한 색깔의 바다와 그 바다의 이름에 대한 글입니다. 황해는 비가 많이 내려 누런 흙이 흘러들어와 바다가 누렇게 변해 붙여진 이름입니다. 홍해는 플랑크톤이 엄청나게 늘어나 바다가 붉게 보이기 때문에 붙여진 이름입니다. 그리고 백해는 얼음이 떠다녀 바다가 하얗게 보여서 붙여진 이름이랍니다.

④ **제목 달기**

▶ **특이한 색깔과 이름을 가진 바다** : 제시문은 특이한 색깔을 가지고 있는 바다에 왜 그런 이름이 붙었는지 설명하는 내용이므로, 이것이 가장 알맞은 제목입니다.

▶ **북극에 사는 동물의 세계** : 제시문에서 북극에 있는 백해가 등장하기는 하지만, 북극에 사는 동물에 대해서는 설명하고 있지 않습니다. 그러므로 이 제목은 글

의 내용과 전혀 관계가 없습니다.

▶ **홍해라는 이름이 붙여진 까닭** : 홍해라는 이름이 붙여진 까닭이 제시문에 언급되어 있지만, 전체 내용을 담지 못하므로 범위가 좁은 제목입니다.

▶ **바다와 강의 차이점** : 바다에 대해 설명하고 있긴 하지만, 바다와 강의 차이점에 대해서는 설명하고 있지 않습니다. 그러므로 이 제목은 글의 내용과 전혀 관계가 없습니다.

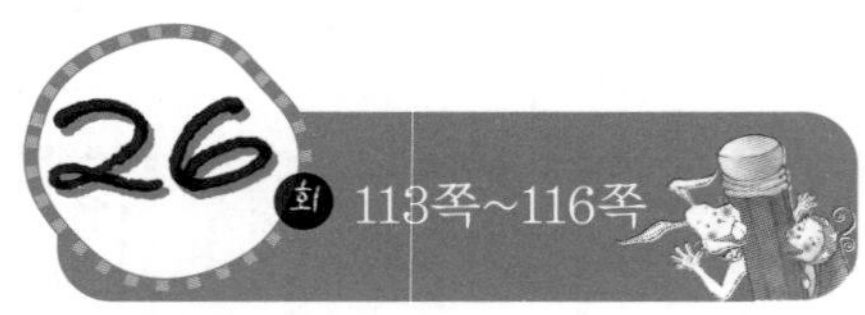

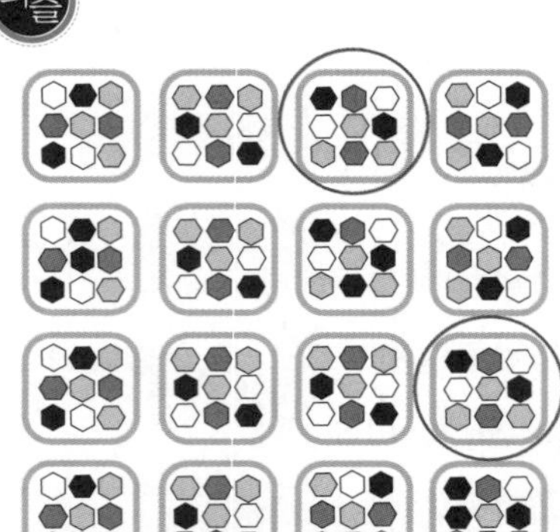

① 핵심어 찾기 1, 1, 1, 5, 2, 1

② 글의 짜임 그리기 ㉮②, ㉯④, ㉰⑥

③ 요약 하기 ㉮②, ㉯④, ㉰⑥

④ 제목 달기 ○, ×, △, ×

제시문 정리하기

제시문은 지진이 발생했을 때 어떻게 해야 하는지에 대한 해결 방법을 설명한 글입니다. 지진이 발생했을 때의 해결 방법 첫 번째는, 침착한 마음을 가지는 것입니다. 두 번째 해결 방법은 건물 안에 있을 때는 식탁이나 책상 아래, 또는 안전한 화장실로 대피하는 것입니다. 세 번째 해결 방법은 건물 밖에 있을 경우에 학교의 운동장이나 넓은 공터 같은 곳으로 피하는 것입니다.

④ 제목 달기

▶ **지진이 발생하면 어떻게 해야 할까요?** : 제시문은 지진이 발생했을 때의 해결 방법을 제시하는 글이므로, 이것이 가장 알맞은 제목입니다.

▶ **홍수가 나면 어떻게 해야 하나요?** : 제시문에는 '홍수'에 대한 내용이 전혀 나오지 않습니다. 그러므로 이 제목은 글의 내용과 전혀 관계가 없습니다.

▶ **건물 안에 있을 때 지진이 발생하면 어떻게 해야 할까요?** : 제시문은 지진이 발생했을 때, 먼저 마음을 편안하게 가질 것과 건물 안과 건물 밖에 있을 때의 대피 요령을 각각 설명하고 있습니다. 그러나 이것은 건물 밖에 있을 경우의 해결 방법을 포함하지 못하기 때문에, 범위가 좁은 제목입니다.

▶ **비가 많이 내리면 어떤 일이 생기나요?** : 제시문에 나와 있지 않은 내용이므로 이 제목은 글의 내용과 전혀 관계가 없습니다.

0		×	×	
		5	×	
×	×	4	×	
3	×	3		1

		1		0
×	×			
3	5	×		
×	4	×	2	0
2	×			

① 핵심어 찾기 ×, ○, ○, ×, ○, ×, ×, ○

② 글의 짜임 그리기 ㉮②, ㉯③, ㉰⑥

③ 요약 하기 ㉮①, ㉯⑤

④ 제목 달기 ×, △, ○, ×

제시문 정리하기

제시문은 화를 제대로 내는 방법에 대한 글입니다. 화가 날 땐 무조건 참지만 말고 심호흡을 통해서 화가 폭발로 번지는 것을 막아야 합니다. 또한 대화를 통해서 화가 난 원인을 해결해야 합니다.

④ 제목 달기

▶ **마음대로 소리 지르기** : 제시문에서 설명하는 제대로 화내는 방법이 아닙니다. 그러므로 이 제목은 글의 내용과 전혀 관계가 없습니다.

▶ **화의 폭발을 막는 심호흡** : 심호흡이 화의 폭발을 막는다는 내용이 제시되어 있습니다. 그러나 내용 전체를 담지 못하므로, 범위가 좁은 제목입니다.

▶ **제대로 화내는 방법** : 제시문은 화가 날 때 어떻게 화내야 하는지를 설명하고 있으므로 이것이 가장 알맞은 제목입니다.

▶ **반성문 쓰는 방법** : 제시문에는 반성문 쓰는 방법에 대한 내용이 나와 있지 않으므로 이 제목은 글의 내용과 전혀 관계가 없습니다.

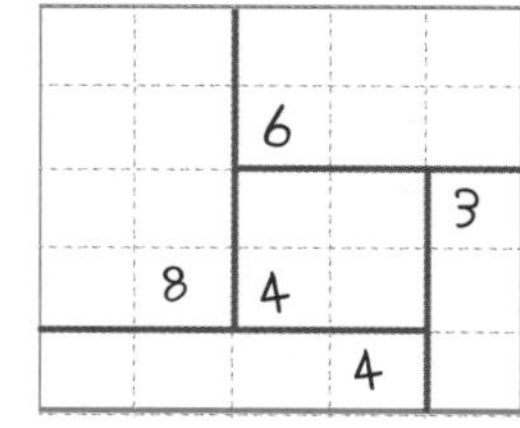

문제2

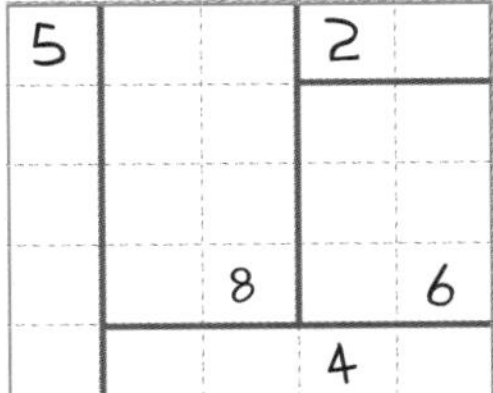

5
8
6
4
2

① 핵심어 찾기 5, 2, 2

② 글의 짜임 그리기 ㉮②, ㉯④, ㉰⑥, ㉱①

③ 요약 하기 ㉮③, ㉯⑤, ㉰⑥

④ 제목 달기 □, ×, ○, △

제시문 정리하기

제시문은 지구를 구하는 종이 사용법에 대한 글입니다. 두 가지 방법이 제시되어 있는데, 재생용지를 이용하거나 이면지를 사용하는 것이 바로 그 방법입니다. 조앤 K. 롤링이 지은 〈해리포터〉 시리즈는 캐나다와 미국에서 재생용지로 출간되었고, 우리는 평소에 이면지로 수첩 등을 만들어 쓸 수 있습니다.

④ 제목 달기

▶ **지구를 구하는 좋은 방법들** : 종이를 아껴 써서 나무를 지키는 것은 지구를 구할 수 있는 좋은 방법들 중 하나이기 때문에 글보다 범위가 넓은 제목입니다.

▶ **〈해리포터〉의 줄거리는 무엇인가요?** : 〈해리포터〉 시리즈에 대한 언급이 있지만, 제시문에서 이 소설의 줄거리는 나와 있지 않습니다. 그러므로 이 제목은 글의 내용과 전혀 관계가 없습니다.

▶ **종이, 잘 쓰면 지구를 살릴 수 있어요!** : 지구를 구하는 종이 사용 방법이 제시문의 핵심적인 내용이므로 이것이 알맞은 제목입니다.

▶ **이면지를 활용하는 방법** : 지구를 구하는 종이 사용 방법 중 하나에 불과하므로, 범위가 좁은 제목입니다.

퍼즐

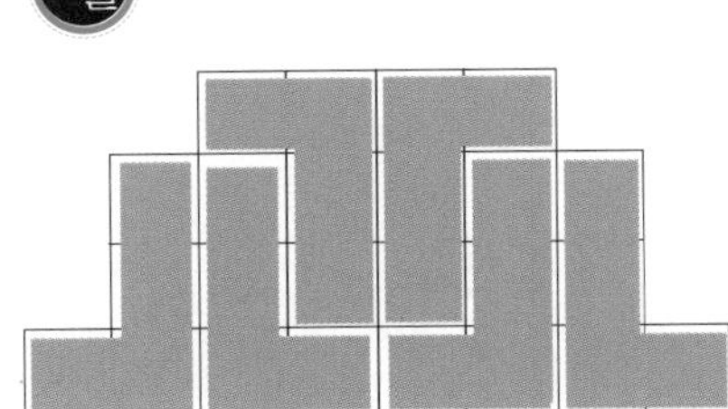

① 핵심어 찾기 ○, ×, ○, ○, ×, ×, ○, ×

② 글의 짜임 그리기 ㉮②, ㉯③, ㉰⑤, ㉱⑥

③ 요약 하기 ㉮⑤, ㉯④

④ 제목 달기 △, ×, ○, □

제시문 정리하기

제시문은 기후에 따라 집의 구조가 달라진다는 것을 추운 나라, 더운 나라, 사계절의 뚜렷한 우리나라를 비교하여 설명한 글입니다. 추운 나라는 바람이 잘 통하지 않는 구조로 집을 지어서 추위를 피하고, 더운 나라는 시원한 물 위나 나무 위에 집을 지어서 더위를 피합니다. 사계절이 뚜렷한 우리나라는 지역에 따라 기후 차가 크기 때문에 지역에 따라 집을 다르게 짓습니다.

④ 제목 달기

▶ **수상 가옥과 이글루** : 제시문에서 더운 나라의 집의 예로 수상 가옥, 추운 나라의 집의 예로 이글루가 제시되고 있으나, 이는 우리나라의 집 구조는 포함하지 못하기 때문에 범위가 좁은 제목입니다.

▶ **아파트와 주택** : 제시문에 나와 있지 않은 내용이므로 이 제목은 글의 내용과 전혀 관계가 없습니다.

▶ **기후에 따라 달라지는 집의 구조** : 제시문은 추운 나라, 더운 나라, 사계절이 뚜렷한 우리나라를 비교함으로써 기후에 따라 집 구조가 달라진다는 것을 설명하는 글이므로, 이것이 가장 알맞은 제목입니다.

▶ **전 세계의 집 구조** : 세계에는 제시문에서 설명된 이글루, 수상 가옥 외에도 많은 구조의 집이 있습니다. 따라서 이것은 글의 내용을 모두 담고도 조건이 넘치기 때문에 범위가 넓은 제목입니다.

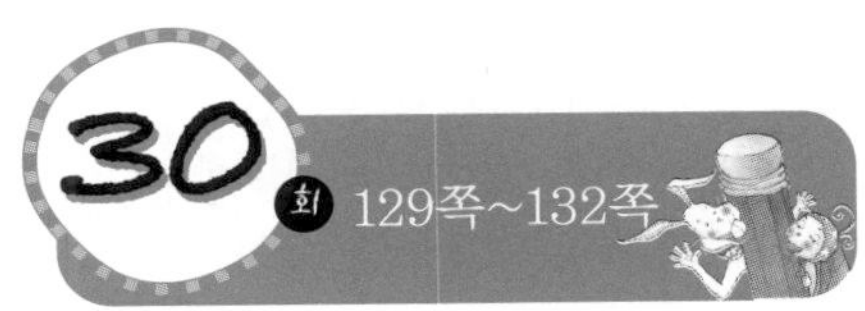

퍼즐

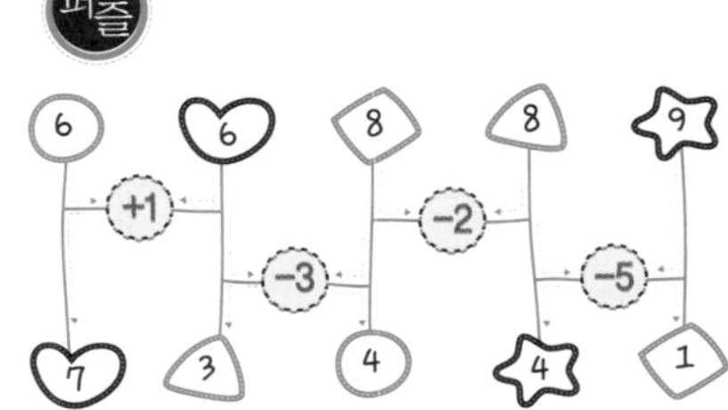

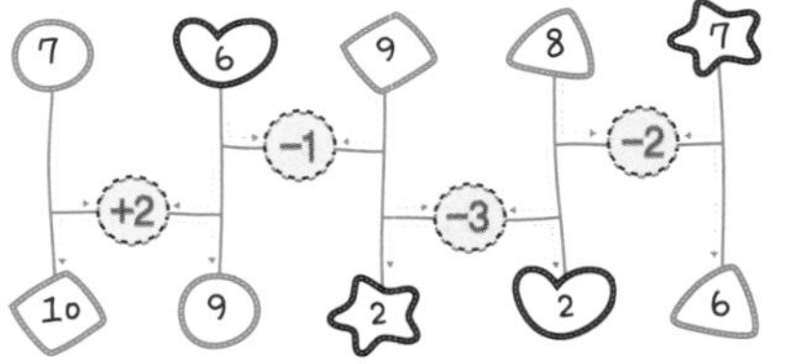

① 핵심어 찾기 ×, ○, ×, ○, ×, ×, ○, ○

② 글의 짜임 그리기 ㉮⑤, ㉯⑦, ㉰①, ㉱⑥③

③ 요약 하기 ㉮④, ㉯②

④ 제목 달기 △, ×, ×, ○

제시문 정리하기

제시문은 옛날 지구에 살던 생물의 흔적이 남아 있는 화석에 대한 글입니다. 화석에는 표준 화석과 시상 화석이 있습니다. 표준 화석은 시대를 구분하는 기준이 되는 화석으로, 삼엽충 화석이나 공룡 화석 등이 있습니다. 시상 화석은 당시 지구의 자연환경을 말해 주는 화석으로, 조개 화석, 산호 화석, 고사리 화석 등이 있습니다.

④ 제목 달기

▶ **시상 화석의 예** : 제시문에서 시상 화석의 예가 설명되어 있습니다. 그러나 이것은 내용의 일부만 설명하고 있으므로, 범위가 좁은 제목입니다.

▶ **산호의 크기** : 제시문에 나와 있지 않은 내용이므로 이 제목은 글의 내용과 전혀 관계가 없습니다.

▶ **공룡의 크기** : 제시문에서 공룡 화석이 중생대의 표준 화석이라는 것은 언급되지만, 공룡의 크기에 대해서는 나와 있지 않습니다. 그러므로 이 제목은 글의 내용과 전혀 관계가 없습니다.

▶ **화석의 종류** : 제시문은 표준 화석과 시상 화석이라는 화석의 종류를 설명하는 글이므로 이것이 가장 알맞은 제목입니다.